GARY M. POMERANTZ

Zehn Minuten bis zur Hölle

Buch

Es geschah an einem gewöhnlichen Tag im August 1995: Der erfahrene Pilot Ed Gannaway und seine Crew sind bereit, ihre Passagiere wie üblich sicher in die Olympiastadt Atlanta zu bringen. Keiner von ihnen – Pendler, Geschäftsreisende und Menschen auf dem Weg zu Verwandten und Freunden – ahnt, dass die kleine, planmäßig gestartete Propellermaschine wenig später für die 29 Menschen an Bord zur Todesfalle werden wird. Als das Flugzeug seine Reisehöhe bereits erreichte, zersplittert plötzlich ein Rotorblatt und beschädigt den Motor des Flugzeugs. Der Pilot verkündet, dass ihnen genau neun Minuten und zwanzig Sekunden bis zum erwarteten Aufprall am Boden verbleiben. Knapp zehn Minuten bis zum sicheren Tod. Was löst dieses Wissen aus, in Kürze sterben zu müssen? Panik. Zeit für letzte Gedanken?

Auf der Basis von Interviews schildert Gary Pomerantz eindringlich, wie es dazu kam, dass 19 Menschen dem sicheren Tod entkamen, wie ganz gewöhnliche Menschen im Angesicht der Katastrophe über sich hinauswuchsen und wie sie und ihre Familien mit diesem Trauma und ihren Verletzungen in der Folge zurechtkommen. »Zehn Minuten bis zur Hölle« entreißt Menschen, die als Opfer eines Albtraums kurze Zeit Schlagzeilen machten, der Anonymität, gibt ihnen Individualität zurück.

Autor

Der amerikanische Journalist Gary M. Pomerantz schreibt u. a. für »The Washington Post«. An der Universität von Atlanta war er als Gastprofessor für Journalismus tätig. Sein erstes Buch, »Where Peachtree Meets Sweet Auburn« (Apartheids-Reportage), wurde 1996 von der »New York Times« als »Notable Book of the Year« ausgezeichnet. Gary M. Pomerantz lebt mit seiner Frau und drei Kindern in der Nähe von San Francisco.

Gary M.
Pomerantz

Zehn Minuten bis zur Hölle

Überlebende eines Flugzeugabsturzes berichten

Aus dem amerikanischen Englisch
von Friedrich Griese

GOLDMANN

Die Originalausgabe erschien unter dem Titel
»Nine Minutes, Twenty Seconds«
bei Crown Publishing, New York

Deutsche Erstveröffentlichung

Umwelthinweis:
Alle bedruckten Materialien dieses Taschenbuches
sind chlorfrei und umweltschonend.

Der Goldmann Verlag ist ein Unternehmen
der Verlagsgruppe Random House GmbH.

Deutsche Erstausgabe Mai 2003

Umschlaggestaltung: Design Team München
Umschlagmotiv: Collage aus Mauritius + Picture Press
Satz: IBV Satz- und Datentechnik GmbH, Berlin
Druck: Elsnerdruck, Berlin
Verlagsnummer: 15227
Redaktion: Jörn Rauser
KF · Herstellung: Sebastian Strohmaier
Made in Germany
ISBN 3-442-15227-5
www.goldmann-verlag.de

1 3 5 7 9 10 8 6 4 2

Für Leigh,
das kleine Mädchen, das mein Herz
zum Singen bringt

Zu Ehren der 29, die an jenem Tag mitflogen,
derer, die es überlebten,
und derer, die ihr Leben ließen

»Es gibt ein Schauspiel, das großartiger ist als das Meer,
und das ist der Himmel;
es gibt ein Schauspiel, das großartiger ist als der Himmel,
und das ist das Innere der Seele.«

Victor Hugo, *Die Elenden* (*Les Misérables*)

Inhalt

Teil I

Der Propeller

1 Chris Benders Leben änderte sich in dem Augenblick, als er einen Raum voller dickbäuchiger Automechaniker sah. Er war freundlich, höflich, ernst – und orientierungslos. Er hatte keine klare Vorstellung von seinem künftigen Leben. Er brauchte an jenem Tag aber nur einen Blick in jenen Raum zu werfen, um zu wissen, dass er nicht zu diesen Männern gehören wollte. Ihm machte die Vorstellung Angst, dass er sein ganzes Leben als Automechaniker verbringen und sich im mittleren Alter eines Tages völlig erschöpft einer Zertifizierungsprüfung für Automechaniker würde unterziehen müssen. Er war noch zu jung, um seinen Träumen Ade zu sagen.

Mit Autos hatten seine Träume begonnen. Vor einigen Jahren, als er noch zur Schule ging, hatte Bender – blauäugig, mit strohblonden langen Haaren und einem Gewichtheber-Körper, den er in Muscle-Shirts zur Schau stellte – bei Dragsterrennen in North Carolina einen frisierten Camaro gefahren. Nach der Schule hatte er erst bei einer Reparaturwerkstatt und dann bei einem Autohändler in Charlotte Arbeit gefunden.

Aber an jenem Tag in dem Raum mit den Männern, die ihre Träume aufgegeben hatten, wurde Bender klar, dass er etwas anderes machen musste. Die Frage war nur: Was?

Es sollte schon eine manuelle Tätigkeit sein, das wusste er. Er arbeitete gern mit den Händen. Für einen Mann von 1,73 waren seine Hände groß. Sein Vater hatte entschieden, dass sie keinen Brotteig kneten sollten; Luke Bender war Bäcker in der dritten Generation und von seinem Vater zu diesem Beruf gezwungen worden, und er war entschlossen, die Zukunft seines Sohnes nicht mit seiner eigenen Vergangenheit zu belasten. Der Sohn sollte seinen Weg selber finden.

Im Herbst 1993 studierte Chris Bender also die Arbeitsplatzangebote in der Lokalzeitung und entdeckte die Anzeige, in der Flugzeugmechaniker gesucht wurden.

Flugzeug, das wäre doch was.

Eine Firma namens Hamilton Standard suchte Mitarbeiter mit technischer Begabung, einer positiven Arbeitseinstellung und gutem Leseverständnis. Das alles traf bei ihm zu, dachte Bender. Er hatte zwei Jahre lang eine Berufsschule in Fort Mill, South Carolina, besucht, als Automechaniker hatte er gute Arbeit geleistet, und wenn er auch zugeben musste, von Ultraschall nichts zu verstehen (er dachte, das sei nur was für Schwangere), so sollte er doch die Chefs von Hamilton Standard beeindrucken. Sie prüften 500 Bewerber, um zwanzig von ihnen einzustellen. Die Einstellungsgespräche und Persönlichkeitstests ließen einen Bewerber nach dem anderen von der Liste purzeln. Die Personalleitung beschrieb Bender als wissbegierig, gründlich, kooperativ, lernwillig und fleißig. Die ausgesiebten Bewerber mussten schließlich an vier Abenden hintereinander an Propellerblättern üben, die als unbrauchbar aussortiert worden waren. Bender war aufgeregt, da seine Arbeit von den Vorgesetzten sorgfältig geprüft wurde.

Doch was er ihnen vorlegte, gefiel den Vorgesetzten. Im Januar 1994 wurde Chris Bender beim Wartungsdienst der Firma in Rock Hill, South Carolina, einem Vorort von Charlotte, eingestellt.

Aus einer Hinterhofwerkstatt gekommen, arbeitete Bender nun für einen milliardenschweren multinationalen Luftfahrtkonzern, dessen Tradition bis in die Anfänge der Luftfahrt zurückreichte.

Ham Standard, so die geläufige Bezeichnung, lieferte die unterschiedlichsten Teile für die NASA, von der Mikroelektronik über hochwertige optische Systeme bis hin zu Raumanzügen.

Zu den Großkunden zählten Lockheed Martin, Bombardier, Rolls Royce und die amerikanische Regierung. Weltweit zählte die Firma 8500 Mitarbeiter, vom Firmensitz in Windsor Locks, Connecticut, über Prag und Singapur bis Kuala Lumpur.

Nachdem Bender in Rock Hill mehrere Monate bei der Ersetzung und Ausbesserung der äußeren Nickelhülle und der Glasfaserkomponenten der Propeller gearbeitet hatte, kam er zur Inspektion und Reparatur der inneren Hohlräume der Propellerblätter, der so genannten ›konischen Bohrungen‹.

Nach allem, was man hört, war Bender gewissenhaft, machte seine Arbeit gut und befolgte die Anweisungen peinlich genau. Er nahm seine Aufgabe ernst und paukte die Arbeitsanleitung mit allen Einzelheiten. Er wollte alles über die Werkzeuge seines geheimnisvollen Gewerbes wissen: Endoskope, Ultraschallgerät, Schleifgeräte.

Es mag Leute in und um Rock Hill geben, denen es nicht gefällt, in einer großen Halle in einem Gewerbegebiet am Südende der City an den Hohlräumen von Flugzeugpropellern zu arbeiten. Bender machte es Spaß. Ham Standard zahlte ihm 9 Dollar die Stunde plus Sozialversicherungsbeiträge. In der Werkstatt hatte er mehr verdient. Doch wenn er sich bewährte, würde er bis zu 12,50 Dollar pro Stunde bekommen, versicherte ihm Ham Standard. Außerdem war Chris Bender erst 23. Diese Schmerbäuche in dem trübseligen Raum – das hatte er hinter sich gelassen. Wer hätte gedacht, dass er nun an Flugzeugpropellern arbeitete?

Die ersten Propeller bestanden aus Holz. Sie waren entfernt verwandt mit den riesigen kreisenden Flügeln der Windmühlen, die es seit dem Ende des 13. Jahrhunderts in Europa gab. Diese Flügel stellten unbeholfene Nachahmungen von Vogelflügeln dar, jenen rätselhaften Gliedmaßen, dank derer ein Vogel fliegen konnte, während der Mensch, an die Erde gefesselt, ihm nachstarrte. Große Geister überlegten sich, wie der Mensch es den Vögeln gleichtun könnte. Leonardo da Vinci entwarf im 15. Jahrhundert Propeller an Hubschraubern und Ornithopter-Flugmaschinen mit Schwingenflügeln. Französische Heißluftballon-Fahrer benutzten zwei Jahrhunderte später von Hand betriebene Propeller oder Luftschrauben bei dem unbeholfenen Versuch, ihre Ballons zu lenken.

Die Brüder Wilbur und Orville Wright machten im Dezember 1903 die ersten gelenkten Motorflüge, wobei ihre längste Flugweite am ersten Tag 265 Meter betrug. Ihr Flugzeug, der Flyer, hatte zwei hinter den Tragflächen angebrachte Propeller. Diese ›Druckpropeller‹ waren über 2,40 Meter lang, bestanden aus drei dünnen verleimten Fichtenholzschichten und waren an der Spitze mit Segeltuch überzogen und mit Aluminiumfarbe gestrichen.

Erst nach dem Ersten Weltkrieg setzte sich Metall als Material für Flugzeugpropeller durch; bei der historischen Atlantiküberquerung 1927 benutzte Charles Lindbergh ebenfalls Metallpropeller. Mit fünf Sandwiches versehen und gegen die Müdigkeit ankämpfend, absolvierte Lindbergh, auf einem Korbstuhl sitzend, seinen Alleinflug von New York nach Paris mit der Spirit of St. Louis in 33 Stunden. Die beiden Propellerblätter der Maschine bestanden aus dem Verbundmetall ›Duraluminium‹ und waren von der Standard Steel Propeller Company hergestellt worden, aus der schließlich die Hamilton Standard hervorging.

Im März 1994 waren 15 000 Ham-Standard-Propellerblätter an Flugzeugen in aller Welt im Einsatz.

Und in diesem Monat brachen dann zwei dieser Blätter auf zwei getrennten Flügen infolge von Metallermüdung.

Ein Blatt zerbrach hoch in der Luft über einem zugefrorenen See in Kanada, das andere in 22 000 Fuß Höhe über Brasilien. Beide Flugzeuge kamen heil zu Boden, aber zwei solcher Vorfälle innerhalb eines Monats waren mehr als beunruhigend. Das wurde schon zu einer Krise der ganzen Firma.

Besonders dramatisch war der Bruch des Blattes im ersten Fall. An der rechten Tragfläche einer Verkehrsmaschine der Inter-Canadien, einer ATR-42, brachen schwere Metallteile von der Propellerbaugruppe ab, durchschlugen den Rumpf, verursachten einen Druckabfall in der Kabine, beschädigten einen Fenstersitz in der dritten Reihe und hinterließen auf der Außenhaut der Maschine eine 104 Zentimeter lange und einen Zoll breite Narbe.

Nicht alle Ermüdungsrisse im Metall sind an der Oberfläche des Propellers als Bruchlinien sichtbar. Es gibt unsichtbare Fehler im Metall, die deshalb aber nicht weniger gefährlich sind, sondern vielleicht noch gefährlicher, weil sie so gut versteckt sind. Wie tektonische Platten, die sich unterirdisch verschieben, können diese Defekte mit der Zeit an die Oberfläche dringen, und dann bricht die Hölle los.

Die beiden Propellerbrüche im März 1994 beruhten, wie Untersuchungen ergaben, auf Metallermüdung, die auf gebleichte Korken zurückzuführen war. Die Korken dienten als Stöpsel und hielten Bleiwolle in den konischen Bohrungen der Blätter fest. Das Bleichmittel für die Korken enthielt Chlor. (Die Korkhersteller benutzten Chlor, um die Farbe des Korks aufzuhellen und als Antiseptikum für medizinische Zwecke.) Das ätzende Chlor erzeugte Korrosionsnarben in der Aluminiumauskleidung der Propellerhohlräume.

Die Ermittler fanden diese Narben, als sie die gebrochenen Blätter untersuchten. Die Narben bewiesen, dass in dem Blatt ein metallurgischer Krieg stattgefunden und die Korrosion mikroskopische Schlachten gegen das Metall geführt hatte. Wenn in einem Propellerblatt ein Schwachpunkt entstanden ist, wird es auf Grund der Belastungen im Flugbetrieb an diesem Punkt brechen. Hat der Riss erst eine kritische Länge erreicht, die die Stabilität des Blattes gefährdet, ist es nur noch eine Frage der Zeit, wann das Blatt bricht.

Als im März 1994 die beiden Blätter brachen, ging die Konzernführung von Ham Standard zur Krisenbewältigung über und verständigte ihre Niederlassungen in aller Welt. Die amerikanische Luftfahrtbehörde ordnete unverzüglich eine Ultraschallprüfung für alle 15 000 Blätter von Ham Standard an. Falls sich Blätter bei dieser Untersuchung vor Ort als fehlerhaft erwiesen, sollten sie zur näheren Untersuchung und gegebenenfalls zur Reparatur an die Firma zurückgeschickt werden.

Ein Großteil der Arbeit sollte in dem Werk in Rock Hill, South Carolina, abgewickelt werden.

Ein zurückgereichtes Blatt trug die Fabrikationsnummer 861398. Es war die Ausführung 14-RF-9, ein Werkzeug von aerodynamischer Schönheit, dessen Form seiner Funktion vollkommen entsprach, ein Turboprop-Flugzeug mit Zwillingstriebwerk durch die Luft zu bewegen. Das 14-RF-9 ist 1,5 Meter lang und wiegt etwa 14 Kilo. Es hat einen konischen Aluminiumschaft und eine glatte Glasfaseroberfläche. Zum Schutz vor Blitzschlägen und Erosion umgibt das Blatt eine Nickelhülle.

Blatt 861398 war eines von 490, die bei der Ultraschallprüfung vor Ort für fehlerhaft befunden wurden. Diese Untersuchung deutete rund 36 Zentimeter von der Nabe entfernt auf einen möglichen Mangel hin. Das Blatt wurde nach Connecticut geschafft und nach Rock Hill weitergeleitet, wo es, auf einem gummiüberzogenen Karren befestigt, am 7. Juni 1994 in die Hände von Chris Bender gelangte.

Bender hatte in den letzten vierzehn Tagen in Zehn- bis Zwölfstundenschichten über 60 Stunden pro Woche gearbeitet und dabei bis zu fünf Blätter am Tag geschafft. Und er hatte nichts dagegen. Für alles, was über 40 Stunden hinausging, strich er einen Überstundenzuschlag von 50 Prozent ein.

Bei den 490 zurückgeschickten Blättern wurde der Hohlraum mit einem Endoskop inspiziert, einem langen, dünnen Stab, der an einem Ende ein Okular und am anderen einen Spiegel aufwies; ein im Inneren verlaufendes faseroptisches Kabel sorgte für helles weißes Licht.

Was Bender durch das Endoskop sah, war eine unvergrößerte 1:1-Abbildung, wie man sie mit dem bloßen Auge sieht.

An diesem Tag fuhr er mit dem Endoskop auf und ab, um die Innenwand des Blattes der Länge und der Breite nach zu betrachten. Auf und ab, auf und ab, insgesamt sechsmal, langsam und gründlich, jeweils mehrere Minuten lang, wobei er sich den letzten Teil des zuvor untersuchten Abschnitts nochmals vornahm, um sicherzugehen, dass er die Wandung vollständig inspiziert hatte.

Bender suchte nach weißen pulvrigen Rückständen, an denen Korrosionsnarben zu erkennen waren. Ferner hielt er nach Bearbeitungsspuren Ausschau, die ein anderer Techniker hinterlassen haben mochte. Er sollte greifbare Anhaltspunkte ermitteln, die zu erklären vermochten, warum das Blatt bei der Ultraschallprüfung für fehlerhaft befunden worden war.

Im besten Fall würde sich der bei der vorangegangenen Untersuchung festgestellte ›Defekt‹ als Fehldeutung erweisen. Oder es würde sich um eine oberflächliche Unregelmäßigkeit in der Hohlraumwandung handeln, die sich leicht abschleifen ließ. Die Fachleute nannten das ›Glätten‹. In den meisten Fällen stellten sich die ›Defekte‹ bei der zweiten Inspektion als harmlos heraus.

Im schlimmsten Fall wies ein bei der Inspektion aufgefallenes Blatt im Inneren seines Aluminiumschafts einen Ermüdungsriss auf. Alle Mängel, von den geringfügigen bis zu den potenziell gefährlichen, sollten durch die Ultraschallprüfung aufgedeckt werden.

Die Bosse in Rock Hill schärften den Technikern ein, dass es um Menschenleben ging. In der Morgenbesprechung um halb acht wurde jeder Flugzeugabsturz besprochen, egal, ob es eine Düsen- oder eine Propellermaschine war. Was ihn selbst betraf, hatte Bender längst beschlossen, jedes Blatt so sorgfältig zu prüfen, als würde es an einer Maschine angebracht, in der seine Familie mitflog.

An diesem Tag im Juni 1994, als er Blatt 861398 prüfte, fand Bender keinen Hinweis auf Korrosionsnarben, Risse oder Bearbeitungsspuren. Auch sah er keine Unebenheit auf der Hohlraumwandung, wie sie gelegentlich durch das Kugelschrotstrahlen entsteht, bei dem mit Druckluft Stahlkugeln oder Glasperlen auf die Blattoberfläche geschossen werden, um sie rissfest zu machen. Die amerikanische Luftfahrtbehörde hatte Ham Standard vor längerer Zeit bestätigt, dass dieser Bearbeitungsgang unnötig sei; bei vielen Blättern, auch bei 861398, war er entfallen.

Doch irgendetwas musste vorliegen, wodurch 861398 bei der Ultraschallprüfung aufgefallen war. Dieses ›Etwas‹ – das hatte man Bender beigebracht – war vermutlich eine Fehlstelle in der Oberfläche des Propellerhohlraums. Also ging Bender, wie man es ihn gelehrt hatte, daran, die Stelle in dem Hohlraum, bei der Untersuchungen einen möglichen Defekt angedeutet hatten, mit einer Druckluftpistole und Schleifscheiben von zunehmend feinerer Körnung abzuschmirgeln – zu ›glätten‹.

Er ging mit dem Bohrer in den Hohlraum, an die Stelle der Innenwand, wo Aluminium abgeschmirgelt werden musste, und schliff zwei Tausendstel Zoll ab, ungefähr die Dicke eines Haares.

Er blies die grauen staubartigen Partikel aus dem Hohlraum heraus und polierte anschließend die Oberfläche, um die Schleifspuren zu entfernen, die er selbst verursacht hatte. Dadurch sollte die Oberfläche ihre ursprüngliche Beschaffenheit zurückerhalten, denn wenn Schleifspuren zurückblieben, konnte sich das bei der nächsten Ultraschallprüfung negativ auswirken, mit der möglichen Folge, dass tiefer liegende Defekte unbemerkt blieben. Bender verglich das Ergebnis seiner Politur mit quadratischen Mustern von unterschiedlicher Oberflächenbeschaffenheit, die sich, mit Anmerkungen versehen, auf einer 10 mal 15 Zentimeter großen Platte befanden. Die letzte Prüfung bestand darin, dass er einen Holzpflock über die geglättete Oberfläche und anschließend über die Musterflächen führte, um nach Gefühl zu entscheiden, dass er die ursprüngliche Beschaffenheit erreicht hatte.

Es war eine öde, zeitaufwendige und wichtige Arbeit, und er dachte, er hätte es geschafft. Nach dem Polieren schaute er noch einmal mit dem Endoskop nach, dann war Blatt 861398 für ihn erledigt. In einer kleinen, engen Schrift vermerkte er, wobei er ein Wort falsch schrieb: »No visible falts found, blend rejected area.« (Keine sichtbaren Fehler gefunden, beanstandete Fläche geglättet.) Dann seine Initialen mit dem Datum: »CSB 6/7/94.«

Er war überzeugt, seine Arbeit gut gemacht zu haben. Er hatte sie so ausgeführt, wie man es ihm beigebracht hatte, mit dem Gerät, das man ihm zur Verfügung gestellt hatte.

Chris Bender konnte nicht wissen und hatte auch keinen

Grund zu glauben, dass dieses Blatt doch noch einen verhängnisvollen Defekt aufwies.

Im August dieses Jahres wurde Blatt 861398 von der Luftfahrtbehörde nochmals einer Ultraschallprüfung unterzogen und für den Flugbetrieb freigegeben. Hamilton Standard schickte das Blatt an Atlantic Southeast Airlines zurück, wo es am linken Propeller einer Embraer EMB-120 angebracht wurde, einer Maschine, die auch unter der Bezeichnung ›Brasilia‹ lief, einer 30-sitzigen Verkehrsmaschine mit dem Kennzeichen N256AS.

In den folgenden elf Monaten brachte dieses Blatt 2398 Flugstunden zusammen, in denen es an die 35 000 Fluggäste durch den Süden der Vereinigten Staaten beförderte. Es hatte unfallfrei rund 187 Millionen Umdrehungen gemacht, als es Sonntagnacht, am 20. August 1995, in Macon, Georgia, federnd zum Stehen kam.

Teil II

Die Besatzung, die Maschine

2 Am Montagmorgen, dem 21. August 1995, hatte der ASA-Flug um 10.05 Uhr von Macon nach Atlanta Verspätung. Kapitän Ed Gannaway, Erster Offizier Matt Warmerdam und Flugbegleiterin Robin Fech hatten sich eine Dreiviertelstunde zuvor zum Dienst gemeldet, mussten jedoch erfahren, dass die Wartungsarbeiten im Hangar länger dauern würden.

Ihre Maschine, die N256AS, war in der letzten Nacht um 23.30 Uhr zur gründlichen ›C‹-Überprüfung, die alle 3300 Flugstunden fällig ist, nach Macon gebracht worden. ASA-Kapitän Gerald Ash hatte nach der Landung gemeldet, beim Herflug habe die Brasilia normal funktioniert, ausgenommen ein Heizaggregat, das erst nach dem Start Warmluft geliefert habe. Abgesehen von diesem kleinen Defekt hatte Ash an der N256AS nichts Ungewöhnliches bemerkt. In der Nacht hatten Mechaniker die vorgeschriebenen Prüfungen vorgenommen, darunter eine Sichtprüfung der Propeller auf Lecks oder Schäden. Es wurden keine festgestellt.

Die Besatzung hatte ein schweres Wochenende im Dienst hinter sich: starke Regenfälle, endlose Wartezeiten am Boden, griesgrämige Fluggäste. Als es am Samstag auf Mitternacht zuging, standen Gannaway, Warmerdam und Fech auf dem Tri-Cities-Airport im Osten Tennessees wie ein verlorener Haufen im strömenden Regen am Straßenrand, nach einem zermürbenden 15-Stundentag, der in einer kleinen Stadt des Südens begonnen hatte und in einer anderen endete, und obwohl sie beieinander standen, fühlten sie sich verlassen, während sie auf den Van des Motels warteten, der wie alles an diesem Tag Verspätung hatte. Im Motel angekommen, rief Gannaway kurz bei seiner Frau Jackie an. Der Kapitän war um 6 Uhr zu Hause losgefahren, und siebzehn Stunden später klang seine Stimme schwer von Erschöpfung. »Anstrengender Tag«, sagte er, »schlechtes Wetter.« Der Nachtportier des Motels schloss für Fech die Küche auf. Sie nahm sich eine kleine Schachtel Getreideflocken, einen Karton Milch, eine Styroporschale und einen Plastiklöffel mit aufs Zimmer. Nicht gerade ein Fünf-Sterne-Essen, aber es half ihr in den Schlaf. Um halb acht am nächsten Morgen befand sich die Besatzung wieder auf dem Tri-Cities-Airport, und rechtzeitig zum Sonntagessen waren sie zu Hause in Macon.

Jetzt, am Montagmorgen, waren sie wieder einsatzbereit, und sie hatten sechs Flüge vor sich, mit einer Übernachtung in Albany, Georgia.

Dies war nicht bloß ihr Job, mit dem sie ihren Lebensunterhalt verdienten, dies war ihr Leben.

Die Maschine, die um 10.05 Uhr nach Atlanta ging, war mit 30 Fluggästen voll besetzt, und zusätzlich war ein ›Freifahrer‹ von ASA dabei, Kapitän Tony Abeloe, der den Klappsitz bekam.

Während der Wartezeit unterhielt Abeloe sich mit Gannaway.

Gannaway kam ihm entspannt und ausgeruht vor, und er hatte sich gerade die Haare schneiden lassen.

Abeloe ging auf eine Zigarette nach draußen. Dort stieß er auf Warmerdam, der, eine Zigarette in der Hand, ein Taschenbuch las.

Als die N256AS schließlich an den Flugsteig rollte, machte

Warmerdam seinen Vorflugkontrollgang. Gewöhnlich war das eine letzte Pro-forma-Kontrolle von fünf Minuten, die in die Anfänge der Luftfahrt zurückreichte, als die Piloten die Maschine untersuchten, weil sonst niemand wusste, wonach er zu sehen hatte. Warmerdam ging die Checkliste auswendig durch, wie praktisch alle Piloten, die an einem einzigen Tag sechs oder sieben Begehungen machten.

Er untersuchte die Reifen auf Einschnitte, zu stark abgenutzte Stellen oder eine vielleicht im Profil steckende Schraube. Beiderseits der Nase des Flugzeugs schaute er nach, ob die Pitotrohre verstopft waren, die Informationen über die Höhe, die Fluggeschwindigkeit und die Sink- oder Steigrate für Anzeiger im Cockpit lieferten. Er prüfte die Vorderkante beider Tragflächen auf Beschädigungen durch Vogelschlag. Er begutachtete den Gesamtzustand der Brasilia von außen.

Er sah auch nach allen acht Propellerblättern, jeweils vier an den beiden Triebwerken. Er vergewisserte sich, dass die Abdichtung an der Befestigung der einzelnen Blätter kein Öl verlor. Er untersuchte die Blätter auf Schäden. Kreisende Propeller erzeugen nicht nur Schub, sondern auch einen Wirbel auf der Rollbahn, durch den Gegenstände, zum Beispiel Steine, hochgeschleudert werden können, die in seltenen Fällen die Blätter treffen und beschädigen. An den acht Blättern dieser Brasilia, auch dem Blatt 861398 am linken Propeller, fand Matt Warmerdam nichts Bemerkenswertes.

3

Mit gerade zehn Sitzreihen hatte die Brasilia nur für eine Flugbegleiterin Platz. In diesen engen Raum brachte Robin Fech (ausgesprochen FECK) ihre Südstaatler-Gefühle ein: Wenn man ihr Flugzeug betrat, betrat man ihr Heim, und das bedeutete, dass sie einen anständig behandelte, solange man ihr nicht verkehrt kam.

In ihrer Stimme schwang der typische Klang von Georgia mit. Wenn Geschäftsleute aus anderen Gegenden, die in der Eile einen Fug über Atlanta genommen hatten, im Moment nicht wussten, wohin sie geraten waren, brauchte Fech sie nur mit »Hi, hon-eey!« zu begrüßen, und schon wussten sie Bescheid: Sie waren im Süden.

Fech hatte Sinn für Spaß und Bette-Davis-Augen, groß und nussbraun, in denen es blitzte. Wenn jedoch etwas sie verstimmte, war es, als wäre die Dunkelheit hereingebrochen, und aus dem Nussbraun wurde ein Grau.

Einige Wochen zuvor hatte ein ASA-Fluggast mit Fech und ihrer starken Persönlichkeit Bekanntschaft gemacht. Fech erteilte die üblichen Instruktionen vor dem Abflug, während die Brasilia zur Startbahn rollte. In der letzten Reihe saß ein Passagier, der sich laut lachend mit seinen Kollegen amüsierte.

Auf einmal dröhnte Fechs Stimme durchs Flugzeug: »Sie auf Platz 10-D, Sie passen nicht auf! Dieser Kram könnte Ihnen eines Tages Ihren Hintern retten!«

Der getadelte Passagier verstummte.

Bestimmt haben tausend Flugbegleiterinnen sich schon gewünscht, so etwas zu sagen, es aber aus Rücksicht auf die Schicklichkeit nicht getan.

Robin Fech tat es. Dies war ihr Flugzeug. Das war ihr Stil.

Während des Einstellungsgesprächs bei der ASA im Februar 1993 hatte Fech begriffen, dass das Einstellungsverfahren für Flugbegleiterinnen darauf zielte, den Beruf zu entzaubern.

Das Informationspaket der ASA für Flugbegleiterinnen las sich wie eine Warnung des Gesundheitsministers vor drohenden Gefahren: ›lange Arbeitszeiten ... gehen, sich bücken und Gewichte von bis zu 30 Kilo heben ... wechselnde Einsatzorte, keine feste Arbeitszeit ... trockene Luft ... schwache Beleuchtung, enger Raum.‹ Das klang wie nach Arbeit in einem Bergwerk.

Aber so leicht war Fech nicht abzuschrecken. Sie war 34, allein stehend, ohne College-Abschluss, und machte einen neuen Anfang. 1987 hatte sie einen Jungen aus der Heimatstadt geheiratet, den Sohn ihrer Taufpatin immerhin, und die Hochzeitsfeier hatte im großen Ballsaal des Georgian Hotel in Athens, Georgia, stattgefunden. Dort hatten schon ihre Eltern dreißig Jahre vorher ihre Hochzeit gefeiert. Das allein hätte ihr eine Warnung sein sollen, erkannte Fech später, angesichts dessen, was aus der Ehe ihrer Eltern geworden war. »Es war die beste Party, auf der ich je gewesen bin«, sagte Fech über ihre Hochzeit. »Ich bin nur mit dem verkehrten Mann nach Hause gegangen.« Nach der Scheidung 1992 hatte sie erwogen, Anwaltsgehilfin oder Atemtherapeutin zu werden. Dann erwähnte eine Freundin die ASA.

Atlantic Southeast Airlines hatte sich zur führenden Fluggesellschaft der Region gemausert. 1979 hatte es mit einer DHC-6 Twin Otters angefangen, die fünfmal täglich zwischen Atlanta und Columbus, Georgia, verkehrte. Als Atlanta in den achtziger Jahren boomte, hatte ASA ein ausgetüfteltes, speichenartiges Streckennetz für die Region aufgestellt. Im ersten Jahr beförderte die Gesellschaft 12 000, im fünften 350 000 Fluggäste. Delta Air Lines wurde aufmerksam und machte ASA 1984 zum Geschäftspartner, zu einer regionalen ›Delta Connection‹. 1995 bediente ASA von den Zentren Atlanta und Dallas-Fort Worth aus 64 Plätze mit über 4100 Flügen wöchentlich.

Bei ihrer Vorstellung traf Fech in der ASA-Zentrale auf einen ganzen Raum voller Bewerberinnen wie sie. Sie stellte sich jeder Einzelnen vor, und sie brachte die anderen dazu, dass man Telefonnummern austauschte, um sich gegenseitig über das Ergebnis des Einstellungsgesprächs zu informieren. Man bat die Bewerberinnen in einen größeren Raum, wo sie ihren Namen und Wohnort sowie den Grund angaben, warum sie Flugbegleiterin werden wollten. Nach dem anschließenden Einzelgespräch bekam Fech gesagt: »Wir möchten Sie zu einem weiteren Gespräch einladen, aber bewahren Sie darüber bitte Stillschweigen.« Dafür war es zu spät – am Abend klingelte ihr Telefon, und über den von ihr organisierten Draht erfuhren die Bewerberinnen, wer drin war und wer nicht.

Die Intensivschulung der ASA dauerte vier Wochen. Fech nannte es ›Barbie Boot Camp‹. Man brachte ihr bei, wie sie sich zu kleiden und zu halten hatte. Sie erlernte den Wortlaut aller Ansagen, die sie vor dem Flug und während des Fluges zu machen hatte (»Ihr Sitzkissen kann auch als Rettungsschwimmhilfsmittel dienen. Falls Sie es einmal benötigen ...«). Sie prägte sich die aus drei Buchstaben bestehenden Flughafenkürzel ein. Manche waren einfach: Lexington, Kentucky, war LEX, Greenville/Spartanburg war GSP. Bei komplizierteren gab die ASA verrückte Gedächtnisstützen, damit die Flugbegleiterinnen sie sich merken konnten: Waco war ACT (›A Cowboy Town‹) und Alexandria, Louisiana, war ESP (›Extra Swampy Forest‹). Sie lernte, dass ›blueroom‹ Toilette bedeutete und ›Freifahrer‹ einen ASA-Mitarbeiter, der umsonst mitflog. Sie lernte außerdem, beim Reinigen der Kabine niemals in die Taschen hinter den Sitzlehnen zu greifen, ohne vorher hineinzuschauen. Bei dieser Gelegenheit hatte sich eine Flugbegleiterin einmal an einer Injektionsnadel gestochen.

Vor allem lernte Fech, dass die Sicherheit der Fluggäste ihre Hauptaufgabe war. Während der Ausbildung wurden verschiedene Notfälle durchgespielt. In einem Fall bekam ein schwangerer Fluggast Wehen, und gleichzeitig erlitt ein anderer Fluggast einen Herzanfall. In einem anderen Fall entstand in der vorderen Toilette durch eine Zigarette ein Brand, und hinten trat ein Fluggast in den Gang, während die Anzeige ›Fasten

Seat Belt‹ eingeschaltet war. Die Auszubildenden mussten schnell, entschlossen und genau nach Vorschrift reagieren. Bei einem anderen Test sagte der Ausbilder, den Flugkapitän im Cockpit simulierend, eine Notlandung sei geplant. Daraufhin hatte die Flugbegleiterin ihm bestimmte Fragen zu stellen: Was für eine Landung? Wie viel Zeit habe ich, um die Fluggäste vorzubereiten? Gibt es eine Ankündigung oder einen Gong, der die Landung signalisiert? Welches Signal erhalte ich, um mit der Evakuierung zu beginnen? Jede Auszubildende musste außerdem die einige Minuten lange förmliche Notfallankündigung aufsagen, und zwar wortwörtlich. Einige Auszubildende waren nervlich überfordert, aber Fech hielt durch.

Im Jahr 1993, ihrem ersten Jahr bei der ASA, verdiente Fech 12 400 Dollar für eine schwere und gelegentlich erniedrigende Arbeit; des Öfteren wurde sie von Fluggästen mit »eh, Bedienung« angesprochen. Dann kamen die Nachtflüge über die so genannte ›Kriebelmückengrenze‹, die mitten durch Georgia verläuft, an die Küste von Mississippi und zu den Tri Cities im Osten von Tennessee. Auch wenn sie sechzehn Stunden unterwegs war, wurde sie nur für acht Stunden bezahlt; für die ASA begann ihre Arbeitszeit erst, wenn die Bremskeile hinter den Rädern des Flugzeugs weggezogen wurden. Die Zeit, in der sie den Fluggästen beim Ein- und Aussteigen behilflich war, zählte nicht – ein ständiges Ärgernis für die Flugbegleiterinnen.

Dennoch hatte Fech Spaß an ihrer Arbeit. Sie schätzte die Kameradschaft unter den Besatzungsmitgliedern. Besonders mochte sie die Starts, wenn sie auf ihrem Klappsitz saß und spürte, wie die zweimotorige Turbopropmaschine sanft abhob. Sie flog gern auf der Brasilia. Silver Bullet, so nannte sie das kleine Flugzeug. Sie hatte es gelernt, sich in dem schmalen Gang der Brasilia zu bewegen. Sie schwenkte ein wenig die Hüften, um nicht mit Fluggästen zusammenzustoßen, und manchmal presste sie beide Hände gegen die Handgepäckfächer links und rechts, um nicht das Gleichgewicht zu verlieren. Sie gewöhnte sich daran, dass manche Fluggäste sich vor dem Einsteigen beschwerten: »Mit diesem zusammengewürfelten kleinen Ding werde ich nicht fliegen!« oder »Herrje, eine Propellermaschine!« Dann gab sie regelmäßig zurück: »Immer sachte, so schlimm wird's schon nicht!« Es gefiel ihr, dass sie die einzige Flugbegleiterin war. Damit lag die Verantwortung für die Kabine ganz bei ihr.

Als Flugbegleiterin trug sie eine blaue Polyesterhose und eine dazu passende Weste, goldene Ohrringe, ein Namensschild mit Flügeln und im brünetten Haar eine marineblaue Schleife. Sie wusste sich gut zur Geltung zu bringen. Mit ihrer Stimme übertönte sie die brummenden Propeller. Sie konnte gut mit den Passagieren reden und spürte, wer gern lachte und wer lieber in Ruhe gelassen werden wollte. Sie konnte beide Bedürfnisse bedienen.

Schon als Kind, und bis sie fast dreißig war, hatte sie getanzt, zuerst Ballett und dann Jazztanz, und später hatte sie in der Ballettschule ihrer Mutter als Tanzlehrerin gearbeitet. Schließlich hielten ihre Knöchel die Belastung nicht mehr aus. Seit sie das Tanzen aufgegeben hatte, hatten sich ihre strengen Gesichtszüge geglättet und gerundet. Aber sie hatte eine Lehre aus jener Zeit mitgenommen. Wenn das Licht anging, war sie für ihren Auftritt bereit.

Da die meisten ASA-Flüge eine Stunde oder weniger dauerten, wurden keine Mahlzeiten gereicht. Immer wieder füllte sie ihr Serviertablett mit alkoholfreien Getränken und gerösteten Erdnüssen. Wenn ihr das unvermeidliche »Ich dachte, es gibt Steak« zu Ohren kam, legte Fech dem Klugscheißer Erdnüsse auf den Klapptisch und sagte zwinkernd: »Da haben Sie Ihr Steak.«

Fech war fasziniert von ihren Passagieren, die für sie die größte Befriedigung und zugleich das größte Rätsel darstellten.

Bei keinem Flug wusste sie vorher, wer oder was sie erwartete. Wenn es während des Fluges mal nichts zu tun gab, malte Fech sich aus, wie es den Fluggästen im Leben erging. Sie ließ dabei die Gemütsverfassung oder das Äußere der Leute auf sich wirken, aber sie erfuhr nie, ob ihre Mutmaßungen der Wirklichkeit auch nur nahe kamen.

Zu Hause bewahrte Robin Fech ein altes Foto von ihrem Vater auf. Als junger Mann war Duane Fech Marineflieger gewesen, er hatte der Eliteeinheit Fleet Air Gunnery Unit angehört. Das Foto zeigte ihn als schneidigen Flieger im Kampfdress, den Helm in der Hand, wie er in ein offenes Cockpit steigt. »Er war wirklich ein hübscher Kerl«, sagte sie, wenn sie das Bild betrachtete.

Ihre Eltern hatten sich durch einen Flugzeugabsturz kennen gelernt. 1955, zwei Monate vor der geplanten Eheschließung mit einem Marineflieger, kam der Verlobte von Claudette Underwood um, als sein Düsenjäger gegen einen Berg prallte. Underwood war damals bei Delta und trug als ›Stewardess‹ weiße Handschuhe. Zur Bestattung ihres umgekommenen Verlobten entsandte das Geschwader einen engen Freund als Repräsentanten der Streitkräfte. Sein Name war Duane Fech.

Einige Jahre später heirateten Claudette und Duane. Sie ließen sich in Athens, Georgia, nieder, Claudettes Heimatstadt, wo zwei Töchter zur Welt kamen, Robin und Clemmie. Die Ehe wurde wackelig, Duane zog in den Süden Georgias, um ein Fischereiunternehmen aufzumachen, und für Robin, die erst in die dritte Klasse ging, war nicht klar, ob sie ihm nachziehen sollten oder ob er die Familie verlassen hatte. Irgendwann zogen sie zu ihm.

In den folgenden Jahren hielten Robin und Clemmie wie echte Schwestern zusammen, denn ihre Eltern zankten sich dauernd und beschimpften einander unflätig. 1973 ging die

Ehe endgültig in die Brüche, und Claudette zog mit den Mädchen wieder nach Athens, wo sie ihre Ballettschule eröffnete. Duane ging seiner Wege, heiratete später wieder, und wenn er im Leben seiner Töchter nur gelegentlich aufkreuzte, war das Claudette ganz recht. Als ›Magnolie aus Stahl‹ war sie ohnehin nicht dazu aufgelegt, ihre Töchter mit Duane zu teilen.

Während Clemmie über die Trennung von ihrem Vater achselzuckend hinwegging, war ihre ältere Schwester wütend. Robin hatte die Zärtlichkeit, die die meisten kleinen Mädchen von ihrem Vater brauchen, immer nötig gehabt. Sie fühlte sich von ihm im Stich gelassen. Sie hatte immer gewollt, dass er einmal stolz auf sie sein würde, aber dazu gab es keine Gelegenheit.

Im Sommer 1994 erfuhr Duane, dass er Krebs hatte; die Ärzte entfernten einen Teil eines Lungenflügels. Clemmie besuchte ihn in Gainesville, Georgia. Sie sprachen über ihr Leben und über Gott – und sie machten Frieden miteinander. Auch Robin besuchte ihn, aber zu einer solchen Aussprache kam es nicht. Die Familie sagte immer, sie und Duane seien aus demselben knorrigen Holz geschnitzt. Im Übrigen, fand Robin, gab es in der Beziehung zwischen ihr und ihrem Vater keinen Kreis, den man schließen könnte. »Unser Verhältnis glich eher einer Spirale.«

Bis in den Frühling 1995 kämpfte Duane mit dem Krebs. Zwei Tage vor seinem Tod traten seine Töchter in sein Krankenzimmer. Matt und aschfahl lag er da, kurz danach sollte er ins Koma fallen. Robin fand, dass ihr Vater »einem Menschen im Sarg« glich.

Duane Fech war ein richtiger Mann. Gern spielte er eine Runde Golf, und er trank leidenschaftlich. Er machte nicht viele Worte. Vom Bett aus sagte er zu seinen Töchtern: »Mädchen, ich gebe zu, dass ihr es nicht einfach hattet …«

Dann konnte er nicht mehr sprechen.

Ihn liebend und zugleich zornig auf ihn, stand Robin Fech neben ihrem sterbenden Vater und weinte.

Als Robin Fech am Sonntagabend, dem 20. August 1995, nach dem langen, arbeitsreichen Wochenende von den Tri Cities in ihre Wohnung in Macon zurückkehrte, musste sie an ihren Freund denken, und er fehlte ihr sehr. Sie hatte Chris Price ein Jahr zuvor bei der Arbeit kennen gelernt. Er war Mechaniker bei ASA, und er war ebenso still, wie Fech geschwätzig war. Während sie die kurze Begegnung und den Meinungsaustausch mit ihren Vielfliegern liebte, liebte er die Einsamkeit und die Herausforderung der Arbeit an den Flugzeugmotoren.

Sie war 37, er 23, aber das spielte für beide keine Rolle. Er wirkte älter, als er es den Jahren nach war, und sie schien jünger zu sein. Beide hatten von ihrer Familie her mit Delta zu tun gehabt, Fechs Mutter war einmal Stewardess gewesen, und Prices Vater hatte dort als Mechaniker Karriere gemacht.

Was sie zusammenbrachte, waren die Umstände ihres Lebens. Sie hatte eine Scheidung hinter sich, ihm war ein Verlöbnis geplatzt, und jetzt nahmen sie beide eine untere Stellung in der Hierarchie der Atlantic Southeast Airlines ein.

Fech machte sich keine Illusionen über ihr Leben: Im August 1995, als sie auf das mittlere Alter zuging, verdiente sie knapp 20 000 Dollar im Jahr. Ihre ›Bühne‹ war ein neuneinhalb Meter langer Fluggastraum in 8000 Meter Höhe. Nicht gerade der Stoff, aus dem die Träume sind, aber sie kam zurecht und hatte Spaß, und Chris Price trug viel dazu bei.

Die Basis für Fech und Price war der Wartungsbetrieb der ASA auf dem Flughafen Macon, 90 Meilen südlich von Atlanta. Der Wartungshangar befand sich neben der Startbahn, dicht bei der Hauptabfertigungshalle, und der Weg war so kurz, dass die Mechaniker ihn zu Fuß gingen. In Macon hatte die ASA acht Besatzungen stationiert – Kapitäne, Erste Offiziere und Flugbegleiterinnen – und dazu rund vierzig Mechaniker. Es war eine Gruppe, die fest zusammenhielt, mit einer Vorliebe für Zigaretten und einem Hang zur Fliegerei. Die meisten waren in den Zwanzigern oder Dreißigern, einige kamen von der Luftwaffe, und praktisch alle hofften, zu den größeren Fluggesellschaften aufzusteigen. Alle ASA-Mitarbeiter waren sich einig, dass sie zu viel arbeiteten und zu wenig verdienten – diese Einstellung war in der regionalen Flugbranche vorherrschend.

Dabei arbeiteten die ASA-Leute hart, mit Stolz und bisweilen mit einem schelmischen Sinn für Spaß. Price erzählte, von einigen ASA-Piloten wisse man, dass sie, bevor sie das Cockpit verließen, den Zentraldeckel ihres Steuerknüppels abschraubten und ein Ausklappbild mit einem nackten Mädchen und einer signierten Nachricht für den Nachtmechaniker hineinsteckten, dessen Dienstplan sie kannten. Price hatte welche gefunden.

Fech und Price wohnten in demselben Apartmentkomplex in der Nähe des Flughafens Macon. Es entspann sich ein Verhältnis. Ihr fehlte es nicht an Mumm, sie war auch nicht leicht aus der Fassung zu bringen, was sie so ausdrückte: »Mich haut so schnell nichts vom Hocker.« Auf dem Nachthemd, das sie zu Hause trug, stand: »Die Aufgabe der Flugbegleiterin ist, deinen Arsch zu retten, nicht, ihn zu küssen!«

Sie war auch eine gute Zuhörerin. Price, ernst und in sich gekehrt, ließ Fech seine geheimsten Gedanken wissen. Oft blieben sie bis in die frühen Morgenstunden auf und sprachen über Gott und die Welt, über die Liebe und das Leben. Wenn Price am Montagmorgen um sieben von der Arbeit kam, konnten sie, einer Eingebung folgend, einen Trip nach Florida antreten, oder zum Lake Sinclair bei Milledgeville, um mit ihren Zigaretten und einem 12er-Pack Bier am Ufer zu sitzen. Sie hatten kein Geld, aber sie besaßen Spontaneität – und sie hatten einander.

ASA hatte kürzlich neue Maschinen geleast – britische Bae-146 –, und Price gehörte zu den Mechanikern, die zu einer mehrwöchigen Spezialausbildung ins englische Manchester geschickt worden waren.

Er war erst seit ein paar Tagen fort, als Fech rasch ein Briefchen verfasste, das sie am nächsten Morgen auf dem Flughafen Macon einwerfen wollte. In den geheimen Kürzeln und dem Jargon des Flugpersonals schrieb sie:

»Erst kam AC#211 Sa.morgen nicht vor 10:45 ans Gate, deshalb machten wir rüber nach GNV. Auf der ATL Rollbahn saßen wir 2 Stdn. fest, dann Übernachtung wegen Wetter in TRI cities, am Ende ging nichts mehr. Langer 15-Stdn-Tag, aber wir haben keinen $ verloren.«

Sie unterschrieb mit ihrem Kosenamen: »Du fehlst mir – Rah.«

Dann trug sie knallroten Lippenstift auf und presste ihre Lippen auf das Papier.

4

Dublin fiel unter den 159 Städten Georgias, die Sitz eines County sind, nicht aus dem Rahmen: Es hielt sich etwas zugute auf gute Lebensbedingungen, gute Kirchen und gute Leute. Es war 130 Meilen von Atlanta entfernt, und das war seinen Einwohnern sehr recht. Die Großstadt war das Letzte, was die Dubliner wollten.

Das Haus der Gannaways lag in einer grünen Enklave von Vororthäusern, die jeden Hauch von Angeberei vermissen ließen. Es war hübsch und geräumig, hatte eine Steinfassade und eine Doppelgarage; am Straßenrand war ein gelbes Rohr für den Macon Telegraph (die Zeitung der nächstgelegenen Großstadt) angebracht, und hinter dem Haus befanden sich ein Schwimmbecken und ein Teich, in den sich ein Bächlein ergoss. Ed, der Naturmensch, brachte über dem Kamin ein Hirschgeweih an. Jackie, seine pazifistische Ehefrau, versuchte darüber hinwegzusehen.

Reisenden mag Dublin am ehesten als Raststätte an der Interstate 16 zwischen Atlanta und Savannah in Erinnerung sein. Für Ed Gannaway war es der ideale Ort, um als Vater seinen drei Söhnen etwas vom Jagen, Angeln und Fliegen zu vermitteln. Für Rob, mit neun der Jüngste der drei, war sein Vater so riesig wie der Himmel, und er hielt sich in seinem Zimmer eine ganze Flotte von Spielzeug-Flugzeugen.

Wenn sein Dienstplan es erlaubte, konnte es an einem spätsommerlichen oder frühherbstlichen Freitag passieren, dass Ed Gannaway im Dublin Rotary Club zu Mittag aß, sich nachmittags in seinem Garten oder an der Werkbank in der Garage zu schaffen machte, zum Abendessen mit Jackie im Touchdown Club einkehrte, ein Football-Spiel der örtlichen High-School-Mannschaft besuchte und rechtzeitig heimfuhr, um nicht die 23-Uhr-Nachrichten zu verpassen. Es war ein nettes, angenehmes Leben. Mit anderen Piloten der ASA hatte er keinen gesellschaftlichen Umgang. Wenn er in Macon landete, fuhr er meistens gleich heim zu Jackie und den Jungs, rund eine Stunde Fahrzeit.

Vor einigen Jahren hatte er gezögert, eine Beförderung vom Ersten Offizier zum Kapitän anzunehmen, weil er nicht nach Atlanta umziehen wollte. Im März 1993 hatte er die Stelle schließlich doch angenommen und war über ein Jahr lang von Dublin in die Großstadt gependelt, immerhin zwei Stunden Fahrt. Dreimal die Woche schlief er wie andere ASA-Piloten in einer ›Absteige‹, die so schäbig war, dass Jackie sie als »Gipfel der Verkommenheit« bezeichnete. Durch die Versetzung an den Einsatzort Macon konnte er sein Haus in Dublin, wo Jackie aufgewachsen war, behalten.

Am Sonntag, dem 20. August, war Gannaway genau wie Robin Fech abends heimgekommen, erschöpft von dem Wochenendeinsatz. Am Nachmittag hatte ein Kollege ihn in der Einsatzleitstelle der ASA in Atlanta beobachtet. Sein weißes Kapitänshemd war zerknittert, und der Hemdenzipfel schaute aus der Hose. Der Kollege mutmaßte zu Recht, dass Gannaway den ganzen Tag über geflogen war.

Am Sonntagabend ging es bei ihm zu Hause lebhaft zu. Am Montag begann das neue Schuljahr, und Craig, 16, Russ, 14, und Rob waren aufgeregt und ein bisschen bange. Nachdem die Jungs zu Bett gegangen waren, sah Ed Gannaway sich im Fernsehen noch eine Sendung des National Geographic an und ging gegen elf schlafen.

Am Montag, 21. August, wurde er um viertel nach sieben wach. Die Jungs waren schon ziemlich spät dran. Beim Kaffee in der Küche bot er an, sie zur Schule zu fahren. Er musste auf dem Flughafen Macon um 9.20 Uhr zum Dienst erscheinen, 45 Minuten vor dem 10.05-Uhr-Flug nach Atlanta, dem Ersten von sechs Flügen an diesem Tag. Die Nacht würde er in Albany, Georgia, verbringen und am Dienstagnachmittag wieder nach Hause kommen.

Da Jackie ohnehin zur Schule musste, um Blumen für den Tag der offenen Tür abzuliefern, sagte sie, sie würde die Jungs selber hinfahren. Später wollte sie zum Geburtstag ihrer Mutter eine kleine Feier mit Ballons und allem Drum und Dran veranstalten.

Auf dem Weg zur Haustür sah Jackie Gannaway ihren Mann vor dem Badezimmerspiegel stehen. Ed Gannaway trug T-Shirt und Laufhose und sah mit 45 noch schlank und jugendlich aus. Er trainierte wie besessen, nahm an Triathlon-Wettbewerben und Marathonläufen teil und hatte vor, noch einige Meilen zu laufen, bevor er nach Macon aufbrach. Wenn er bei einem Aufenthalt auf diesem oder jenem Flughafen frei hatte, verdrückte er sich gelegentlich für zwanzig Minuten. Und wenn ein Besatzungsmitglied dann fragte, wo er hingehe, sagte er: »Spazieren.« Auf dem Flughafen von Atlanta marschierte er unten durch die Fußgängerunterführung von einer Abfertigungshalle zur anderen. Einige Male hatten Flugbegleiterinnen mitgehen wollen, es aber rasch aufgegeben, weil sie bei seinem forschen Tempo nicht mitkamen. Eds Vater, Lawrence Craig Gannaway, der in Draper, Virginia, eine Truthahnfarm betrieb, war mit 47 einem Herzinfarkt erlegen – für Ed, der damals sechs war, ein verheerendes Ereignis. Seine Mutter hatte später wieder geheiratet, und er hatte zu seinem Stiefvater ein enges Verhältnis entwickelt, aber eigentlich fühlte Ed Gannaway sich um etwas betrogen, weil er seinen Vater nie richtig kennen gelernt hatte. Seinen ersten Sohn taufte er Lawrence Craig.

Jetzt, mit Mitte vierzig, schwor er sich, dass er es erleben würde, wie seine Söhne älter wurden. Er wollte in ihrem Leben eine wichtige Rolle spielen.

»Viel Spaß heute Abend auf der Geburtstagsfeier«, sagte er zu seinen Jungs.

Dann sagte er zu der Frau, mit der er seit neunzehn Jahren verheiratet war: »Ich wünsch dir einen guten Tag.« Als Jackie fast aus der Tür war, rief er noch: »Ich ruf dich an.«

Der Regionalluftverkehr ist eine Erscheinung der Zeit nach dem Zweiten Weltkrieg, obwohl die Anfänge in die Zeit vor dem Ersten Weltkrieg zurückreichen. In ihrer Geschichte der amerikanischen Regionalfluggesellschaften verweisen R.E.G. Davies und I.E. Quastler auf die 1914 gegründete Flugbootverbindung von St. Petersburg nach Tampa, die erste planmäßige Flugverbindung der Welt, als Urahn der heutigen Regionalfluggesellschaften. Für den Flugfährdienst, der drei Monate Bestand hatte, wurden Benoist-Flugboote benutzt, um jeweils einen Passagier (zumeist einen Nordstaatler im Urlaub) über die 18 Meilen breite Bucht zu befördern. Ein Jahr zuvor hatten Harold McCormick in Chicago und Alfred W. Lawson in New York begonnen, den täglichen Weg zwischen Haus und Geschäft mit dem Flugzeug zurückzulegen; Lawson bezeichnete sich selbst sogar als »New Yorks ersten Flugbootpendler«.

Anfang der 1960er Jahre bezeichnete die Zivilluftfahrtbehörde eine wachsende Schar von kleinen, unabhängigen Fluggesellschaften als ›Lufttaxibetreiber‹ bzw. ›Fluggesellschaften dritter Stufe‹. Schließlich wurden sie als ›Regionalfluggesellschaften‹ anerkannt. 1975 beförderten die Regionalfluggesellschaften sieben Millionen Passagiere.

Als kleine und mittlere Städte im ganzen Land während der achtziger Jahre zu Motoren des wirtschaftlichen Wachstums wurden, übernahm der Regionalflugverkehr – vor allem auf Grund von Joint Ventures mit den großen Fluggesellschaften – die Zubringerdienste von diesen Städten aus und erlebte einen unerhörten Aufschwung. 1985 beförderten die nunmehr so bezeichneten ›Regionalfluggesellschaften‹ 26 Millionen Passagiere. Zehn Jahre später waren es schon 57 Millionen. Anfang der neunziger Jahre waren fast 70 Prozent der amerikanischen Gemeinden, die planmäßig angeflogen werden, ausschließlich auf regionale Fluggesellschaften angewiesen. Für das 21. Jahrhundert wurden erstaunliche Schätzungen abgegeben: Im Jahr 2010 sollen 120 Millionen Passagiere von regionalen Fluggesellschaften befördert werden.

Regionalfluggesellschaften bemühen sich, ihre Flotte dem jeweiligen Markt anzupassen. Für Strecken unter 300 Meilen ist die Turbopropmaschine, was das Leistungsgewicht, die Zuverlässigkeit und die Wirtschaftlichkeit betrifft, nach wie vor das beste Gerät. Die Brasilia entsprach diesem Bedürfnis hervorragend.

Im Sommer 1995 war die ASA mit einer Flotte von 83 Maschinen, darunter 60 Brasilias, der größte Benutzer von Embraer EMB-120.

Ed Gannaway war damit sehr einverstanden, denn er war bezaubert von der Brasilia und von der Behändigkeit, mit der sie wie ein Sportauto auf Steuerbefehle reagierte. »Ich glaube, wenn es sein muss, kann ich sie irgendwo auf einem Acker runterbringen«, sagte er einmal zu Jackie, nicht um anzugeben, sondern als ein Glaubensbekenntnis.

Er dachte nie daran, dass er einmal abstürzen könnte. Ed Gannaway glaubte an die Leute, die Flugzeuge bauten und prüften. Außerdem ließ seine Liebe zur Fliegerei einem solchen Pessimismus gar keinen Raum. Jackie sah darin eine für Piloten typische unvermeidliche Verleugnung.

Wenn irgendwo ein Verkehrsflugzeug abstürzte – eine DC-10 der United Airlines in Sioux City, Iowa, eine DC-9 der USAir in Charlotte, eine ATR der American Eagle in Roselawn, Indiana –, war Gannaway dennoch brennend an allen Berichten interessiert. Er fühlte sich den Piloten und ihren Angehörigen zutiefst verbunden.

Im April 1991, als eine Brasilia der ASA beim Anflug auf den Flughafen Brunswick an der Küste von Georgia abstürzte und alle 23 Insassen umkamen, war Gannaway Erster Offizier bei ASA gewesen. Er hatte die Besatzung persönlich gekannt, und er hatte von dem Absturz erst nachträglich erfahren, als er von einer Urlaubsreise mit seiner Familie zurückkehrte. Dennoch ließ der Vorfall ihn frösteln. Der Absturz des ASA-Fluges 2311 wurde weithin bekannt, weil unter den Passagieren zwei berühmte Männer waren: der ehemalige US-Senator John Tower aus Texas und der Spaceshuttle-Astronaut Manley ›Sonny‹ Carter. Ihre Brasilia fiel wie ein Stein vom Himmel, im Sturzflug, und zerschellte im Wald, drei Meilen vom Flughafen

Brunswick entfernt, zu einer kompakten Masse. Wie die Untersuchung ergab, enthielt der linke Propelleraufbau ein verschlissenes Teil, durch das es möglich wurde, dass die Blätter sich auf eine nicht mehr zu behebende Weise verstellten. Die Untersuchungsbeamten der Nationalen Verkehrssicherheitsbehörde gaben weder Embraer noch der ASA die Schuld, sondern machten Hamilton Standard für die mangelhafte Bauweise der Propeller-Steuereinheit und die Bundesluftfahrtbehörde für die Genehmigung dieser Bauweise verantwortlich.

Die Embraer EMB-120 hatte in den zehn Jahren nach ihrer Einführung in den Vereinigten Staaten im Jahr 1985 einen weiteren verheerenden Absturz erlitten. Fünf Monate nach Brunswick endete ein Flug der Continental Express in Eagle Lake, Texas, mit einem Absturz. Bei der Maschine hatte sich die waagerechte Stabilisierungsflosse, also der obere Teil des T-förmigen Leitwerks, im Flug vom Rumpf getrennt. Die Maschine verschwand bei einer Flughöhe von 9000 Fuß vom Radarschirm und trudelte zu Boden. Ein Bauer, der das feurige Ende in einem Maisfeld vom anderen Ufer des Colorado River aus beobachtet hatte, sagte: »Der Boden bebte, es war eine schwere Explosion.« Vierzehn Menschen kamen um, und die Untersuchungsbeamten fanden den Grund: 47 Schraubhalterungen waren bei einer planmäßigen Wartung am Vorabend entfernt – und nicht durch neue ersetzt worden.

Im November 1994 beendete die Verkehrssicherheitsbehörde eine neunmonatige Sicherheitsuntersuchung des Regionalluftverkehrs. Danach war die Unfallhäufigkeit bei den Regionalfluggesellschaften 1,7mal so hoch wie bei den großen Fluggesellschaften, mit der Einschränkung, dass dabei auch Hubschrauber und Flugzeuge mit bis zu zehn Sitzen mitgezählt wurden. Wenn man diese herausrechnete, war die Unfallhäufigkeit der regionalen und der großen Fluggesellschaften in etwa dieselbe.

Darüber hinaus traf die Behörde jedoch mehrere bedeutsame Feststellungen: 1. Die regionalen Fluggesellschaften waren so schnell gewachsen, dass die Bundesgesetzgebung nicht nachkam; 2. die amerikanische Öffentlichkeit war nicht darüber im Bilde, dass Flugzeuge mit weniger als 30 Sitzen unter weniger strengen Sicherheitsauflagen betrieben werden; 3. die Öffentlichkeit war über die Codesharing-Vereinbarungen zwischen regionalen und großen Fluggesellschaften im Unklaren (viele Passagiere gingen fälschlich davon aus, dass eine große Fluggesellschaft nicht nur Eigentümerin ihrer regionalen Tochtergesellschaft, sondern auch für deren Sicherheitsvorkehrungen verantwortlich sei); und 4. hatten die Piloten der Regionalfluggesellschaften längere Dienstzeiten und erhielten weniger Ausbildung als die Piloten der großen Fluggesellschaften (87 Prozent der befragten Piloten von Regionalfluggesellschaften gaben an, sie seien schon im ermüdeten Zustand auf Grund ungenügender Ruhezeiten geflogen).

Die Verkehrssicherheitsbehörde forderte nach dieser Untersuchung, die Mehrzahl der regionalen Fluggesellschaften denselben Vorschriften zu unterwerfen wie die großen. Im März 1997 wurde das auch umgesetzt, über anderthalb Jahre nachdem Ed Gannaway den Flug nach Atlanta angetreten hatte.

Jackie Gannaway setzte die Jungs bei der Schule ab und fuhr zur Arbeit. Dort rief gegen neun Uhr Eds Stiefvater an, Arthur ›Lucky‹ McGrane. Lucky war im Zweiten Weltkrieg als Pilot einer B-25 über dem Pazifik abgeschossen und erst nach Tagen von seinem Rettungsfloß geborgen worden.

Lucky rief aus South Carolina an und hatte etwas Schreckliches mitzuteilen: Jenny McLear, Eds Cousine, war am Sonntag beim Absturz eines Kleinflugzeugs umgekommen.

Lucky hatte bei Ed zu Hause angerufen, aber niemand hatte abgenommen.

Ed und Jenny mochten sich sehr. Jackie graute es davor, ihm die traurige Mitteilung zu machen. Sie würde ihn am Abend anrufen, in Albany, Georgia, wo er übernachten wollte.

In Ed Gannaways Verwandtschaft gab es zwar Piloten (Bobby McLear, sein Onkel, war im Zweiten Weltkrieg ein Flieger-Ass auf einer P-51 gewesen), doch er kam erst auf Umwegen zur Fliegerei. Nachdem er 1972 das Presbyterian College in Clinton, South Carolina, absolviert hatte, arbeitete er auf dem Bau, dann bei einer Autovermietung und später als Verkäufer bei einer Büroausstattungsfirma. Seine berufliche Midlifecrisis kam frühzeitig: Er war 35, verheiratet, hatte drei Kinder, arbeitete bei einer Firma für Schädlingsbekämpfung in Dublin und verdiente 30 000 Dollar im Jahr. Er brauchte eine Arbeit, die ihn innerlich befriedigte. Jackie hatte an der Universität von Georgia ihr Diplom in Sozialarbeit gemacht und arbeitete im Krankenhaus der Veterans Administration in Dublin. Mit ihrem Segen begann Ed Mitte der achtziger Jahre, Flugunterricht zu nehmen.

Es zeigte sich, dass er ein Naturtalent im Fliegen war, und da er die Fliegerei insgesamt begeisternd fand, kam er rasch voran. Er wurde Fluglehrer, um Flugstunden zu sammeln. »Er ist sehr eifrig [und] hat eine ausgezeichnete Einstellung«, heißt es in einer Kurzbeurteilung seines Ausbilders. »Wird sich gut machen, wenn man ihm Zeit lässt. Beweist gutes Urteilsvermögen & gibt nicht auf.«

Anfang 1987 besuchte Ed Gannaway die First United Methodist Church in Dublin. Es war ein dienstlicher Besuch. Er arbeitete für eine Schädlingsbekämpfungsfirma und hatte einen kleinen Tank mit einem Pestizid bei sich. Er versprühte das Zeug in der Kirche und um sie herum, in Winkeln und im Gesträuch, wo sich gelegentlich Schaben und Wasserwanzen häuften. In der Kirche traf er ›Bruder Jack‹, Reverend Jack Key, und bat ihn um ein kurzes Gespräch. Für den Geistlichen war Ed Gannaway einfach ein vertrauter alter Kumpel, einer, der in der Kirche nicht auffiel. Jetzt erzählte er ihm, er denke daran, seine Arbeit aufzugeben, um einem Traum nachzujagen. »Ich wollte immer schon Pilot werden«, sagte er. »Ist Jackie damit einverstanden?«, fragte Reverend Key. »Ja«, sagte Gannaway. Anfangs werde er aber nicht viel verdienen, und er habe Bedenken, Jackie den Unterhalt der Familie aufzubürden. Bruder Jack ermutigte ihn: »Sie sind noch jung. Machen Sie's!« Dann zitierte er aus dem Buch Jesaja: »Die auf den Herrn harren, gewinnen neue Kraft: Sie heben die Schwingen empor wie die Adler …« Ed Gannaway musste lächeln.

Frustriert von der langen Wartezeit, bewarb Gannaway sich im folgenden Jahr bei verschiedenen Fluggesellschaften um eine Anstellung als Pilot. 1988 stellte die ASA ihn als Ersten Offizier ein.

Er erwies sich als ein vertrauenswürdiger Pilot. Im Laufe der Jahre wurde er mit verschiedenen Zwischenfällen fertig. 1994 fiel ihm als Kapitän ein Triebwerk aus, aber er brachte die Brasilia ohne Schwierigkeiten mit dem anderen Triebwerk zu Boden. Nur einmal spürte Jackie richtige Angst bei ihm. Eines Tages kam er verspätet nach Hause und war fix und fertig. Auf dem Flug nach Gulfport hätten ihn Unwetter dreimal gezwungen, einen Landeanflug abzubrechen, sagte er. Immer wenn er landen wollte, hätten sich dunkle Gewitterwolken um ihn zusammengezogen. Mit einer voll besetzten Maschine und geringem Treibstoffvorrat habe er um eine sichere Landung gebetet. In Alabama habe er es schließlich geschafft.

Nun hoffte er, möglichst bald für eine große Fluggesellschaft zu fliegen. Die Piloten der regionalen Fluggesellschaften waren in der Regel jünger und weniger erfahren als die der großen. 1995 hatte Gannaway sieben Jahre als Verkehrspilot und annähernd 10 000 Flugstunden hinter sich, und das waren Zahlen, die bei den Großen sicher Beachtung finden würden. Es ging aber nicht bloß um den Wunsch, größere, schnellere Flugzeuge zu fliegen. Mittlerweile 45, wurde er nicht jünger, und er hatte vor Kollegen davon gesprochen, dass er Kinder zu versorgen hatte. Bei der ASA verdiente ein erfahrener Kapitän wie Ed Gannaway 1995 maximal 60 000 Dollar im Jahr, während einer bei Delta über 180 000 verdiente, mit einer hervorragenden Pensionsregelung. Besonders Erste Offiziere kamen bei der ASA finanziell schwer in Bedrängnis. Ihr Anfangsgehalt betrug rund 15 000 Dollar im Jahr.

Erst kürzlich war Gannaway turnusmäßig ein junger Erster Offizier namens Matt Warmerdam zugeteilt worden. Dieser neue Pilot, erzählte er Jackie, sei in Ordnung, und es fehle ihm nicht an Selbstbewusstsein.

Matt Warmerdam war mit 28 das Kind im Manne am Steuerknüppel: ein Meter neunzig, über 90 Kilo, mit jungenhaften, schelmischen Gesichtszügen. Er war immer zu Späßen aufgelegt, bisweilen sarkastisch, ein Kalifornier, der seinen Kindheitstraum als Pilot wahrmachte. Mit sechs hatte er sich ein Modellflugzeug unter die Zimmerdecke gehängt. Er hatte es angeschaut und seine Fantasie schweifen lassen. Ein »Flugzeugnarr«, wie er sich selbst nannte, hatte er auf dem College den Flugschein gemacht, auf Cessnas und später auf Piper Seminoles.

Jetzt, 22 Jahre nachdem er sein erstes Modellflugzeug bekommen hatte, war Warmerdam mit seiner Tätigkeit zufrieden und glücklich verheiratet. Dass er nur 15 000 Dollar im Jahr verdiente und sich in das enge Cockpit der ASA-Maschinen zwängen musste (wobei er sich leicht eine ›Brasilia-Beule‹ holen konnte), zählte für ihn wenig – er erfüllte sich seinen Traum.

Die ASA hatte ihn im Frühling 1995 von der FlightSafety

International (FSI) in Vero Beach, Florida, geholt. Unter den Absolventen der FSI warben mehrere regionale Fluggesellschaften ihre neuen Mitarbeiter an.

Warmerdam war einer von sechs FSI-Absolventen, die von der ASA eingestellt wurden. Nach sechswöchiger Grundschulung in Atlanta lernte er drei Wochen im Brasilia-Simulator, von den Piloten kurz ›The Sim‹ genannt. Der Simulator ist dem Cockpit einer Brasilia mit ihren vier großen Fenstern nachgebildet. Was die auszubildenden Piloten dort manchmal zu sehen kriegen, ist ein Albtraum; selbst wenn sie ihre Maschine nicht retten können, kämpfen sie doch bis zum Ende, das dann gekommen ist, wenn die simulierte Szene entweder zum Stillstand kommt oder der Monitor rot wird. (»Wie war's heute im Sim?«, fragt einer der angehenden Piloten den anderen. »Hab ihn zum Absturz gebracht«, kriegt er dann kleinlaut zur Antwort.) Unter anderem prägte Warmerdam sich im Simulator eine Videonachbildung der Start- und Landebahn 9 Right auf dem Flughafen Atlanta ein, eine nächtliche Landschaft einschließlich der Lichter von Autos und Lastwagen auf dem Interstate Highway. Dann kam das Nachtflugtraining, das an einem Sonntag in der Nacht mit einer Landung in Dothan, Alabama, endete. Die Ausbildung war intensiv und umfassend. Anschließend glaubte Warmerdam ein paar freie Tage zu bekommen. Als er sich telefonisch nach seinem Stundenplan für Montagmorgen erkundigte, erfuhr er jedoch, dass er sich umgehend an seinem neuen Einsatzort Macon melden solle. Am folgenden Morgen um 6 Uhr machte er seinen ersten ASA-Flug, von Macon nach Atlanta. Er dachte, es würde nicht viel anders sein als im Simulator, außer dass er durch die geschlossene Cockpit-Tür die gedämpften Stimmen der Fluggäste hören würde.

Was seinen neuen Kollegen auffiel, waren die liebevollen Äußerungen Matt Warmerdams über seine Frau Amy. 1990 hatten sie sich in seiner Heimatstadt Santa Rosa, Kalifornien, kennen gelernt. Er arbeitete als Verkäufer von Stereogeräten und versuchte, Geld für die Flugschule auf die Seite zu legen; sie besuchte das College und war im vorletzten Studienjahr. Ein gemeinsamer Freund schickte sie in das Geschäft. Warmerdam verkaufte ihr nicht nur ein Stereogerät, sondern gewährte ihr auch den ›Familienrabatt‹ der Firma. Bald waren sie unzertrennlich, und er spielte allmählich mit dem Gedanken, einen Verlobungsring aus der Tasche zu ziehen. Dann tat er es schließlich, auf einem Hügel im kalifornischen Weinbaugebiet.

Im Sommer 1995 war alles noch so neu für Matt Warmerdam.

Einige Wochen zuvor hatten Robin Fech und Chris Price die Warmerdams in Macon willkommen geheißen und ihnen selbst gemachte Lasagne in die Wohnung gebracht.

5 Die Passagiere, die auf den Flug von Atlanta nach Gulfport warteten, sahen ihre Maschine vorrollen: eine Brasilia, silbrig glänzend, die Propellerblätter trommelnd, Streifen in Knallrot, Orange und Gelb, die über den Rumpf und die Heckflosse liefen, die Nase schwarz und Kabinenfenster, die scheinbar so klein waren wie die Bullaugen eines Schiffes.

Auf dem Vorfeld wartete ein Schwarm von ASA-Brasilias, Mücken, die sich abseits der großen Vögel von Delta Air gesammelt hatten. Zwischen 11.49 und 12.20 Uhr sollten insgesamt 15 Brasilias die ASA-Flugsteige verlassen und verschiedene Ziele im Süden ansteuern, darunter Myrtle Beach, South Carolina, Meridian, Mississippi und Fayetteville, North Carolina.

Die Brasilia, die an Größe und Glanz von der L1011 und der

B737 in den Schatten gestellt wurde, war ein acht Millionen Dollar teures Hochleistungsflugzeug, das in 25 000 Fuß Höhe 550 Kilometer pro Stunde fliegen konnte. Sie maß 20 Meter von Bug bis Heck und hatte eine fast ebenso große Spannweite. Mit ihren Triebwerken von Pratt & Whitney of Canada war sie eine kraftvolle, schnelle und ungewöhnlich ausdauernde Maschine. Die Besatzung bestand aus einem Kapitän, einem Ersten Offizier und einer Flugbegleiterin, und diese Leute waren jung und ehrgeizig und verstanden ihre Arbeit auf der Brasilia zum Teil als einen notwendigen Zwischenschritt auf dem Weg in die Oberliga der Zivilluftfahrt.

Im Cockpit der Brasilia war es so eng, dass die Piloten der Regionalgesellschaften scherzten: »In eine Brasilia steigt man nicht ein, eine Brasilia zieht man an.« Manche verglichen das Cockpit mit einer Jeans, die knapp sitzt, an die man sich aber rasch gewöhnt – so wie an das laute, aufdringliche Brummen der Propeller. Wenn dieses Geräusch sich änderte, war das, noch bevor die Cockpit-Anzeiger eine Veränderung registriert hatten, für einen erfahrenen Brasilia-Piloten möglicherweise der erste Hinweis darauf, dass mit dem Flugzeug etwas nicht stimmte.

Die Brasilia war, seit 1985 die erste Maschine an die ASA ausgeliefert worden war, eine Hauptstütze des amerikanischen Regionalmarktes. Sie konnte es an Beliebtheit mit der Saab 340 aufnehmen und überwog in den Flotten von Comair und Skywest.

Durch das Joint Venture mit Delta im Jahr 1984 waren die Einnahmen der ASA im ersten Jahr um 84 Prozent gestiegen. Die Wachstumschancen im aufstrebenden Südosten verlangten von der ASA einen Ausbau der Flotte, die bis dahin nur aus fünf de Havilland Dash 7 und fünfzehn Embraer-110 Bandeirante (auch ›Bandit‹ genannt) bestand.

In der Embraer-Familie folgte die Brasilia auf den Bandit: Sie war größer, schneller, moderner und hatte ein Fassungsvermögen von 19 bis 30 Passagieren.

Die Brasilia N256AS, die Gannaway und Warmerdam nach Atlanta geflogen hatten, war seit fast sechseinhalb Jahren im Dienst und nicht gerade ein altes Flugzeug. Auf der Außenhaut hatten Regen und Hagel, Staub und Vogelschlag ihre Spuren hinterlassen – die übliche Abnutzung, die man bei einem Flugzeug im Regionalluftverkehr erwarten würde, das 18 171 Flüge hinter sich gebracht hat.

Die ASA bekam aus dieser Maschine heraus, was sie hineingesteckt hatte: 18 171 Flüge, das waren in jedem Monat 235 und täglich fast acht Starts und Landungen. Rauf und runter, rauf und runter, achtmal am Tag über sechseinhalb Jahre lang, wobei jeder Flug durchschnittlich etwa 56 Minuten dauerte. Die N256AS war ein Arbeitspferd.

Wer mit der Brasilia fliegt, wird an die Frühzeit der Luftfahrt erinnert. In den großen Düsenflugzeugen hat man das Gefühl, als würde das eigene Wohnzimmer durch die Luft befördert. In einer Brasilia erlebt man dagegen die Vibrationen des Fluges mit. Bei den Passagieren, die in den Reihen 3, 4 und 5, in Nähe der Propeller, sitzen, übertragen sich die Vibrationen auf den eigenen Körper.

Bei den großen Düsenflugzeugen betreten die Passagiere die Maschine durch einen geschlossenen Gang und gelangen von einem klimatisierten Raum in einen anderen. Um aber in eine Brasilia zu kommen, müssen die ASA-Passagiere zwei Treppen hinunter, aus dem Abfertigungsgebäude auf das Betonfeld treten, durch Wind und Wetter und dann die heruntergelassene Treppe der Maschine hinauf.

Auf dem Gang zur Brasilia schauen die Passagiere der ASA vielleicht hinauf und sehen dann ihren Piloten und den Ersten Offizier hinter dem Cockpitfenster aus solcher Nähe, dass sie

sie bei ihrer Arbeit beobachten können. Neben der Maschine wartet ein Gepäckabfertiger. Er schafft, weil die Handgepäckfächer der Brasilia klein und eng sind, alle übergroßen Handgepäckstücke in den hinteren Laderaum. Er passt auch auf, dass die Passagiere nicht hinter die Propeller treten.

Die einziehbare Treppe der Brasilia, gerade so breit wie ein schmächtiger Mann, führt zu einer Passagiertür, die ein wenig breiter ist. Wenn der Passagier eintritt, tritt die Flugbegleiterin einen Schritt zurück, da der Platz im Eingang nicht für zwei Personen ausreicht. Wer größer als 1,68 ist, muss sich ducken oder den Kopf zur Seite neigen, um sich nicht an der schräg abfallenden Decke zu stoßen.

In den zehn Sitzreihen der Brasilia befinden sich links vom Gang ein Sitz und rechts zwei Sitze (außer Reihe 10, die vier Sitze enthält, aber keinen Gang). Die Sitze fallen jedoch kleiner und schmaler aus als in den Großraumjets, und daher hocken die Passagiere sehr viel enger aufeinander. Auf dem Einzelsitz kann man kaum seinen linken Arm bewegen, weil sich gleich daneben die Kabinenwand befinde. Auf der anderen Seite des Ganges hat man Schulterberührung mit seinem Sitznachbarn. Wer übergewichtig oder hoch gewachsen ist, kann nur hoffen, dass der Nachbar sanft und versöhnlich ist oder wenigstens keinen schlechten Tag gehabt hat.

Gespräche, besonders solche in den hinteren, am weitesten von den Propellern entfernten Reihen, sind bisweilen noch mehrere Reihen weiter vorn mitzuhören. Die Brasilia ist ein Gemeinschaftserlebnis. Dieses Erlebnis sollte auf dem Flug von Atlanta nach Gulfport 86 Minuten dauern.

Teil III

Die Passagiere

6 Montag, 21. August. In Bangor, Maine, warf Jennifer Grunbeck vor Anbruch der Dämmerung einen Blick auf ihren Flugschein und erstarrte vor Schreck. Ihr Flug startete nicht um 6.45 Uhr, sondern um 6.30 Uhr. Der Wettlauf ging los: Sie packte ihren Kaffee und ihren vierjährigen Sohn Johnny und stürzte zum Auto, wobei sie unterwegs den Kaffee verschüttete. Ihr Mann Bob fuhr sie zum Flughafen Bangor und schaffte es noch rechtzeitig, doch da merkte sie, dass sie ihr Portemonnaie vergessen hatte. Bob besorgte ihr Geld aus dem Automaten, und Jennifer rannte zu der Business Express Saab 340, einer Propellermaschine, für den Ersten von drei Flügen dieses Tages. Die Grunbecks arbeiteten bei einer Firma, die Hotels besaß und verwaltete. Sie waren jung (Bob 31, Jennifer 28) und beweglich, beweglicher, als es ihnen lieb war, denn auf Wunsch der Firma waren sie mehrmals umgezogen, von Florida nach Neuengland, zurück nach Florida und erst vor vier Wochen nach Bangor. Bob war Gesamtgeschäftsführer für mehrere Liegenschaften, darunter ein Fairfield Inn. Jennifer war stellvertretende Einkaufsleiterin und kaufte den Hotelbedarf ein, von Gabeln bis zu Betten. Heute stand ihr der sechste Flug nach Biloxi bevor, zum neu eröffneten *Isle of Capri*, einem Urlaubshotel mit Casino. Dort wollte sie zwei übergroße Bücher mit Kauforders übergeben. Es fiel ihr schwer, ihrem Sohn auf Wiedersehen zu sagen. »Wann kommst du wieder, Mama?«, fragte Johnny. »Am Freitag bin ich zurück«, antwortete Jennifer Grunbeck.

Sie fügte hinzu: »Und dann werde ich eine Zeit lang nicht mehr verreisen, einverstanden?«

Morgens um zwei, in der Stille der Nacht, in einem Vorort von Baltimore. Dawn Dumm holte zwei Hemden hervor, eins aus Baumwolle, das andere aus Synthetik. Sie entschied sich für das Baumwollhemd, auch wenn es etwas zerknittert war. Sie würde es bügeln. Sie entschied sich auch für Baumwollhosen.

Wenn sie am Morgen das Flugzeug bestieg, würde sie Baumwolle tragen. Das stand fest. Sie bedachte einfach verschiedene Möglichkeiten.

Gebügelt würde es ordentlich aussehen. So würde sie den besten Eindruck machen und zugleich für das Schlimmste gerüstet sein. Baumwolle, hatte sie gehört, klebt nicht am Körper, wenn es brennt.

Dumm war 40, Grundschullehrerin, attraktiv, mit einem gewinnenden Aussehen und einem reizenden Lächeln. Wie ein Kind, das sich vor der Nacht fürchtet, hatte sie ein starkes Empfinden für drohendes Unheil, das sich auf schwere persönliche Erlebnisse gründete: Ihr Vater war an Krebs gestorben, und ihr Kind hatte noch im Säuglingsalter am Herzen operiert werden müssen.

Der Reihe nach waren die Menschen, die ihr am nächsten standen, vom Unglück getroffen worden. In allen Fällen hatte sie nichts daran ändern können. Deshalb lebte Dumm ständig mit dem Gefühl, dass etwas Schlimmes bevorstand.

Das einzig Gute daran war, dass sie alles überstanden hatte. Sie war eine Überlebende. Die schweren Erfahrungen hatten ihr die Zerbrechlichkeit des Lebens vor Augen geführt, und sie baute auf ihren katholischen Glauben. Erst vor kurzem war sie in ihrer Kirchengemeinde zur Messdienerin bei der Eucharistiefeier geworden. Sonntags teilte sie Abendmahlsoblaten aus.

Diese Nacht war Dumm erst spät mit ihrem Mann Larry und ihren beiden Söhnen Lucas und Zeke von einem Campingausflug in den Westen Marylands heimgekommen.

Am Vormittag wollte sie nach Atlanta und von dort weiter nach Gulfport fliegen, um ihre Schwester zu besuchen. Ihre 64-jährige Mutter, Mary Jean Adair, würde sie begleiten, und bevor sie sich hinlegte, hatte Dumm sie noch gefragt: »Was ziehst du morgen an?«

Adair war noch unschlüssig. »Nimm auf jeden Fall Baumwolle«, sagte Dumm. Falls im Flugzeug ein Feuer ausbrechen sollte, würde Kunststoff sich in die Haut brennen, Baumwolle nicht. »Deshalb sollten Frauen im Flugzeug nie Nylonstrümpfe tragen«, sagte Dumm. Und sie riet ihrer Mutter zu einer langen Hose, obwohl es in Mississippi heiß sein würde.

Dumm hatte diese Tipps im Fernsehen von einem Reiseexperten gehört. Sie nahm sich den Rat zu Herzen und legte ihrem Mann nahe, auf Geschäftsreisen daran zu denken.

Es gibt Dinge im Leben, auf die man keinen Einfluss hat, und andere, bei denen man etwas tun kann.

Zieh auch feste Schuhe an, hatte Dumm ihrer Mutter gesagt. Für den Fall, dass wir schnell fliehen müssen.

Ihre Mutter, die in der Nähe von Pittsburgh lebte und bei ihr zu Besuch war, gestand, dass sie nur Sandalen und Turnschuhe dabei habe.

»Dann nimm die Turnschuhe«, sagte Dumm.

Ihr Vormittagsflug von Baltimore geriet auf dem Hartsfield International Airport von Atlanta in das übliche hektische Treiben. Einst war Atlanta der Eisenbahnknotenpunkt der Konföderation gewesen. Nach dem Zweiten Weltkrieg hatte William B. Hartfield, der gerissene, opportunistische Bürgermeister der

Stadt, die Zukunft Atlantas als Knotenpunkt des Flugverkehrs im Südosten gesehen. Am Ende des 20. Jahrhunderts war Hartsfield International Airport, weniger als 15 Minuten vom Stadtzentrum entfernt, einer der größten und verkehrsreichsten Zivilflughäfen der Welt. 33 000 Angestellte schleusten täglich über 200 000 Reisende durch einen Knoten, der anfangs nur den Südwesten versorgt hatte, mittlerweile aber die Stadt mit den weitesten Teilen der Vereinigten Staaten, wenn nicht der ganzen Welt verband.

Der Flughafen von Atlanta ist so groß und bedeutend, dass die provinziellen Südstaatler sagen: »Wenn du in den Himmel kommst, musst du in Atlanta das Flugzeug wechseln.«

Der ASA-Flug 529 sollte planmäßig um 12.00 Uhr starten, aber die Zeit war schon um. Im Flugsteigbereich der ASA drängten sich wartende Passagiere, die denselben Flugsteig benutzten, obwohl sie unterschiedliche Ziele anflogen. Es ging daher laut und hektisch zu, wie im Regionalluftverkehr üblich.

Einige der Passagiere, die nach Gulfport wollten, nutzten die Wartezeit, um sich gegenseitig in Augenschein zu nehmen.

David McCorkell, 37, geschieden, Computerausbilder, bemerkte Renee Chapman, eine junge Frau in Jeans und T-Shirt. Er fand sie ganz nach seinem Geschmack, ungezwungen, realistisch, keine hohen Absätze und kein Makeup. Er fragte sich, was sie wohl beruflich gemacht hatte. Darauf, dass sie als Gefreite bei der US-Armee gedient hatte, wäre er wahrscheinlich nicht gekommen.

David Schneider, ein junger Ingenieur, der vom Dulles Airport bei Washington gestartet war, machte unter den Wartenden Jim Kennedy aus. Sie hatten sich einander noch nicht vorgestellt, aber er kannte ihn vom Sehen und wusste, dass er als zielstrebiger Finanzberater für seine Firma tätig war, die Noell Inc., eine Umwelttechnik-Firma mit Sitz in Deutschland.

Schneider und Kennedy waren unterwegs nach Gulfport, wo die Firma die Herstellung von Metalltoren für das Byrd Dam Project bei Gallipolis überwachte, mit dem der Fluss des Ohio River reguliert werden sollte.

Schneider und Kennedy stellten in mancher Hinsicht einen bemerkenswerten Gegensatz dar: Schneider war 28 und untersetzt, beruflich am Aufsteigen, seit vier Jahren verheiratet, kinderlos. Kennedy war 62, groß und schlank, zeitlebens Sportler, fast vierzig Jahre verheiratet, stolzer Familienvater mit acht erwachsenen Kindern, sieben davon Töchter, und acht Enkelkindern. Es gab für ihn nichts Schöneres, als an einem kirchlichen Feiertag mit seiner Nachkommenschaft über den roten Teppich im Mittelgang in die nach der heiligen Rosa von Lima benannte katholische Kirche in Newtown, Connecticut, einzuziehen. Seine Kinder hatten seine Tüchtigkeit und seinen Humor bewundert. Sie waren in dem Glauben aufgewachsen, der Kennedy-Halbdollar sei nach ihm benannt worden, und er hatte sie in diesem Glauben gelassen. Während des letzten Jahres hatte Jim Kennedy sich ein Apartment in Gulfport gemietet und war alle zwei bis drei Wochen zu seiner Frau Nancy heimgeflogen. Er hatte keinen Fernseher, bloß ein Radio. Weil er zu seinen Kindern gesagt hatte: »Wünsche habe ich viele, Bedürfnisse nur wenige«, hatten sie ihn scherzhaft Gandhi genannt. Wie so viele, die in den Jahren der Weltwirtschaftskrise aufgewachsen waren, wusste er den Wert des Geldes zu schätzen und arbeitete jeden Tag bis an den Rand der Erschöpfung.

1981 war Jim Kennedy allerdings dem Bösen verfallen, und seine Frau überlegte, ob es mehr dem Alkohol oder den Anforderungen des Berufs und der Familie zuzuschreiben war. Damals war Jim Kennedy 48, sein halbes Leben lang war er verheiratet, er kam im Beruf nicht vorwärts, und in den kommenden zehn Jahren würde er die Studiengebühren für mehrere Kinder aufzubringen haben – die Midlifecrisis war vorprogrammiert. Er soff wie ein Loch, kam immer später von der Arbeit heim. Nancy lag zu Hause im Bett und dachte daran, dass er mit dem Auto von irgendeiner Bar nach Hause fuhr, und wenn sie dann irgendwo in der Ferne Sirenen hörte, ängstigte sie sich, dass es ihm gelten könnte. Seine Töchter wussten, dass er äußerst gereizt war, und mieden ihn. Nancy ging zu den Anonymen Alkoholikern und plante zusammen mit den Kindern eine Intervention zu seiner Rettung. Er kam dahinter und weigerte sich hinzugehen. »Was ich mit meinem Leben mache, geht keinen was an«, sagte er. Er verlor seine Arbeit, als die Firma Stellen abbaute, und war nicht länger der liebevolle Ehemann und Vater, als den seine Familie ihn gekannt hatte. Nancy beantragte die Trennung unter Berufung auf »gewohnheitsmäßige Trunksucht«, zog den Antrag aber wieder zurück, als er versicherte, weiterhin für die Rechnungen aufzukommen. Was Jim Kennedy 1981 brauchte, war nicht bloß eine Arbeit, sondern die Möglichkeit davonzulaufen. Und das tat er, indem er im wörtlichen und übertragenen Sinne in die Wüste gehen wollte, nach Saudi-Arabien, um dort als Finanzverwalter zu arbeiten. Noch als sie ihn zum Flughafen fuhr, mochte Nancy nicht glauben, dass er nach Saudi-Arabien ging. Sechs lange Jahre war er fort und kam nur gelegentlich nach Hause. Nancy und die Kinder trauerten um ihn, verfluchten ihn und weinten um ihn. Nancy nahm eine Arbeit an, und das Leben ging weiter. 1988 kam er zurück und mietete zusammen mit zwei anderen Männern ein Haus in New Jersey. Für die meisten Stellen überqualifiziert – er hatte einen Magistergrad und war lange als Controller tätig gewesen –, lud er jetzt Flaschen auf Lastwagen. Nancy erfuhr davon, und es tat ihr um ihn Leid. Sie liebte ihn noch immer, und nun, da sie ohne ihn durchgehalten hatte, war sie stärker. Einmal, als er in Newton zu Besuch war, sagte sie zu ihm: »Warum kommst du nicht zurück, und wir vertragen uns wieder?« Am nächsten

Morgen flüsterten die Kennedy-Töchter einander fröhlich zu: »Papa ist wieder da!« Und dann, zehn Tage später: »Papa hat letzte Nacht oben geschlafen!« Es dauerte eine Weile, aber Jim Kennedy bekam seine Familie und seinen Beruf wieder in den Griff. Er zog mit Nancy nach Maryland. Er wurde Consultant, mit einem sechsstelligen Jahresgehalt. Er schickte den Kindern Briefe – in manchen waren Schecks – er bezahlte ihre Kreditkarten-Rechnungen. Er und Nancy wurden wieder stark, stärker als zuvor. Er rechtfertigte seine lange Abwesenheit nicht vor seinen Kindern, sondern sagte nur: »Eure Mutter ist wirklich eine schöne Frau.« In der Kirche ließ Jim Kennedy die Beichte nur selten ausfallen.

Jetzt, da sie am Flugsteig auf dem Flughafen von Atlanta warteten, überlegte David Schneider, ob er sich nicht Jim Kennedy vorstellen sollte. Dann verschob er es bis Gulfport.

Tod Thompson, ein blonder Hilfssheriff aus Virginia, der in der Nähe saß, fühlte die Blicke anderer auf sich gerichtet, besonders die des Mannes gegenüber in der Air Force-Uniform, Major Chuck Lemay. Die 38er-Handfeuerwaffe in seiner Reisetasche verschaffte ihm Selbstsicherheit. Mit seiner neuen Aufgabe, einen flüchtigen Rechtsbrecher wieder einzufangen, noch nicht vertraut, hatte er keine Lust, dass irgendein Verrückter ihm die Waffe abnahm, schon gar nicht auf einem Flughafen. Er hatte die Tasche zwischen seine Füße gestellt.

Neben dem jungen Hilfssheriff saß Charlie Barton, und er kannte solche Sorgen nicht, erst recht nicht mit einer Waffe, die an seiner Hüfte verborgen war. Aber schließlich war Barton auch ein ausgemachter Profi im Wiedereinfangen von Delinquenten. Er war ein Riesenkerl mit beginnender Glatze, seit 35 Jahren Hilfssheriff, hatte die letzten acht Jahre beim Sheriff's Department des Loudoun County (Virginia) in der Nähe von Washington D. C., gearbeitet und hatte schon etliche Flüge wie diesen hinter sich; zusammen mit Thompson sollte er einen Jugendlichen einfangen, der aus dem Scheckbuch seines Vaters Schecks gestohlen und damit einen Ford Mustang von 1995 gekauft hatte.

Barton war Berufspolizist, ein Cop durch und durch. Wenn er mit seinen großen Pranken einem Ahnungslosen die Hand gab, konnte es verdammt wehtun. Über sein Privatleben verlor er gegenüber Kollegen kaum ein Wort. Seine Frau Macil war Zeugin Jehovas, gehörte damit einer Religion an, die Barton nicht begriff; da seine Frau nicht Auto fuhr, fuhr er sie zum Einkaufen. Sie hatten einen Sohn, der als Angestellter in einem Eisenwarenladen arbeitete, und einen kleinen Enkel. Gelegentlich rief er seine Schwiegertochter an und gab ihr Ratschläge, wie sie seinen Enkel vor Gefahren bewahren konnte. In seinem Leben drehte sich alles um die Arbeit. Darin kannte er sich aus, damit hatte er Erfolg.

Das Einfangen flüchtiger Delinquenten war für Barton Routinesache und verdiente nicht die Aufregung, die Thompson zeigte. Er hatte zuvor wie gewohnt im Geschenkartikelladen des Flughafens nach einer Kleinigkeit für seine Kameraden im Sheriff's Department geschaut. Mal brachte er Schnapsgläser mit, mal farbenfrohe Pin-up-Fotos, mal Postkarten mit hübschen Mädchen. Das machte ihn bei seinen Kollegen so beliebt.

Chuck Pfisterer, der von Hartford nach Atlanta geflogen war, fand sich über eine Stunde vor dem Abflug am Flugsteig ein. Für ihn war das ein schlechtes Timing, denn er hatte Angst vorm Fliegen. Er nahm jedes Geräusch eines Flugzeugs wahr und dazu noch einige, die er sich einbildete. Er mochte es nicht, bei Schnee oder Regen zu fliegen. Er mochte es nicht, in Wolken zu fliegen. Er mochte es nicht, in die Luft zu gehen, nicht mal auf einer Leiter. Wenn er ein Flugzeug betrat, versuchte er stets, mit dem Piloten oder dem Kopiloten Kontakt herzustellen, und wenn er auch nur durch die geöffnete Cockpittür »Wie geht's?« oder »Gute Wetteraussichten?« sagte. Er brauchte die Gewissheit, dass andere an Bord waren und dass er sich nicht allein in den Lüften befand. Er war ein gefühlvoller Mensch, der seine Frau und seine erwachsene Tochter oft umarmte. Er hatte eine dröhnende Stimme, wie man sie bei einem Mann mit einem Taillenumfang von ein Meter vierzig erwartete. Er brachte, nach Behauptung seiner Freunde, Partys in Schwung, und für Chuck Pfisterer gab es nur eine Möglichkeit zu fliegen – mit einer Flasche Jack Daniel's in der Hand.

Jetzt, am Flugsteig, war der dicke Mann nicht erfreut über die Aussicht, in der kleinen Maschine zu sitzen. Er machte sich Sorgen wegen der Bewölkung und des leichten Regens. Er erwog, seine Reservierung rückgängig zu machen und den Weiterflug auf den nächsten Morgen zu verschieben. Er war für ein Papierunternehmen in Connecticut tätig und wollte in Wiggins, Mississippi, eine Fabrik besichtigen, die sein Unternehmen erworben hatte. Er war letzten Herbst 50 geworden, und er fand sich damit ab, dass das Fliegen ihm immer Probleme bereiten würde. »Wie ist das Wetter in Gulfport?«, fragte er eine ASA-Angestellte am Flugsteig.

So wie in Atlanta, wurde ihm geantwortet.

Beunruhigt verließ Pfisterer den Flugsteigbereich, um einige Zigaretten zu rauchen.

Sonya Fetterman reiste allein. Vor zwanzig Jahren war die Schönheitskönigin mit dem rhythmischen, wohlklingenden Namen *Sonya Marie Villareal* zur Miss Teen von San Antonio gekürt worden. Klein, gerade mal 1,50 groß und 45 Kilo schwer, mit kaskadenartig herabfallenden brünetten Haaren und klaren grünen Augen, zog sie noch immer die Blicke der Männer auf sich. Für den Flug nach Gulfport trug sie Shorts.

Siebenunddreißig Jahre alt, Mutter von drei Kindern, zum dritten Mal verheiratet, konnte sie in einem Augenblick unbekümmert und im nächsten dramatisch und stürmisch sein.

In letzter Zeit hatte Fetterman düstere Visionen gehabt. Vor einigen Wochen hatte sie während eines Fluges plötzlich das bedrückende Gefühl gehabt, dass sich ein unsichtbarer Geist neben ihr befinde. Sie war überzeugt, jemandes Schicksal – möglicherweise das ihre – sei besiegelt worden. Verängstigt hatte sie sich zum Fenster umgewandt und in die Wolken hinausgestarrt. Sie hatte geweint.

Nach der Landung hatte sie ihren jüngeren Bruder Nathan Villareal angerufen: »Nathan, alles in Ordnung bei dir?«, hatte sie gefragt. Ihm ging es ausgezeichnet. Ihre Stimme klang angespannt. »Lügst du mich auch wirklich nicht an?« Sie war den Tränen nahe. Ihr Bruder sagte: »Sonya, was ist los?« Statt zu antworten, fragte sie: »Hast du was von Mama gehört?« Er sagte, es gehe ihr gut. »Nathan, bist du sicher, dass bei Mama alles in Ordnung ist?« »Ich glaube wohl«, antwortete er. »Was ist los?« Erst da erzählte sie ihm von dem Flug und der Geistererscheinung, die sie erlebt hatte.

Sie sagte, der Geist könnte ihr älterer Bruder gewesen sein, der vor Jahren in Texas auf tragische Weise umgekommen war. Sie hatte nie aufgehört, um ihn zu trauern, und jetzt dachte sie, er warne sie vor etwas. Aber vor was?

Erschüttert berichtete Sonya Fetterman ihrem jüngeren Bruder, sie habe einige Entschlüsse gefasst. »Einiges in meinem Leben wird sich ändern«, sagte sie. Er fragte, was sie damit meine. Sie ließ sich nicht darüber aus, und er dachte: Bei Sonya weiß man nie, woran man ist. Sie verabredeten sich, wenn sie wieder nach Texas käme, miteinander zu sprechen.

Reverend Steve Wilkinson ahnte, dass große Veränderungen bevorstanden. Gestern hatte er in einer kleinen Baptistenkirche im ländlichen Illinois zwei Probepredigten darüber gehalten, warum guten Menschen Böses widerfährt. Robert Simmons, der Vorsitzende des Pastoren-Findungsausschusses der Gateway Baptist Church, hörte aufmerksam zu. Der Mann aus Mississippi war nach seinem Urteil ein tüchtiger Fundamentalist, ein ›Lehrprediger‹, der in Anzug und Krawatte aufrecht stand, beide Hände auf das Lesepult gestützt, und methodisch und klar seine Argumente vortrug. Die Gateway-Kirche befand sich in Millstadt, Illinois, einer Schlafstadt von St. Louis, so nah an der Stadt, dass man von einem Hügel aus in der Ferne den Gateway Arch der Mississippi-Brücke sehen konnte. Der Findungsausschuss suchte nach einem Pastor, der sonntags für eine volle Kirche sorgen würde und gut bei den Jugendlichen ankam. Für diese Aufgabe schien Wilkinson mit seinem jugendlichen Aussehen gut geeignet zu sein. Er war nur 1,63 groß, hatte dunkelblaue Augen und aschblonde Haare, die straff gekämmt waren. Er war über das Wochenende zu Gast bei Simmons und tollte sogar mit den Enkelkindern des Gastgebers im Wohnzimmer herum. Er wirkte freundlich und zugänglich. Der Ausschuss hatte schon mehrere Anwärter zu Probepredigten vorgeladen, die aber mit ihrem Auftreten und ihrer Aussage nicht für geeignet befunden worden waren. Die Ausschussmitglieder hörten sich zwei Predigten an, die Wilkinson auf Band geschickt hatte, und was sie hörten, gefiel ihnen. Nur einige Mitglieder gaben zu bedenken, dass Wilkinson mit 35 noch immer unverheiratet war, aber dagegen wurde überzeugend darauf hingewiesen, dass auch der Prophet Paulus ein Junggeselle war, ebenso wie Jesus Christus. Wilkinson wünschte sich die Stelle. Zu Hause lud er nachts bei einem Wal-Mart Lastwagen ab. In der Gateway-Kirche predigte er frei, ohne Notizen. Am Beispiel von Edelmetallen erläuterte er, dass beim Läutern das Metall erhitzt und verflüssigt wird, damit die aufsteigenden Verunreinigungen abgeschöpft werden können, so dass der Mensch in der siedend heißen Flüssigkeit schließlich sein Spiegelbild erblickt. Genauso verfährt Gott mit den Menschen, erklärte er vor dem Ausschuss. Montag früh fuhr Simmons ihn zurück zum Flughafen St. Louis. Die beiden ›konnten miteinander‹, und als Simmons im Wegfahren Reverend Steve Wilkinson in Jeans und Tennisschuhen dastehen sah, wusste er, dass Wilkinson genau der Richtige war.

Dawn Dumm war unangenehm überrascht, als sie am Flugsteig eintraf. Sie und ihre Mutter hatten erwartet, mit einer Düsenmaschine, einem ›Delta-Jet, nach Mississippi zu fliegen. Auf ihren Flugscheinen stand ›Delta-Flug 7529‹. Von der ASA hatten sie noch nie gehört.

Erst von der Flugsteigangestellten erfuhren sie, dass die ASA »die Delta-Verbindung« war und beide Gesellschaften durch ein Joint Venture miteinander verbunden waren. Der Delta-Flug 7529 und der ASA-Flug 529 waren ein und dasselbe.

Dumm war unzufrieden. Sie mochte weder Überraschungen noch kleine Flugzeuge. Aber sie und ihre Mutter mussten nach Mississippi kommen. Es würde nur ein kurzer Flug sein.

Sie bat um zwei Plätze vor den Tragflächen, davon ein Fensterplatz. Ihre Mutter, erklärte sie, schaue beim Fliegen gern hinaus, und da sollte sie nicht auf die Tragfläche schauen. Sie bekam zwei Plätze in der ersten Reihe: 1-B und 1-C.

Als der Flug aufgerufen wurde, gingen Dumm und Adair zum Ausgang und hintereinander die Treppe hinunter. Unten deutete die Frau, die die Flugscheine entgegennahm, auf die aufgereihten Brasilias und sagte: »Ihr Flugzeug steht dort drüben.« Bei leichtem Nieselregen hielten Dumm und Adair sich Zeitungen über den Kopf. Bei Chuck Pfisterer, der neben ihnen ging, beschlug die Brille.

An der Tür des Flugzeugs erkundigte sich Dumm bei der Flugbegleiterin, ob sie sich im richtigen Flugzeug befinde, und Robin Fech nickte. Dumm und Adair zogen die Köpfe ein und gingen an Bord.

Pfisterer nahm auf Sitz 6-C Platz und begann ein Gespräch mit seinem Nebenmann, Major Lemay, einem Meteorologen von der Offut Air Force Base in Omaha. Es beruhigte ihn, wenn er mit jemandem sprach. Doch kurz darauf stand ein Passagier, der eine Zeitung in der Hand hielt, mit seiner Bordkarte vor ihm. »Ich glaube, 6-C ist mein Platz«, sagte Alan Barrington.

Pfisterer sah auf seiner Bordkarte nach – er hatte tatsächlich 6-A. Im Aufstehen sagte er vergnügt zu Lemay: »Ich gehe, aber weit ist es nicht.« Dennoch kam er sich auf dem Einzelsitz einsamer vor.

Im Warteraum hörte Angela Brumfield, die nicht reserviert hatte und auf einen freien Platz hoffte, die Flugsteigangestellte ihren Namen aufrufen. Sie wollte unbedingt heim nach New Orleans, um ihrer Familie eine erfreuliche Nachricht zu überbringen.

Sie hatte ihr zweites Einstellungsgespräch bei der ASA hinter sich. Sie hatte sich für eine offene Stelle als Flugbegleiterin beworben. Zunächst hatte sie einen schriftlichen Persönlichkeitstest bestanden. Darauf folgte ein förmliches Einstellungsgespräch. Ein ASA-Vertreter hatte sie gefragt: »Wie kommen Sie mit den beengten Verhältnissen in der Brasilia zurecht?« Kein Problem, hatte sie geantwortet, sie fühle sich in dem kleinen Flugzeug sehr wohl.

Man sagte ihr die Stelle zu. Und wann würde sie mit der Ausbildung beginnen können? Man einigte sich auf Anfang Oktober, in fünf Wochen also. Sie hielt es in ihrem Handbuch für angehende Flugbegleiterinnen fest: »2. Oktober 1995. 17.00 Sheraton Hotel, 1325 Virginia Av. East Point, Georgia.«

Brumfield, eine Afroamerikanerin von 27 Jahren, fand, dass

ihr Leben eine wunderbare Wendung genommen hatte. Sie wünschte sich neue Abenteuer, vorzugsweise außerhalb von Louisiana, wo sie aufgewachsen war. Sie war bereit zur Eheschließung, ihr Freund aber nicht. Deshalb hatte sie jetzt die Sache in die Hand genommen und würde ohne ihn nach Atlanta ziehen. Dass die Arbeit bei der ASA nicht einfach sein würde, war ihr bewusst. »Sie werden aus dem Koffer leben«, hieß es im Handbuch für angehende Flugbegleiterinnen. »Zwölf Dienststunden pro Tag sind keine Seltenheit. In dieser Zeit müssen Sie ununterbrochen freundlich und gepflegt sein und auf die Bedürfnisse Ihrer Passagiere eingehen.«

Schonungslose Worte, aber es gefiel ihr – es war ein neuer Anfang.

Brumfield eilte hinaus, bestieg die Brasilia und setzte sich auf den ihr zugewiesenen Platz 2-C. Aber irgendetwas stimmte nicht.

»Fliegt diese Maschine nach Gulfport?« fragte sie.

Die Flugbegleiterin schüttelte den Kopf. »Chattanooga«, antwortete sie.

Sie zeigte Brumfield die nächste Brasilia in der Warteschlange. Brumfield sah, als sie im Nieselregen zum Flug 529 hinübereilte, wie der Pilot, Ed Gannaway, durchs Cockpitfenster auf sie deutete, als wollte er sagen: »Da kommt noch jemand.«

Sie legte das Handbuch für angehende Flugbegleiterinnen in ihren Koffer, der hinten im Laderaum verstaut wurde. Nun im richtigen Flugzeug, setzte sich Angela Brumfield auf Platz 2-C, hinter Mary Jean Adair.

Alle 26 Passagiere waren nun an Bord, und während die Piloten ihre Checkliste abhakten, fiel über der fünften Reihe ein Beleuchtungselement herunter. Es traf die Passagierin Lucille ›Ludie‹ Burton am Kopf. Sie stammte aus Asheville, North Carolina, war Lehrerin im Ruhestand und machte den Eindruck einer gebildeten, gepflegten Dame. Sie strahlte Höflichkeit aus, und wenn sie sprach, hörte man ihr zu. Sie saß neben ihrem Mann Lonnie, einem physisch imponierenden Menschen, Schulleiter im Ruhestand. Er hatte einen tiefen Tenor, und in der Kirche sang er ›Up The Rough Side of the Mountain‹ solo. Dem jungen Hilfssheriff Thompson fielen, als er sie am Flugsteig bemerkte, ihre gütigen Gesichtszüge auf, und er dachte: »So sehen Eltern aus.« Die Burtons waren in der afroamerikanischen Gemeinde von Asheville führend aktiv und wollten jetzt nach Biloxi, wo Lonnie zum letzten Mal an der Vorstandssitzung eines regionalen Verbandes afroamerikanischer Aktionszentren teilzunehmen gedachte. Sie gingen gern im Casino spielen und waren bereits in Las Vegas und Atlantic City gewesen. Ludie Burton hatte vor, in Gulfport an Automaten zu spielen. Dabei hatte sie bisher ungewöhnlich viel Glück gehabt.

Ein Mechaniker kam und schraubte das Beleuchtungselement wieder an. Bei der Gelegenheit wechselte Lonnie Burton auf einen leeren Platz in der achten Reihe, wo es vor dem Notausstieg mehr Beinfreiheit gab. Pfisterer auf Platz 6-A beobachtete den Wechsel und dachte: Für dicke Leute wie mich und große Leute wie ihn sind diese kleinen Flugzeuge nicht bequem.

Als der Mechaniker ging, fragte Fech: »Hast du's festgemacht?«

»Glaube schon«, erwiderte der Mechaniker.

Als Mary Jean Adair das hörte, schaute sie ihre Tochter an. »Meinst du, wir sollten aussteigen?«

Dawn Dumm schüttelte den Kopf. Sie mussten nach Mississippi kommen. »Stell dir einfach vor, es wäre ein Abenteuer.«

Teil IV

Zehn Minuten bis zum Aufprall

7

Die Passagiere, deren *Abenteuer* erst begann, saßen zu dritt in einer Reihe auf den schmalen Sitzen mit den dünnen Rücklehnen. Die roten Sitzbezüge waren abgenutzt und stellenweise verschlissen.

Dawn Dumm, die von ihrem Sitz in der ersten Reihe nach hinten schaute, fühlte sich an einen Stadtbus erinnert.

Von der Cockpittrennwand bis zur Reihe 10 im Heck waren es 9,30 Meter.

Dieser enge Raum, der bei manchen Platzangst auslöste, umfasste 27 Menschenleben mit ihrer ganzen Vielfalt: Katholiken, Baptisten, Methodisten, Juden, Agnostiker, Weiße, Schwarze, Asiaten, Latinos, Unverheiratete, Verheiratete, einmal Geschiedene, zweimal Geschiedene. Das Alter reichte von achtzehn (Jason Aleshire auf Platz 3-A) bis 69 (die Burtons). Die Passagiere hatten 18 Ehegatten, 41 Kinder und über zwei Dutzend Enkelkinder.

In einer Zeit, in der das Fliegen zum Alltag gehört, besteigen die Fluggäste ein Flugzeug, ohne je einen Gedanken daran zu verschwenden, wie elf Tonnen sich in der Luft halten können. Für manche ist das Fliegen ein Akt der Verleugnung, der Verweigerung der Erkenntnis, dass sie sich vom Erdboden entfernt und die physische Kontrolle über ihr Leben an andere abgetreten haben. Für die meisten ist das Fliegen jedoch eher ein Akt des Vertrauens, des Vertrauens in die Menschen, die Flugzeuge bauen, überprüfen und fliegen. Sie zweifeln nicht an der Sorgfalt, der Sicherheit und dem Gelingen des Fluges, und mit gutem Grund. Arnold Barnett, am Massachusetts Institute of Technology für angewandte Wahrscheinlichkeitstheorie und statistische Modellbildung zuständig, berechnete die Häufigkeit von Flugunfällen in den Vereinigten Staaten in den 1990er Jahren, dem letzten Jahrzehnt im ersten Jahrhundert des bemannten Fluges. Die Wahrscheinlichkeit, dass jemand beim Absturz einer Turbopropmaschine einer amerikanischen regionalen Fluggesellschaft umkommt, ist nach seinen Berechnungen verschwindend gering. Ein Mensch könnte fast 8000 Jahre lang täglich einen Flug mit einem solchen Flugzeug absolvieren, ohne dass er bei einem Absturz ums Leben käme.

Um 12.23 Uhr rollte ASA-Flug 529 auf die Start- und Landebahn 8 Right des Hartsfield Airport. Die Hamilton-Standard-Propellerblätter aus Verbundwerkstoff erzeugten ein lautes Brummen, das irgendwann in weißes Rauschen überging. Die Vibrationen waren geeignet, die übermäßige Körperfülle eines Passagiers, der in der zweiten, dritten oder vierten Reihe saß, zum Wackeln zu bringen. Als die Brasilia sich von der Startbahn erhob, sagte Chuck Pfisterer auf Platz 6-A: »Hüh! Hott!«

Jean Brucato, eine 40-jährige Buchprüferin aus der Gegend von Atlanta, die allwöchentlich nach Gulfport flog, griff nach der Armstütze zu ihrer Linken und krallte sich an ihr fest, musste dann aber feststellen, dass sie den Unterarm der Frau auf Platz 4-B, Jennifer Grunbeck, erwischt hatte.

»Verzeihung«, sagte Brucato zu Grunbeck. »Ich kann das Fliegen einfach nicht ausstehen.«

Auf dem 352 Meilen langen Flug nach Gulfport folgten die Piloten einem Funkfeuer in südwestlicher Richtung auf Montgomery, Alabama, zu, dann ging es in Richtung Semmes, Mississippi, und von dort nach Süden zur Küste von Mississippi. ASA 529 sollte auf dem Regionalflughafen Gulfport/Biloxi gegen 12.50 Uhr zentralamerikanischer Sommerzeit ankommen, eine Stunde und 26 Minuten nach Verlassen des Flugsteigs in Atlanta.

Mehrere Passagiere nickten ein. Kevin Bubier in der siebten Reihe las eine Golfzeitschrift. Golf war für Bubier mehr Träumerei als Sport und seiner friedlichen Natur wegen ein Ausgleich zu seiner hektischen Tätigkeit als stellvertretender Dockmeister bei den Maine-Schiffswerften. Er arbeitete bei der Reparaturwerft der Bath Iron Works in Portland. Er hatte 200 Leute unter sich, darunter Schweißer, Installateure und Rohrleger. Wenn ein dicker grauer Pott der Navy umkippte oder das Dock zerbrach, würden Unsummen an Schadenersatz fällig werden. Das alte Klischee vom Werftarbeiter – Stiernacken und großspuriges Auftreten – passte nicht auf den 37-jährigen Bubier. Er war bescheiden, sowohl in seinem Wesen wie in seiner Erscheinung, mit einem Anflug von Schüchternheit, der mindestens so weit zurückreichte wie die Ansässigkeit seiner Familie im Bundesstaat Maine, und das waren mindestens fünf Generationen. Diese Vergangenheit hörte man seiner Aussprache deutlich an.

Auf der anderen Seite des Gangs saß Reverend Steve Wilkinson, der zu seinem Teilzeitjob als Lagerarbeiter bei Wal-Mart zurückkehrte und gespannt war, wie es mit ihm weitergehen würde. Ob die Gemeinde in Illinois ihn als Pastor anstellen würde? Wilkinson würde nach Mississippi heimkehren und auf den Anruf warten.

In Reihe sechs saß Alan Barrington, der aus dem mittleren Management in seiner Firma aufzusteigen hoffte. Er schlug den Sportteil der Zeitung auf und erfuhr, dass die von ihm verehrten Kansas City Royals gegen Toronto am Ende des neunten Innings 4:3 verloren hatten.

Als die Brasilia in 12 000 Fuß Höhe in Turbulenzen geriet, ertönte das Gongzeichen der Sprechanlage. Robin Fech nahm ab. Warmerdam meldete aus dem Cockpit, die kleine Turbulenz werde sich in Kürze legen.

Auf ihrem Klappsitz angeschnallt, fragte Fech: »Ich kann also in ein paar Minuten wieder aufstehen?«

»Yes, Ma'am«, sagte Warmerdam, in seinem Tonfall einen Südstaatler imitierend, um Fech aufzuziehen.

Gleich darauf meldete Matt Warmerdam sich bei den Passagieren in seinem eigentlichen Idiom. »Guten Tag, meine Damen und Herren. Willkommen an Bord der Atlantic Southeast Airlines«, begann Warmerdam in seinem jugendlich-frischen kalifornischen Tonfall. »Wir befinden uns in 13 000 Fuß Höhe. Der Kapitän hat die ›Fasten-Seat-Belt‹-Meldung abgeschaltet.

Sollten Sie sich jedoch auf Ihren Sitzen befinden, bitten wir Sie, locker angeschnallt zu bleiben, für den Fall, dass wir in Turbulenzen geraten sollten.«

Ed Gannaway saß im Pilotensessel. In einer Flughöhe von 15 000 Fuß absolvierte er seine 7375ste Flugstunde auf einer Embraer EMB-120. Er hatte weder den Kopfhörer aufgesetzt, noch trug er die blaue Mütze eines ASA-Flugkapitäns. Es war ein entspannter Moment für einen entspannten Menschen, wäre da nicht ein Geräusch im Cockpit gewesen.

An die Cockpitgeräusche hatte Gannaway sich wie alle erfahrenen Brasilia-Flieger gewöhnt. Manche Piloten trugen Ohrstöpsel, um die Geräusche von höherer und tieferer Frequenz herauszufiltern. Dann waren bei der Turbopropmaschine die Propellerblätter und der über die Tragflächen streichende Luftstrom zu hören. Es gab aber auch noch andere, vertracktere Geräusche. An den Cockpitfenstern der Brasilia entstanden unvermeidlich winzige Undichtigkeiten, die bei 275 Meilen pro Stunde ein schlangenartiges Zischen erzeugten. Außerdem war der Höhenmesser des Kapitäns dafür bekannt, dass aus seinem Inneren ein surrendes Rasseln drang.

Da war jedoch ein unerklärliches Klappern, das Gannaway irritierte. Er hatte es schon vorher gehört, und es kam irgendwo vom Instrumentenbrett oder von seinem Sitz.

»Es muss von unten kommen«, sagte er.

»Es macht Sie verrückt«, sagte Warmerdam.

Darauf Gannaway: »Es wird Sie verrückt machen.«

Die Leitstelle Atlanta unterbrach den Dialog im Cockpit: »ASe [gesprochen A-See, für Atlantic Southeast] 529, steigen Sie auf Flugfläche zwo-null-null und halten Sie sie.«

Mit der linken Hand griff Warmerdam über das Instrumentenbrett und stellte die Höhenhaltung auf 20 000 Fuß; wenn das Flugzeug um 400 Fuß von der voreingestellten Höhe abwich, ertönte ein Piepston.

»Zwo-null-null, ASe 529«, gab Warmerdam zurück.

Dann sagte er vorschriftsgemäß zu Gannaway: »Zwanzig.«

12.43 Uhr. Die Brasilia stieg per Autopilot mit einer Fluggeschwindigkeit von 184 Meilen pro Stunde bis auf 18 000 Fuß. Ihre Propellerblätter drehten sich mit 85 Prozent Leistung, 1100 Umdrehungen pro Minute.

Warmerdam verstellte die Höhenhaltung noch einmal auf die nächste genehmigte Zielmarke: 24 000 Fuß.

»Vierundzwanzig«, rief er.

Gannaway: »Vierundzwanzig.«

Da geschah es.

Es geschah fast zeitgleich mit der Bestätigung des Kapitäns auf die Meldung seines Ersten Offiziers. Es geschah an einem gewöhnlichen Tag in der Luft, auf einem Flug, der so alltäglich war, dass die Piloten die Brasilia fast allein fliegen ließen und sich derweil über ein albernes Klappergeräusch Gedanken machten.

Ein knallendes Geräusch – plötzlich, zornig und metallisch – von außerhalb des Rumpfes, von links.

Das Flugzeug sank plötzlich nach links ab, wie wenn es eine scharfe, steile Wende flöge, und es bebte in der Luft, als wäre es ein Spielzeug, das von einem Kind geschüttelt wird.

Renee Chapman, die junge Frau, die bei der Armee gedient hatte, blickte von dem Fensterplatz aus, der dem verstümmelten Triebwerk am nächsten war, nach draußen, aufgeweckt durch ein Geräusch, das sie an den Knall eines kleinen Geschützes erinnerte. Sofort zog sie das Rouleau herunter. Sie wollte es nicht wissen.

Die gekühlten Becher, die Robin Fech gleich mit alkoholfreien Getränken füllen wollte, zitterten, rutschten über die Anrichtefläche und fielen zu Boden. Um Halt zu finden, krampfte die Flugbegleiterin sich an der Anrichte fest. In den nächsten 33 Sekunden bebte das Flugzeug teilweise so stark, dass Fech glaubte, sie seien mit einem anderen Flugzeug zusammengestoßen.

Dieses kurze, laute Geräusch – was war das? Dieses Geräusch: Schläge, mehrere Schläge, wie Hammerschläge. Was war das? Die Passagiere, starr vor Angst, wussten nur, dass sie Geräusche vernommen hatten, wie sie sie noch nie während eines Fluges gehört hatten.

Als sie zur linken Tragfläche blickten, dorthin, wo die Geräusche, die Schläge hergekommen waren, in die Richtung, in die das Flugzeug plötzlich absank, erblickten sie Spuren dessen, was geschehen war. Sie sahen, dass das Triebwerk, rund anderthalb Meter vom Rumpf entfernt, zerstört war.

Das linke Triebwerk, einst schnittig und stromlinienförmig, war nur noch ein Haufen Schrott. Die Motorhaube war kaputt, das Aluminium zurückgebogen und verdreht durch die Wucht dessen, was immer da draußen geschehen sein mochte. Das Innere des Triebwerks lag bloß. Drähte und Kabel flatterten im Luftstrom. Aus stahlumflochtenen Schläuchen drangen Flüssigkeiten und flogen an Jim Kennedys Fenster in der fünften Reihe vorbei. David Schneider, der Ingenieur in der achten Reihe, fand, dass es so aussah, als sei im Triebwerk eine Bombe explodiert.

Verängstigte Passagiere, die in ihren Sitzen von den Erschütterungen des Flugzeugs hin und her geschüttelt wurden und nach einem Halt suchten, bemerkten beim Blick nach draußen außerdem, dass die Propellereinheit nicht dort war, wo sie sein sollte. Die Blätter drehten sich nicht mehr, sondern wurden gegen die Vorderkante der Tragfläche gepresst. Mehrere Passagiere auf der linken Seite sahen statt der vier Blätter nur drei und dort, wo das Vierte gewesen war, einen Stumpf. Zwei reglose Blätter hingen V-förmig vor der Tragfläche. Chuck Pfisterer, der seit jeher Angst vorm Fliegen hatte, dachte in Reihe sechs: Bin ich verrückt?

Von einer Wucht gepackt, dass er zu fallen glaubte, wurde Alt-Sheriff Charlie Burton gegen seinen jüngeren Partner Tod Thompson geschleudert. Um sein Gleichgewicht zu halten, streckte Barton die Hand aus und hielt sich an dem erstbesten Ding fest, das er zu fassen bekam: Thompsons Oberschenkel. Thompson rückte seine verrutschte Brille zurecht und dachte: Wir sind gegen einen Berghang geprallt!

Im Cockpit waren Gannaway und Warmerdam von einem Chaos blinkender roter und gelber Lichter umgeben, die ebenso ihre Aufmerksamkeit verlangten wie akustische Warnsignale und eine weibliche Computerstimme, die »Autopilot, Triebwerkskontrolle, Öl« rief.

Ein Propellerblatt war auseinander gebrochen. Die Ursache des Bruches wurde in der nachfolgenden Ermittlung und technischen Prüfung gefunden. Im Inneren des Metallschafts des Blattes steckte ein Ermüdungsriss. Je stärker die Vibrationen im Flugbetrieb wurden, desto rascher wuchs der Riss, und mit jeder Umdrehung wurden Atome auseinander gerissen. Schließlich erreichte der Riss eine Länge, bei der das Blatt so schwach wurde, dass es den Kräften, die auf es einwirkten, nicht mehr standhalten konnte. Dadurch zerbrach das Blatt wie ein Zweig in zwei Teile, an einer Stelle, die 30 Zentimeter von seiner Befestigung an der Propellerachse entfernt war. Der größere, 1,20 Meter lange Teil des Blattes flog fort und fiel durch die Wolken auf Ackerland in Alabama.

Weil die Propellereinheit nun aus bloß noch drei Blättern und einem Stumpf des vierten bestand, war ihre unverzichtbare Symmetrie auf einen Schlag dahin, mit katastrophalen Folgen. Zwei Blätter waren weiterhin in der Lage, ihre Kräfte gegeneinander auszubalancieren, aber das dritte Blatt hatte sein Gegenüber verloren und damit das sorgfältig austarierte Gleichgewicht, dank dessen die Blätter ungestört und mit genau 20 Umdrehungen pro Sekunde rotieren konnten. Durch die Unwucht geriet die Propellereinheit in ein Flattern, durch welches sie letztlich zerstört wurde. Die Schläge, die die Passagiere gehört hatten, beruhten darauf, dass die Blätter gegen die Tragfläche und das Triebwerk geschlagen waren.

Der Knall kam nicht von einer Bombe, sondern von zerreißendem Metall. Die kaputten Propellerblätter erzeugten ein solches Drehmoment, dass das Triebwerk aus seinen beiden rumpfnahen Befestigungen gerissen wurde.

Die beiden äußeren Triebwerksaufhängungen verbogen sich zwar, hielten aber. Deshalb lösten sich die Propellereinheit und das mit ihr verbundene Getriebegehäuse aus dem Triebwerk und klappten weg. Sie hingen ein paar Fuß entfernt vor der Vorderkante der Tragfläche.

Es war unwahrscheinlich, ja eigentlich unvorstellbar, dass 180 Kilo Metall an der Vorderkante der Tragfläche hingen: die über 90 Kilo schwere Propellereinheit, das massige Schaltgehäuse und noch diverse Metallverkleidungen. Da diese Metallmasse den Luftstrom verzerrte, ging dem Flugzeug praktisch die Auftriebskraft der linken Tragfläche verloren. Der ASA-Flug 529 wäre wesentlich besser dran gewesen, wenn dieses ganze Metall heruntergefallen wäre. Aber es wollte einfach nicht herunterfallen, sondern schien entschlossen zu sein, das ganze Flugzeug mit sich herunterzuziehen.

Von dem Moment an, da der Propeller zerbrach, sollte die Brasilia nur noch neun Minuten und zwanzig Sekunden weiterfliegen, bis sie abstürzte.

In den ersten 25 Sekunden fiel sie mit einer Sinkrate von 5500 Fuß pro Minute. In jeder Sekunde neun Stockwerke tiefer. Noch bevor die synthetische Cockpitstimme ihre Mahnungen aussprach, drückte Gannaway den roten Knopf links vom Steuerknüppel, um den Autopiloten abzuschalten und das verkrüppelte Flugzeug selber zu fliegen.

Dawn Dumm, die neben ihrer Mutter saß, dachte zunächst, sie hätten einen Vogel getroffen. Aber in dieser Höhe? Vielleicht ein Wanderfalke. Ed Gray, 100 000-Meilen-Vielflieger aus Connecticut und als Berater der Bauindustrie am Ende seiner Karriere, dachte: Nach all den Jahren, in denen ich geflogen bin, muss es jetzt passieren!

In der vierten Reihe bemerkte Jennifer Grunbeck aus Maine, die bei der Abfahrt in der Eile ihren Kaffee verschüttet hatte, dass ein dünner Rauchschleier sich in der Kabine ausbreitete. Thompson und Fech bemerkten ihn auch. Grunbeck erinnerte der Rauch an Auspuffgase. Pfisterer sah die Flüssigkeiten austreten, das braune Öl, die rote Hydraulikflüssigkeit und den klaren Treibstoff. Das ist nicht möglich.

Plötzlich bemerkten die Passagiere ein neues Geräusch. Zumindest empfanden sie es als neu, denn tatsächlich war es die ganze Zeit da gewesen, aber nun, da das linke Triebwerk verstummt war, nahmen sie nur das rechte wahr, das lauter zu dröhnen schien.

Nun, da alles nach links herüberhing, das Geräusch von der rechten Seite kam und das Flugzeug sich schüttelte, war ihre kleine Welt in der Brasilia in Schieflage geraten. Die Verwirrung der Passagiere ging merkwürdigerweise so weit, dass sie nicht das Gefühl hatten zu fallen. So dramatisch der Sturz anfänglich auch war, er riss sie doch nicht aus den Sitzen. Durch den Steilflug war die Schwerkraft, die so genannte G-Belastung, vom normalen 1,0 auf 1,25 G angestiegen. Aber sie befanden sich in den Wolken, ohne sichtbare Bezugspunkte, und dieser Umstand vermag das Innenohr so vollkommen zu täuschen, dass jemand, ohne es zu merken, auf dem Rücken fliegen kann.

Die Passagiere reagierten nur auf das, was sie sahen: das Triebwerk, ein Haufen Schrott.

Darüber hinaus sahen sie nur Wolken, die eine graue Wand bildeten.

8

8 Minuten, 19 Sekunden bis zum Aufprall. Bei einer Flughöhe von 14 200 Fuß noch immer im Sinken begriffen, schien der Absturz sich zu verlangsamen – jedenfalls kam es Robin Fech so vor. Als der Propeller zerbarst, war sie gerade dabei, vorn an der Anrichte Getränke vorzubereiten

Taumelnd griff Fech nach der Anrichte, um sich festzuhalten. Was ist denn auf einmal mit der Brasilia los, dachte sie, komische Bewegung, abwärts und nach links. Noch ehe sie richtig begriff, was der Ärger zu bedeuten hatte, fluchte sie im Stillen.

Das Rütteln hielt 15 Sekunden an, ausreichend Zeit, um sich darüber klar zu werden, dass ein Notfall vorlag, und ging nochmal 15 Sekunden weiter. Fech hielt sich an der Anrichte fest und schaute nach ihren Passagieren. Alle starrten wie versteinert aus den Fenstern auf der linken Seite. Ratlosigkeit und Angst standen ihnen ins Gesicht geschrieben.

Dann richteten die Passagiere ihre Blicke auf die Flugbegleiterin.

Sie musste sich erst einmal sammeln und wandte sich ab, um tief Luft zu holen. Sie hatte Angst.

Sie beugte sich über Renee Chapman auf Platz 2-A. Sie schob das Rouleau hoch. Draußen auf der linken Tragfläche sah Fech die Ursache ihrer Angst. Sie zog das Rouleau wieder herunter, um das zerstörte Triebwerk auszublenden.

Sie nahm einen scharfen Geruch war, von irgendwelchen Kunststoffen. Irgendwo mussten Kabel schmoren. Der Geruch verflog rasch wieder.

Dann kamen die Fragen der Passagiere, zuerst aus den vorderen Reihen: »Was ist passiert? Wird uns auch nichts geschehen?«

Robin Fech hatte keine Ahnung, aber sie wusste, dass sie ihre Angst verbergen und die Passagier beruhigen musste. Wenn sie das sichere Auftreten der Künstlerin, das ihre Mutter ihr beigebracht hatte, jemals gebraucht hatte, dann jetzt. Unter Druck trat sie das Sinnvollste. Sie improvisierte.

Sie legte einem Passagier die Hand auf die Schulter und sagte: »Diese Flugzeuge sind so konstruiert, dass sie auch mit einem Triebwerk fliegen können.« Fech hatte in gewissem Sinne Recht. Flugzeuge sind so konstruiert, dass sie durch den Ausfall eines einzelnen Systems nicht flugunfähig werden. Natürlich kann man nicht jedes Versagen vorhersehen, und gewiss ist ein Triebwerksausfall oder eine absichtliche Triebwerkabschaltung ungewöhnlich. Allerdings muss der Konstrukteur, wenn er die Möglichkeit eines Triebwerkausfalls vorhersieht, die vier Kräfte berücksichtigen, die im Flug auf ein Flugzeug einwirken: Schub, Luftwiderstand, Auftrieb und Gewicht. Bei konstantem Flug ohne Beschleunigung halten sich Auftrieb und Gewicht ebenso die Waage wie Schub und Luftwiderstand. Die über die Tragfläche streichende Luft erzeugt den Auftrieb (dessen Stärke von dem Winkel und der Geschwindigkeit abhängt, mit der die Tragfläche sich durch die Luft bewegt); das Triebwerks-Propeller-System erzeugt den Schub. Für ein bestimmtes Gewicht ist ein bestimmter Auftrieb nötig, um den Flug aufrechtzuerhalten. Ein Flugzeug ist so konstruiert, dass ein Triebwerk allein genügend Schub liefert, um den Luftwiderstand zu überwinden, und eine ausreichende Geschwindigkeit, um den nötigen Auftrieb zu erzeugen.

Fech wusste, dass die Brasilia mit einem einzigen Triebwerk fliegen konnte, wenn das nicht funktionierende Triebwerk abgeschaltet war, und sie hoffte, dass das auch für diesen Unglücksfall galt. Sie sprach mit einer Zuversicht, die sie gar nicht besaß.

Den Passagieren sagte sie: »Es gehört zu den ersten Dingen, die Flugzeugbesatzungen üben: mit einem Triebwerk weiterzufliegen.« Sie sah dabei die Passagiere nicht an – das traute sie sich noch nicht. Um die Passagiere überzeugen zu können, musste sie erst einmal sich selbst überzeugen.

Fech ging den schmalen Gang entlang und zog die Rouleaus auf der linken Seite herunter, eines nach dem anderen, bis zur fünften Reihe. Sie tat es mit einem raschen und entschiedenen Zug. »Das müssen wir nicht sehen«, sagte sie zu einem Passagier auf einem Fensterplatz. Zu einem anderen sagte sie: »Machen wir das einfach runter.«

Als das Rütteln aufhörte, sorgten die relative Flugruhe und die Wolkendecke dafür, dass Fechs Worte bei den Passagieren Glauben fanden. Diese glaubten ihr auch deshalb, weil sie glauben wollten, dass das Flugzeug dafür ausgelegt war, auch mit einem einzigen Triebwerk zu fliegen.

Doch heftige Erschütterungen machten ihren Erfolg bald zunichte. »So wirkt sich eine Turbulenz aus, wenn man nur mit einem Triebwerk fliegt«, sagte Fech. Sie verkaufte Hoffnung.

Als sie zur sechsten Reihe kam, stieß der ängstliche Fluggast hervor: »Glauben Sie, wir schaffen es?« Chuck Pfisterers dröhnende Stimme war auch auf der anderen Seite des Ganges zu hören. Fech sagte: »Natürlich schaffen wir's.« Pfisterer fuhr mit nervöser Stimme fort: »Wie kann das Ding denn so fliegen?«

Sein Sitz befand sich in der Nähe der Hinterkante der linken Tragfläche. Er saß gern am Fenster. So konnte er sehen, was draußen vor sich ging. Das verschaffte ihm Zusammenhang, die Möglichkeit der Einschätzung und ein gewisses Gefühl der Kontrolle. Nun aber schaute er hinaus und sah den kaputten Propeller außen neben dem Triebwerk, wobei ein Blatt mit einem Winkel von 45 Grad in Richtung des Rumpfes, ein anderes mit 45 Grad in Richtung des Tragflächenendes deutete. Er sah, dass das äußere Metallgehäuse des Triebwerks nach hinten zurückgebogen war, als hätte jemand einen Dosenöffner benutzt. Er sah das Innere des Triebwerks und die Flüssigkeiten, die im Luftstrom versprühten, einen Nebel von klarer Flüssigkeit, in der er Treibstoff vermutete. Ob das Triebwerk Feuer fangen wird? Er wartete darauf, dass es in Stücke flog.

Pfisterer hatte schon bedenkliche Situationen erlebt. Seine erste Stelle hatte er verloren, als die Firma Pleite machte. Acht Monate hatte er ohne Gehaltszahlung dagesessen und Briefmarken gesammelt, während seine Frau wieder eine Arbeit annehmen musste. Er verkaufte das Familiensilber, um nicht das Haus zu verlieren. Jahre später hatten Arbeiter in der Papierfabrik ihn bedroht. Sie hielten ihn für einen Klugscheißer von der Cornell-Universität und einen Vertreter der Firmenleitung, und sie hieben im Streit über die Firmenpolitik mit ihren Fäusten auf seinen Schreibtisch. Einmal war ein Betrunkener zu einem Einstellungsgespräch bei Pfisterer erschienen und hatte, bevor er ging, gegen die Eingangstür gepinkelt. Pfisterer hatte dermaßen die Nase voll, dass er am Abend seine Frau fragte: »Bin ich blöd, oder bin ich bloß ein Idiot, dass ich hier arbeite?« Jetzt, da das Flugzeug bebte, bewegten ihn wichtigere Fragen. Wie war es nur möglich, dass diese verdammten Blätter vor der Tragfläche hingen? Er fragte sich nach dem Piloten und warum das Flugzeug nicht langsamer wurde. Wo will er hin? Was ist sein Schlachtplan?

Er hatte Fech an der Sprechanlage mit dem Cockpit sprechen sehen. Von den Piloten war aber keiner in die Kabine gekommen, und er fragte sich, ob sie sehen konnten, was er sah.

Er zog sein Rouleau nicht herunter und wollte es auch nicht herunterziehen.

Fech probierte es noch einmal: »Diese Flugzeuge sind so konstruiert, dass sie auch mit einem Triebwerk fliegen können.«

Pfisterer glaubte ihr nicht. Er glaubte nicht, dass dieses Flugzeug mit einem Triebwerk würde landen können, denn dagegen sprach, was er draußen an der Tragfläche sah, dagegen sprach, was er in Fechs Augen sah. Er glaubte, dass das Schlimmste eintreten würde. »Wir schaffen's nicht«, sagte er zu Fech. Das war nicht als Frage gemeint, sondern als Feststellung: Wir schaffen's nicht. Er würde an Bord dieses Flugzeuges umkommen.

Fech konnte ihn nicht beeinflussen. Ihr Gespräch hatte sogar die gegenteilige Wirkung. Pfisterer begann, sie zu beeinflussen. Durch ihn wurde sie sich ihrer Angst, ihrer eigenen Unzulänglichkeit bewusst. Er war emotional überreizt. Seine Panik, fand Fech, würde auf die ganze Kabine übergreifen können.

Sie gab es bei ihm auf und ging eine Reihe weiter, zu Alfred Arenas.

In dem Augenblick hörte Fech den Doppelgong. Auf der Anzeige in der Heckwand, die nur etwas größer war als eine Briefmarke, leuchtete ein rotes Licht auf. Das Cockpit rief. Gott sei Dank fliegt Ed Gannaway diese Maschine, dachte sie. Sie waren oft zusammen geflogen und hatten einmal einen medizinischen Notfall auf einem Flug von Augusta, Georgia, reibungslos bewältigt. Seine Stimme wirkte beruhigend. Wenn Fech jemals Beruhigung nötig gehabt hatte, dann jetzt.

9

Als der Propeller zerbarst, kippte das Flugzeug jäh nach links ab und sank. Im Cockpit leuchteten auf dem Instrumentenbrett rote und gelbe Lichter auf, Warnungen und Hinweise. An die Ohren der Piloten drang ein chaotischer Lärm. Glockenzeichen verkündeten die höchste Alarmstufe: *Ding, ding, ding.* Eine weibliche Computerstimme rief: »Autopilot, Triebwerkskontrolle, Öl«. Unter ASA-Piloten wurde die als Alarm gedachte Ansage ›Bitching Betty‹ genannt, manchmal auch nur kurz ›The Bitch‹.

Das Triebwerksschaltgehäuse war weggebrochen, und so ergoss sich Öl in den Einlass des linken Triebwerks. Es erzeugte Rauch, der über die Klimaanlage und die Druckbelüftung ins Cockpit geriet. Die Piloten schalteten sofort die Druckbelüftung ab, und der Rauch verschwand.

»Unser linkes Triebwerk ist kaputt«, sagte Ed Gannaway zu Matt Warmerdam.

Fünfundzwanzig Sekunden lang drohten Gannaway und Warmerdam die Kontrolle über ihr Flugzeug zu verlieren. In dieser Zeit sank das Flugzeug um 2750 Fuß.

»Linker Anstellhebel, linker Anstellhebel«, sagte Gannaway und verstellte den Anstellwinkel der Propellerblätter auf der linken Seite. Er glaubte, die Blätter seien noch intakt. Und dann sagte er: »Segelstellung«. In der Segelstellung bieten die Blätter den geringsten Luftwiderstand. Sie hören dann auf, sich zu drehen. Dies waren Dinge, die »man im Kopf hat«, reflexartige Reaktionen des Kapitäns auf ein Problem mit möglicherweise katastrophalen Folgen. Wenn das erledigt war, ging der Kapitän zur amtlichen Notfall-Checkliste über. Gannaways erste Reaktion entsprach genau dem Lehrbuch.

Jetzt leuchtete auf dem Instrumentenbrett ein rotes Licht auf: eine Feuerwarnung für das linke Triebwerk.

»Ja, wir sind in Segelstellung. Linker Anstellhebel, Treibstoff abgestellt«, sagte Warmerdam.

Um dem Abkippen der Maschine nach links gegenzusteuern, stellten die Piloten das Seitenruder auf 40 Grad rechts.

Um dem Absinken der Maschine entgegenzuwirkten, verstellten sie den Steuerknüppel von null Grad auf 4 Grad Steigung.

Der chaotische Lärm hielt an: »Ding, ding, ding ... Autopilot, Triebwerkskontrolle, Öl.«

»Ich brauche hier Hilfe«, sagte Gannaway zu Warmerdam.

»Ding, ding, ding.«

»Ich brauche hier Hilfe«, wiederholte Gannaway.

Die Brasilia zog scharf nach links. Sie wollte zwar den Manövern des Piloten gehorchen, doch wirkten die Gesetze der Aerodynamik sich so aus, dass das Flugzeug abdrehen, kippen und zu Boden trudeln musste. Die Ursache des Problems war Gannaway noch nicht bekannt. Hätten die Propellereinheit und das Triebwerksschaltgehäuse nicht noch an der Tragfläche gehangen, sondern wären einfach zu Boden gefallen, wäre es einfacher gewesen, das Flugzeug zu steuern. Doch durch das seltsam verbogene Metall, das an der linken Tragfläche hing, entstand ein aerodynamisches Chaos, dem nicht beizukommen war. Hätte ASA 529 bloß einen Triebwerkausfall oder einen vollständigen Verlust des Propellers ohne weitere Schäden am Aufbau erlitten, hätte Gannaway einfach das ausgefallene Triebwerk abgestellt, wäre die entsprechenden Checklisten durchgegangen, nach Atlanta zurückgekehrt und hätte eine

Landung mit dem einzigen Triebwerk hingelegt. Durch den Schaden wurde jedoch der Auftrieb verringert, den die linke Tragfläche erzeugen konnte, und der Schub, der wegen des durch das zerstörte Triebwerk und die Propellereinheit erhöhten Luftwiderstandes nötig war, stieg gewaltig an. Es war nach den Gesetzen der Physik unmöglich, dass die ASA-Piloten gleichmäßig und kontrolliert weiterflogen.

Gannaway hatte noch nicht über seine Schulter geschaut und sein zerstörtes Triebwerk noch nicht gesehen. Er reagierte auf dessen unmittelbare schreckliche Auswirkungen: verzerrter Luftstrom, übergroßer Luftwiderstand und Ausfall des Tragflächenauftriebs auf der linken Seite. Seine Maschine zog weiterhin nach links und sank.

Die Reaktion der Brasilia brachte ihn durcheinander. Der Luftwiderstand nahm nicht ab. »[Sie sagten] Segelstellung?«, fragte er.

»Bin auf Segelstellung gegangen«, sagte Warmerdam.

Ohne hinzuschauen konnten die Piloten nicht in Erfahrung bringen, dass die kaputte Propellereinheit und das Schaltgehäuse von der Vorderkante der linken Tragfläche herunterhingen. Sie vertrauten ihren Instrumenten, und diese Instrumente zeigten an, dass die Blätter in Segelstellung gegangen waren.

Sie nahmen es mit ihrer Maschine auf und zogen an ihren parallel angebrachten Steuerknüppeln, bis ihnen die Knöchel hervortraten. Sie starrten aufmerksam auf die Instrumentenbretter: Bildschirme, Messanzeigen, Hebel und Lichter. Sie achteten auf ihren Steuerkurs, auf Höhe, Fluggeschwindigkeit und Leistung des intakten Triebwerks. Immer wieder ertönten die mündlichen Warnungen. Und die akustischen Warnsignale: Ding, ding, ding.

»Was zum Teufel ist mit diesem Ding los?«, sagte Gannaway.

Fünfundfünfzig Sekunden nachdem der Propeller zerbrochen war, betrug die Sinkrate von Flug 529 jetzt 3500 Fuß pro Minute, jede Sekunde sechs Stockwerke tiefer. Die Fluggeschwindigkeit war auf 224 Meilen pro Stunde gestiegen; der Neigungswinkel betrug jetzt 5 Grad und der linke Querneigungswinkel 15 Grad.

»Setzen wir den Kopfhörer auf«, sagte Gannaway.

Die vibrierende Steuersäule, auch Steuerknüppel genannt, bebte unter Gannaways Zugriff.

Er sagte: »Ich kann dieses Ding nicht halten ... hilf mir, es zu halten.«

Warmerdam, mit dem Kopfhörer auf, setzte den Notruf ab. »Flugleitzentrale Atlanta, ASe 529 meldet einen Notfall. Wir hatten einen Triebwerksausfall. Zur Zeit sind wir auf 14-zwo«, sagte er zur Bezeichnung der Höhe. Er sprach schnell und brachte die Wörter nicht zu Ende.

Die Flugleitzentrale Atlanta antwortete: »ASe 529, roger, Linksschwenkung Richtung Atlanta.«

Flug 520 schwenkte sofort nach links ab, auf Atlanta zu.

Bis zum Flughafen waren es 50 Meilen.

Noch immer hoch in den Lüften, äußerten sich die Ängste und die Anspannung der Piloten in Keuchen und Stöhnen. Eine Minute und 25 Sekunden nach dem Abgang des Propellers lag die maximale Fluggeschwindigkeit bei 230 Meilen pro Stunde, und ihre Sinkrate stieg abermals über 5500 Fuß pro Minute. Sie schalteten die höchste Alarmstufe ab; die roten Lichter blieben an, aber sie blinkten nicht mehr.

Auf einmal war im Cockpit Ruhe.

Nur Keuchen war zu hören.

Gannaway fuhr die Leistung des intakten Triebwerks zurück, die Drossel neben seinem rechten Oberschenkel fest im Griff. Er experimentierte weiter mit den verschiedenen Variablen.

Flugleitzentrale Atlanta: »ASe 529, augenblickliche Höhe angeben.«

Warmerdam erwiderte, sie seien auf 11 600 Fuß.

Zu seinem Ersten Offizier sagte Gannaway jetzt: »Hier kriege ich es besser in den Griff ... das Triebwerk ... achten wir auf unsere Geschwindigkeit.«

Seit die Krise begonnen hatte, dachten die Piloten jetzt zum ersten Mal nicht nur an ihre Maschine, sondern auch an die Insassen.

»Ich sage Robin Bescheid, was los ist«, sagte Warmerdam.

Der Erste Offizier drückte auf die Ruftaste; der Doppelgong ertönte, im Heck des Fluggastraums blinkte ein rotes Licht auf.

Direkt hinter der geschlossenen Cockpittür stehend und den Passagieren den Rücken zukehrend, nahm Robin Fech den Hörer der Sprechanlage ab. Sie hoffte auf eine beruhigende Nachricht, aber daraus wurde nichts. Sie hoffte, Gannaway zu hören, aber es war Warmerdam. Das beunruhigte sie, denn sie wusste, dass Gannaway gern den Kontakt zur Kabine hielt und sein Flugzeug lieber völlig unter Kontrolle hatte. Das verhieß nichts Gutes.

»O.K., wir hatten einen Triebwerksausfall, Robin«, sagte Warmerdam. »Wir haben einen Notfall gemeldet. Wir kehren nach Atlanta zurück. Mach du weiter und, äh, informiere die Passagiere. Es wird dort eine Notlandung geben.«

Sein Ton war sachlich, nichts mehr von lustiger Nachahmung des »Yes, Ma'am«-Südstaatleridioms.

In der Ausbildung hatte Fech gelernt, bei solchen Gelegenheiten zu fragen: Wie viel Zeit habe ich, um die Fluggäste vorzubereiten? Gibt es eine Ankündigung oder einen Gong, der die Landung signalisiert? Welches Signal erhalte ich, um mit der Evakuierung zu beginnen? Aber jetzt fragte sie nichts. Sie sagte bloß: »In Ordnung. Danke.«

Auf einer Flughöhe von 10 000 Fuß und noch immer mit einer Rate von 1000 bis 3000 Fuß pro Minute sinkend, war Gannaway sich darüber im Klaren, dass er Atlanta nicht würde erreichen können. »Wir werden nicht vermeiden können, weiter zu sinken«, sagte er. »Wir brauchen schnell einen Flughafen.«

Nach den Cockpitregeln hat der Kapitän durchgängig die Verantwortung für den Flug und immer das letzte Wort. Unter ruhigen Bedingungen wird der Kapitän sich beim Dienst am Steuerknüppel mit dem Ersten Offizier abwechseln; während der Eine fliegt, spricht der Andere mit der Flugsicherung und geht Checklisten durch. Hier waren die Rollen klar: Gannaway war am Steuer und würde mit Warmerdam sprechen, und der Erste Offizier würde die Verbindung mit der Flugsicherung halten.

Warmerdam gab an die Flugleitzentrale Atlanta durch: »Wir werden nicht vermeiden können, weiter zu sinken. Wir brauchen schnell einen Flughafen, und, äh, stellt schon mal die Löschautos und alles Nötige bereit.«

Die Flugleitzentrale Atlanta meldete, dass der Regionalflughafen West Georgia bei Carrollton, Georgia, sich für sie in 10-Uhr-Position befand. Flug 529 machte eine große Linkskurve über dem westlichen Georgia, Richtung Carrollton.

Gannaway dachte jetzt geschäftsordnungsmäßig und sagte zu seinem Ersten Offizier: »Triebwerksausfall-Checkliste bitte.«

Warmerdam hätte die Checklist auf seinen Bildschirm holen können. Er entschied sich für das schnellere Verfahren. Er sagte zu Gannaway: »Ich mach's manuell.« Er griff hinter seinen Sitz, holte das Handbuch hervor und schlug die entsprechende, durch farbige Reiter markierte Seite auf: »Okay«, sagte er, »Triebwerksausfall im Flug.«

Sie gingen zusammen die Liste durch, nur unterbrochen von

der Flugleitzentrale Atlanta, die zunächst nach der Flugrichtung der Maschine fragte, um ihnen dann einen genaueren Anflugweg nach West Georgia Regional anzugeben.

Flug 529 versuchte einen Rechtsschwenk auszuführen. »Wir haben im Augenblick Schwierigkeiten mit der Steuerung«, teilte Warmerdam der Flugleitzentrale Atlanta mit.

Dann wandte er sich wieder der Checkliste zu.

Warmerdam: »Anstellhebel, Segelstellung.«

Gannaway: »In Ordnung.«

Warmerdam: »Ist in Segelstellung gegangen.« Er prüfte die Instrumentenanzeige der Propellergeschwindigkeit und ging zum nächsten Punkt auf der Liste über.

Warmerdam: »Okay, elektrisch.« Der Erste Offizier suchte auf dem Overhead Panel nach dem elektrischen Schalter für die Segelstellung, der benutzt wurde, wenn die manuelle Einstellung der Segelstellung nicht funktioniert. »Okay, ist in Segelstellung gegangen. Kein Feuer [im Triebwerk].«

Gannaway: »In Ordnung.«

Warmerdam: »Haupthilfsgeneratoren des ausgefallenen Triebwerks – aus.«

Gannaway: »Okay. Habe ich.«

Warmerdam nannte den nächsten Punkt, das Hilfsaggregat: »Okay, APU. ›Falls verfügbar, starten.‹ Soll ich es starten?«

Wenigstens einen Moment lang dachte Ed Gannaway nicht mehr geschäftsordnungsmäßig. Er dachte ans Überleben. Er sagte: »Wir müssen diese Maschine runterbringen.«

6 Minuten, 45 Sekunden bis zum Aufprall. Robin Fech drückte auf die Taste für eine Durchsage, wandte sich den 26 Passagieren zu und sagte: »Die Cockpitbesatzung hat bestätigt, dass wir einen Notfall haben. Wir haben einen Triebwerksausfall.« Sie teilte mit, dass das Flugzeug nach Atlanta zurückflog. Ihre Stimme klang erschrocken, aber fest.

Chuck Pfisterer auf Platz 6-A dachte: Ganz richtig, ihr habt ein Triebwerksproblem!

Fech bekräftigte noch einmal, dass das Flugzeug mit nur einem Triebwerk fliegen könne. Sie sagte den Passagieren auch, sie sollten sich für alle Fälle vorbereiten. Mit der ausführlichen amtlichen Notfallankündigung, die sie in der Ausbildung gelernt hatte, hielt sie sich nicht auf. Sie hatte sie seit jeher für zu lang, langatmig und ermüdend gehalten. Aber das Wesentliche daraus trug sie mit eigenen Worten vor.

»Vergewissern Sie sich, dass Ihr Sicherheitsgurt eingeklinkt ist und straff sitzt«, sagte sie.

»Stellen Sie Ihre Füße flach auf den Boden und lesen Sie Ihre Notfallkarte durch.«

Sie erklärte die Sitzpositionen für die Notlandung. Für alle Passagiere außer den wenigen, die neben den Spanten saßen, bedeutete das, ihre verschränkten Unterarme gegen die Rückseite des Vordersitzes zu stützen und die Stirn auf die Unterarme zu pressen. Fech bestand darauf, dass jeder Passagier ihr die Sitzposition für die Notlandung vorführte.

»Das müssen Sie mir beweisen«, sagte sie.

Sie fragte, ob noch jemand Fragen habe. Niemand hatte Fragen. Sie räumte die Küchenanrichte ab, anschließend ging sie den Gang entlang und sagte: »Zeigen Sie's mir.« Die Passagiere gingen in die Sitzposition für die Notlandung, und Fech musste hier einen Ellbogen anheben und dort einen Kopf herunterdrücken. Das hatte sie in der Ausbildung gelernt. Sie konnte einfach nicht glauben, dass sie es jetzt wirklich tun musste.

Die meisten Passagiere hatte sie überzeugt, dass eine sichere Landung möglich war. Ed Gray in der vierten Reihe, der auf dem Weg nach Muscle Shoals war, um zusammen mit Barney Gaskill, seinem Kollegen auf der anderen Gangseite, mit Du-

Pont zu verhandeln, malte sich eine schaumbedeckte Landebahn aus, auf der sie hart aufsetzen würden.

Tod Thompson, der junge Hilfssheriff in Reihe neun, dachte an angstvolle Kindheitserlebnisse zurück. Er rang um eine vernünftige Einstellung. Als Junge hatte er Angst vor einer Achterbahnfahrt gehabt. Aber damals hatte er durchgehalten, alles war gut gegangen, und er hatte gemeint: »So schlimm war es doch gar nicht«. Genauso wird es jetzt auch sein.

Thompson reckte seinen Hals, um das linke Triebwerk zu sehen. In den hinteren Reihen waren einige der Rouleaus auf der linken Seite nicht heruntergezogen. Thompson sah das verbogene Metall. Sein Kollege Charlie Barton blickte ebenfalls nach der linken Tragfläche. Er sah dasselbe, was Thompson sah, und sagte kein Wort.

Charlie Barton wurde still, ganz still.

Thompson wünschte nicht, dass andere an Bord von seiner Angst erführen, am allerwenigsten Charlie Barton.

Das Flugzeug schaukelte in den Wolken von einer Seite zur anderen. Thompson ermahnte sich, wie ein Gesetzeshüter zu denken: Kühlen Kopf bewahren! Tu, was dir gesagt wird! Er straffte seinen Sicherheitsgurt und passte auf, was die Flugbegleiterin als Nächstes sagen würde. Dann zog er das Rouleau rechts neben ihm herunter, so als gäbe es den Himmel nicht mehr, wenn er ihn nicht sehen konnte.

David McCorkell in der siebten Reihe glaubte, dass das Flugzeug genauso landen würde, wie es die Flugbegleiterin gesagt hatte. McCorkell war einmal mit einer Maschine geflogen, die in einem Blizzard auf einer von Löschfahrzeugen gesäumten Landebahn landete. Als das Flugzeug unbeschädigt gelandet war, klatschten alle Passagiere in die Hände.

Fliegen war für McCorkell die normalste Sache der Welt. Zu Hause in Minnesota flog er jede Woche sonntags oder montags in eine andere Stadt, um die Bediensteten von Lebensmittelketten in der Benutzung von Computerprogrammen zu unterweisen. Freitags flog er dann wieder nach Hause, wusch seine Kleider, überwies seine Rechnungen, und dann ging das Ganze wieder von vorne los.

Das war David McCorkell, stellvertretender Ausbildungsleiter, für den Leben und Arbeit ein und dasselbe waren. Mit 37 zweimal geschieden, wirkte er wie einer, der nicht mehr die Zeit oder die Neigung hatte, große Träume zu träumen: ein mächtiger Teddy-Roosevelt-Schnurrbart, groß genug, um sich dahinter zu verstecken, eine Brille, die ihm manchmal auf dem Nasenrücken herunterrutschte, und hängende Schultern.

Das Rütteln des Flugzeugs ging McCorkell auf die Nerven. Er wollte das linke Triebwerk sehen. Er beugte sich in den Gang vor und blickte hinter Chuck Pfisterer in Reihe sechs zur linken Tragfläche hinüber. Er sah die Propellerblätter. Sie waren nicht dort, wo sie hingehörten, sie waren verbogen, und sie drehten sich nicht.

Das Schweigen der Passagiere machte ihn nervös.

Er schaute auf seine Armbanduhr: 11.45 Uhr Central Time. In Gulfport hatte er sich ein Auto mieten und nach Mobile, Alabama, fahren wollen. Wenn diese Maschine nun aber nach Atlanta zurückflog, würde er einen halben Tagesumsatz verlieren. Während sein Flugzeug auf 8000 Fuß Höhe und im Sinken begriffen nach rechts abzuschwenken versuchte, dachte David McCorkell: Ein paar hundert Dollar werden mir flöten gehen.

Das rechte Triebwerk war das erste Geräusch, das Alan Barrington wahrnahm, nachdem der Propeller zerbrochen war. Barrington saß auf der rechten Seite, auf Platz 6-C, hinter dem intakten Triebwerk. Die Piloten, dachte er, werden ein paar

Zähne zugelegt haben, um den Ausfall des linken Triebwerks wettzumachen.

Das rechte Triebwerk lief lauter als vorher – und einsamer.

Barrington betrachtete seine Notfallkarte, während er auf die Gelegenheit wartete, der Flugbegleiterin die Sitzposition für die Notlandung vorzuführen. Er las von Rettungsschwimmhilfsmitteln und geordnetem Notausstieg. Er betrachtete die kleinen Zeichnungen auf der Karte und dachte: Wenn wir abstürzen, wird diese Karte mir nichts nützen.

Barrington bemerkte, dass der Mann auf der anderen Seite des Ganges, Chuck Pfisterer, aus dem linken Fenster sehen konnte. Das war derselbe Mann, der vorhin gegenüber der Flugbegleiterin so bedrückt geklungen hatte, der Mann, der irrtümlich auf Barringtons Platz gesessen hatte, bevor das Flugzeug startete, vor rund 30 Minuten. Barrington glaubte, in den Augen des Mannes Tränen zu sehen.

Und das brachte ihn auf einen schaurigen Gedanken: Er hatte eine bessere Sicht als ich, und er hat Tränen in den Augen …

10

4 Minuten, 46 Sekunden bis zum Aufprall. Die Brasilia sank weiter, wenn auch langsamer, um rund 1500 Fuß pro Minute.

»Zeigen Sie's mir«, sagte Robin Fech zu dem Mann auf Platz 5-A, Jim Kennedy. Er beugte sich vor, um seine Sitzposition für die Notlandung vorzuführen.

Jim Kennedy, im Moment selbstbeherrscht, konzentriert und still, ähnelte überhaupt nicht dem ängstlichen Fluggast hinter ihm. Dass Chuck Pfisterer Angst hatte, konnte jeder sehen und hören. Kennedy war robuster.

Er war eine vielschichtige Persönlichkeit und lebte jeden Augenblick voll aus. Er konnte der sanfte, liebevolle Patriarch sein, der seinen acht Kindern zur Schlafenszeit zurief: »Küsschen durch die Gitter!« Sie beugten sich dann eines nach dem anderen zwischen den Stäben des Treppengeländers hindurch und gaben ihm einen flüchtigen Kuss auf die Wange. Diese Haltung hatte er auch gegenüber seinen Enkelkindern eingenommen. Erst neulich hatte er ihnen erzählt: »Ich bin fast 63 Jahre alt, ich messe 6 Fuß 3, und ich habe 63 Zähne!« Er konnte aber auch härter, verschlossener sein. Er war spartanisch, altmodisch und aufbrausend. Die Narbe auf seiner Wange war eine Erinnerung an eine Wirtshausschlägerei aus seiner Collegezeit in Niagara, die er einmal folgendermaßen erklärt hatte: »John Barleycorn und ich vertragen uns nicht.« Selbst jetzt, mit Anfang sechzig, ließ sein körperlich schlauchendes Asketentum ihn noch oft morgens 40 Meilen auf seinem Trainingsrad zurücklegen, und hinterher war er schweißgebadet und brummte »Jessesmariaundjoseph«. Stolz trug er eine katholische Medaille, besonders verehrte er den heiligen Juda, Schutzpatron der hoffnungslosen Fälle, und zu Hause bewahrte er ein Bild von dem Preisboxer Rubin ›Hurricane‹ Carter auf, der für einen Mord, den er immer abstritt, 19 Jahre im Gefängnis saß – das sollte ihn daran erinnern, dass, mochte das Leben auch hart erscheinen, andere noch übler dran waren.

Er hatte eine fatalistische Lebenseinstellung. Als er einmal Schnee aus seiner Einfahrt schaufelte, hatte eine seiner Töchter ihn bekniet, diese erschöpfende Arbeit zu unterlassen: »Papa, Lennys Onkel hat beim Schneeschaufeln einen tödlichen Herzinfarkt erlitten.« Worauf Jim Kennedy erwiderte: »Wenn der liebe Gott mich jetzt haben will, kann Er mich nehmen. Ich bin bereit.«

Doch Jim Kennedy war nicht bereit, noch längst nicht. Er ging täglich zur Messe, meistens morgens um halb acht, und er betete oft, besonders wenn es stressig zuging, einmal sogar auf der Wohnzimmercouch, als die Basketball-Mannschaft von Notre Dame in der Verlängerung gegen UCLA spielte. Seine

Frau Nancy hatte gemeint: »Sag du mir, du betest nicht!« Schüchtern hatte er es ihr gestanden.

Jim Kennedy war immer lebend davongekommen. Nun, da Flug 529 mit 1500 Fuß pro Minute sank und schon unter 7000 Fuß war, war eines klar: Falls das Flugzeug abstürzte und es allein von Fitness und Entschlossenheit abhing, wer von den Passagieren überleben würde, würde Jim Kennedy es überleben.

Robin Fech fragte die neben den Notausgängen sitzenden Passagiere – Kennedy und Ludie Burton in Reihe fünf und David Schneider in Reihe acht –, ob sie bereit seien, die Aufgabe zu übernehmen, die Türen zu öffnen, sobald das Flugzeug zum Stehen gekommen sei.

Leise und mit Furcht in der Stimme sagte Ludie Burton: »Nein, nein, nein ...« Sie sagte, sie wolle von Platz 5-C weg, um bei ihrem Mann Lonnie zu sitzen, der vorher zur Reihe acht gewechselt war, weil er dort mehr Beinfreiheit hatte.

Fech fragte, wer es freiwillig übernehmen wolle. Jemand müsse neben dem Notausgang sitzen, sagte sie, und derjenige müsse seinen Platz mit Ludie Burton tauschen, damit die Gewichtsverteilung innerhalb des Flugzeugs ungefähr erhalten bleibe.

Einen Augenblick lang blieb es still.

Dann meldete sich jemand aus der letzten Reihe: »Ich mach's.«

Bond Rhue, Staatsanwalt in Diensten des Justizministeriums, erhob sich. Er war hoch gewachsen, grau meliert, Schnurrbartträger und strahlte das Selbstbewusstsein eines Chefs aus, trotz seiner komischen Krawatte, auf der kleine Schweinchen zu sehen waren. (Er fand, dass die Krawatte für eine Reise in den Süden das Richtige sei: »Ich gehe doch aufs Land«, hatte er seiner Lebensgefährtin Kay Beckman gesagt.)

Rhue war im Justizministerium in der Abteilung für organisierte Kriminalität und Erpressung tätig. Als ausgefuchster Ankläger schätzte Rhue, Sohn eines Polizisten aus Washington D. C., verwickelte Betrugsfälle, und da hatte er jetzt genau das Richtige beim Wickel. Auf der President Casino, einem Glücksspielschiff in Biloxi, hatte sich das organisierte Verbrechen breit gemacht. Die Bande benutzte an den Black-Jack-Tischen gezinkte Karten, die mit unsichtbarer Tinte markiert waren und von Spielern mit speziellen Brillen zu erkennen waren; mit diesem Trick hatte sie über eine halbe Millionen Dollar Reingewinn gemacht. Eine Anklagejury war gebildet worden, und nach zweieinhalbjährigen Ermittlungen waren im Juni Verhaftungen erfolgt. Rhue fungierte bei der US-Anklagebehörde in Mississippi als Mitankläger.

Im Frühling hatte Rhue sich mit seinem Vorgesetzten in Washington, Frank Marine, zwanglos unterhalten. Sie hatten Pläne für den Ruhestand gewälzt, und Marine hatte gesagt: »Ich mache dann ein italienisches Restaurant auf und werde Barkeeper und Koch.« Einige Wochen darauf fand Marine in seiner Post eine Urkunde: eine Lebensversicherungspolice über 500 000 Dollar, die ihn als Begünstigten nannte. Bond Rhue hatte die Versicherung vor einem Flug nach Gulfport auf dem Flughafen Atlanta gegen eine geringe Gebühr abgeschlossen. Ein Scherz, wie Rhue anschließend erklärte: »Hey, Chef, wenn mir was passiert, kannst du hingehen und dir das italienische Restaurant kaufen.« Einige Wochen später machte Rhue noch einmal den Flug von Atlanta nach Gulfport. Frank Marine fand in der Post wieder eine Urkunde: noch eine Police über 500 000 Dollar. Marine wunderte sich und schmunzelte über Bond Rhues eigenartigen Humor. Auf diesem Flug von Atlanta nach Gulfport hatte Rhue allerdings keine derartige Versicherung abgeschlossen.

Rhue schätzte nichts mehr, als vor einer Jury zu stehen, und nun stand er im Gang, neben Platz 10-B, mit der Notfallkarte in der Hand. Er schien zu den anderen Passagieren zu sprechen, als er sagte: »Keine Bange. Ich habe dies gelesen.« Dabei lächelte er sogar.

Er nahm Platz 5-C ein. Die Burtons saßen in der letzten Reihe wieder beieinander.

Außer Fech sagte kaum jemand ein Wort.

Die meisten Passagiere saßen neben Leuten, die sie nicht kannten. Viele richteten ihre Blicke auf die linke Tragfläche, dann auf Fech, dann wieder auf die linke Tragfläche.

Das rechte Triebwerk arbeitete weiter auf vollen Touren. Jennifer Grunbeck in Reihe vier wurde sich der Tatsache bewusst, dass sie keinerlei Papiere bei sich hatte. In der Eile hatte sie ihr Portemonnaie in Bangor zurückgelassen. Falls es schief ginge und das Flugzeug abstürzte, würde man sie nicht identifizieren können, dachte sie.

Charles Barton in der neunten Reihe bat seinen jungen Kollegen, das Rouleau hochzuschieben. Barton wollte das intakte Triebwerk sehen. »Um keinen Preis«, sagte Tod Thompson. »Falls dieser Propeller sich nicht dreht, will ich es gar nicht wissen.« Barton bestand nicht weiter darauf.

Fech forderte die Passagiere auf, Kugelschreiber und andere spitze Gegenstände aus ihren Taschen zu entfernen.

Zwei Reihen weiter vorn tat Jennifer Grunbeck die Diät-Cola, die sie in der Hand hatte, in die Tasche auf der Sitzrückseite. »Glauben Sie nicht, das gibt eine Schweinerei?«, sagte Jean Brucato zu ihr. »Ich glaube«, sagte Grunbeck, »dass sie mehr damit beschäftigt sind, was außerhalb des Flugzeugs vor sich geht.«

Alan Barrington in Reihe sechs achtete auf jedes Wort, das Fech sagte. Barrington war vernünftig und gehorsam – aber schließlich war Barrington, mittlerer Manager und korrekt gekleideter Christ, stets vernünftig und gehorsam. Mit 35 war er Bezirkspersonalleiter einer Einzelhandelskette, immer am Arbeiten, sogar am Samstagvormittag. Er bekam seine jährliche Gehaltserhöhung von 3,3 Prozent, und er hielt sich an die Spielregeln der Firma. 1993 hatte er milde Kritik in seiner jährlichen Arbeitsbewertung selbstsicher eingesteckt und geschrieben: »Diese Bewertung ist meines Erachtens völlig zutreffend ... Sie können damit rechnen, dass sich das merklich bessern wird.« In einer Unternehmenskultur, in der Vorschriften und Abkürzungen florierten, hoffte Alan Barrington, eines Tages V. P. von H. R. (Vice President of Human Resources; stellvertretender Personalchef) zu werden.

Jetzt dachte auch Alan Barrington: Hat sie gesagt, wir sollten die Getränke wegschütten?

Noch nie hatte er von einer solchen Anweisung gehört. Er glaubte, den Sinn der seltsamen Anweisung verstanden zu haben. Er schloss die Augen und betete stumm: »Vater im Himmel, sollte dieses Flugzeug abstürzen und ich umkommen, bin ich bereit zur Heimkehr. Herr, erlaube mir aber, Dich um den einen oder anderen Gefallen zu bitten.«

Zunächst bat er darum, schnell zu sterben.

Dann betete er, dass seine Frau die Kraft besitzen möge, ihre vier jungen Kinder aufzuziehen, und dass seine Kinder sich stets der Liebe ihres Vaters erinnern würden. Seine Jungs waren zehn und sieben: Sie waren sicher alt genug, um sich seiner Liebe zu erinnern; was aber war mit den Zwillingen, die erst drei waren? Würden diese kleinen Mädchen sich an seine Liebe erinnern und sie noch in Jahrzehnten empfinden, wirklich empfinden können? Alan Barrington betete inständig darum.

Dann kehrten seine Gedanken in die Gegenwart zurück: Wie fühlt es sich an, wenn einem der Kopf und die Gliedmaßen abgerissen werden? Er malte sich aus, dass das Flugzeug auseinander bricht und er von scharfen Metallteilen durchbohrt wird. Werde ich es überhaupt merken? Werde ich sofort in den Himmel kommen?

Ed Gray, zwei Reihen weiter vorn, dachte nicht an Gott. Zum einen, weil er nicht an Gott glaubte. Gray war Humanist. Spirituell ja, aber nicht religiös.

Für ihn ging es hier nicht um Gott. Es ging um eine technische Störung.

Als Fech die Passagiere aufforderte, ihre Getränke wegzuschütten, betrachtete Gray seinen Orangensaft und dachte: Es gehört sich nicht, dass du deinen Orangensaft in die Tasche auf der Sitzrückseite schüttest. Er setzte sich aber über die Etikette hinweg und tat es.

Er ging mit 63 ganz im Geschäftsleben auf. Als selbstständiger Firmenberater war er zur Zeit für Morrison-Knudsen tätig, den in Cleveland ansässigen Maschinenbau-Giganten. Gray war im Laufe seines Berufslebens so oft unterwegs gewesen, dass seine inzwischen erwachsenen Kinder ihn früher ›Onkel Papa‹ genannt hatten. Wenn eine Firma sagte: »Seien Sie dort«, dann war Ed Gray dort, egal, ob in Chicago, Tokio, London oder wo auch immer. Er war seit vierzig Jahren verheiratet, doch seine Frau Barbara, eine Künstlerin, sagte im Scherz, sie sei nur zwanzig Jahre verheiratet gewesen – während der anderen Hälfte war Ed nicht da gewesen. Die Grays wohnten in Westport, Connecticut, in einem kleinen Haus in einer üppig bewaldeten Gegend, nicht weit von dem Haus des Schauspielers Paul Newman. Wenn Ed und Barbara spazieren gingen, hatten sie zwei Routen, die sie scherzhaft als »die volle Newman-Strecke« und »die eingeschränkte Newman-Strecke« (halb so lang) nannten. Nicht dass Ed in all den Jahren auf gemütliche Spaziergänge Wert gelegt hätte. Er hatte sich in 43 Jahren nicht ein einziges Monatsgehalt entgehen lassen. Er hatte bereits beschlossen, noch sieben Jahre weiterzuarbeiten.

Onkel Papa würde weiterhin dafür sorgen, dass die Gehaltsschecks kamen.

Was immer da draußen an der linken Tragfläche passiert war, Ed Gray hatte das Problem auf seine Weise diagnostiziert: Es war nicht Gottes Werk, sondern ein ungewöhnlicher Teil der natürlichen Umstände und Abläufe des Lebens.

Mike Hendrix, der fünf Reihen weiter hinten auf Platz 9-A saß, wusste, dass er bei einem Flugzeugabsturz umkommen konnte. Das hatte er sogar kürzlich noch zu seiner Frau Linda gesagt. Hendrix, 35 und Starkstromingenieur, kannte sich mit Flugzeugen aus und vertraute ihnen. Hätte er nicht so schwache Augen gehabt, hätte er vor Jahren Verkehrspilot werden können wie sein Vater, der Flugkapitän bei United Airlines war. So tat er Anfang der achtziger Jahre das Nächstbeste, erwarb eine FAA-Flugzeugzelle und eine Zulassung des E-Werks für die Arbeit an Flugzeugen.

Später wechselte er den Beruf und wurde Ingenieur bei Bechtel. Oft flog er zu seinem Arbeitsplatz. Sechs Tage vor dem Flug von Atlanta nach Gulfport hatte er eine neue Stelle bei Science Applications International Corp. angetreten. Auch für diesen Arbeitgeber würde er häufig fliegen.

Hendrix, ein Pragmatiker und Fatalist, hatte kürzlich zu seiner Frau gesagt: »Da ich viel und mit regionalen Fluggesellschaften und verschiedenen Flugzeugtypen fliege, ist die statistische Wahrscheinlichkeit höher, dass ich einen Flugzeugabsturz erlebe.«

Er sagte ihr auch, dass seine Überlebenswahrscheinlichkeit gleich null sei, falls sein Flugzeug abstürzen und der Düsentreibstoff sich entzünden sollte. Er rechne nicht damit, aber es könne passieren, sagte er.

Die junge Frau aus New Orleans in Reihe zwei, die gerade eine Stelle als Flugbegleiterin bei der ASA angenommen hatte, dachte an den Tod. Bis zu jenem Augenblick hatte Angela Brumfield jeden Schritt von Robin Fech beobachtet. Aber nun hatte sie Angst. Sie wollte keine Unruhe auslösen. Als ihr die Tränen kamen, starrte sie zur Decke, damit sie ihr nicht über die Wangen herunterrollten.

Der Hilfssheriff Tod Thompson, der sein Rouleau noch immer nicht hochschieben wollte, dachte an das Fenster neben sich. Werde ich, falls das Glas zerbricht, herausgesaugt?

Im Cockpit hatte Matt Warmerdam mittlerweile zwei Gebieter: seinen Kapitän und den Fluglotsen von der Flugleitzentrale Atlanta. Beide verlangten seine ungeteilte Aufmerksamkeit.

»Sir, geben Sie Ihre aktuelle Höhe an«, verlangte die Flugleitzentrale Atlanta.

»Unter siebentausend, ASe 529«, sagte Warmerdam.

Das Hilfsaggregat der Brasilia sprang an.

»Guter Start«, sagte Gannaway.

»ASe 529, das habe ich nicht verstanden, tut mir Leid«, sagte die Flugleitzentrale Atlanta.

»Wir sind gerade unter sechs-Komma-neun gesunken, ASe 529«, erwiderte Warmerdam.

Warmerdam bemerkte das Hilfsaggregat: »Okay, es ist angesprungen und läuft, Ed.«

Gannaway sagte: »In Ordnung, weitermachen.« Als Kapitän hatte er es schon immer ganz genau genommen. Ed Gannaway wollte mit seiner Checkliste durchkommen.

Wieder unterbrach die Flugleitzentrale Atlanta: Der Flughafen Anniston in Alabama lag 30 Meilen westlich von ihnen, sehr viel weiter weg als West Georgia Regional. Gannaway fragte seinen Ersten Offizier: »Was haben sie für eine Landebahn?«, und Warmerdam griff das Stichwort auf und stellte diese Frage in Bezug auf West Georgia Regional an die Flugleitzentrale.

Bevor die Antwort kam, sagte Gannaway zu seinem Ersten Offizier: »Machen wir weiter und bringen wir die Checkliste zu Ende.«

Warmerdam ging weiter die Liste durch und kam endlich zum noch funktionierenden rechten Triebwerk. »Soll ich auf maximale Leistung gehen?«, fragte er.

»Ja, bitte«, erwiderte Gannaway.

Die Propellergeschwindigkeit am rechten Triebwerk stieg, stärker, lauter, auf 1300 Umdrehungen pro Minute.

Die Flugleitzentrale Atlanta hatte jetzt die Antwort auf Gannaways Frage nach der 1500 Meter langen Landebahn des Flughafens West Georgia Regional. »Es ist Asphalt, Sir«, sagte der Fluglotse.

11 2 Minuten 57, Sekunden bis zum Aufprall. Die Flugleitzentrale Atlanta rief an: »ASe 529, ich habe Ihren Transponder verloren, nennen Sie Ihre Höhe.«

Sinkend, noch immer sinkend, inzwischen unterhalb des Radars, erwiderte Warmerdam: »Wir sind unter vier-Kommafünf.«

In diesem Augenblick erschien Flug 529 wieder auf dem Bildschirm des Fluglotsen: »Jetzt habe ich Sie wieder.«

Der West Georgia Regional Airport lag unter Wolken, acht Meilen entfernt.

»Wir können es im Sichtflug schaffen«, sagte Ed Gannaway.

Eine unbekannte Stimme von einem anderen Flugzeug kommentierte das Drama: »Viel Glück, Jungs.«

Matt Warmerdam sagte: »Vielen Dank.«

Barney Gaskill in Reihe drei, der zusammen mit Ed Gray für Morrison-Knudsen unterwegs war, dachte an seine Familie. Der 57-Jährige aus Ohio – mit einem engelhaften Gesicht – stellte sich seine Frau, seine Tochter und seinen Sohn, seine Enkelkinder und seine betagte Mutter vor. Sie lebten in verschiedenen Bundesstaaten, und in einem Moment der Not wie jetzt quälte ihn das. Gaskill hatte das Bedürfnis, sich an sie alle zu wenden.

David McCorkell hatte mit dem Mann neben ihm in der siebten Reihe, Kevin Bubier, noch nicht einen Satz gewechselt. Ihre Blicke waren sich noch nicht begegnet, nur ihre Schultern hatten sich in der Enge berührt.

McCorkell trauerte nicht mehr darum, dass ihm der Umsatz eines halben Tages entgangen war. Die Verzweiflung auf den Gesichtern ringsum brachte ihn auf tiefere, dunklere Gedanken. Was ist, wenn wir abstürzen? Und dann: Ich will nicht sterben. McCorkell fing an, über sein Leben nachzudenken, es im größeren Zusammenhang zu betrachten. Was er da sah, gefiel ihm nicht. Er dachte an seine beiden Söhne.

Er war so viel unterwegs, dass sie nicht einmal wussten, wo er sich gerade befand. Sie hatten, wie die meisten 18- und 19-Jährigen, ihr eigenes Leben, das nicht sein Leben war. McCorkell liebte sie über alles. Er hatte so viel für seine Jungs geopfert, hatte sie als allein erziehender Vater aufgezogen. Jetzt, da sie ihre Ausbildung nicht mehr bis zum Collegeabschluss fortsetzen wollten, den er sich für sie erhofft hatte, fühlte er sich beinahe getäuscht.

Er dachte an Lila.

Vor dreizehn Monaten hatte ihre Ehe geendet. Sie waren im Guten auseinander gegangen; nach sieben Jahren Ehe hatten sie sich sogar den Scheidungsanwalt geteilt. Die Ehe war an seinen vielen Reisen gescheitert. Zu viele Nächte außerhalb, zu viele Flugzeuge.

Die Brasilia zitterte.

McCorkell wollte nicht einsam sterben. Er wurde jetzt wütend auf Gott. Warum ich? Hatte er nicht immer seine Verpflichtungen erfüllt? Mit 16 hatte er eine Mitschülerin geschwängert. Jung und voller Angst hatten sie ihre Eltern im Esszimmer der McCorkells zusammengebracht und ihnen alles gesagt. Sie beschlossen zu heiraten und fuhren zur Trauung nach South Dakota. Monate später wurde ihr erster Sohn geboren, ein Jahr darauf ein weiterer Sohn. Die Ehe endete bald, David McCorkell übernahm die elterliche Sorge und zog zwei Jungen groß – zwei Jungen, die in diesem Moment keine Ahnung hatten, wo ihr Vater war.

Er kam sich so verlassen vor wie nie zuvor. Tief in seinem Inneren hörte er seinen eigenen Entsetzensschrei: Wie konnte mir dies passieren?

Er saß inmitten von fremden Menschen in einem sinkenden Flugzeug.

Er wünschte, dass ihm jemand die Hand hielt.

Er war zornig, verbittert. Wenn er sterben sollte, wollte er wenigstens einen vertrauten Menschen bei sich haben.

Dawn Dumm auf Platz 1-B sah und hörte alles. Sie wusste bloß nicht, was das alles zu bedeuten hatte. Sie sah nicht nur das zurückgebogene Metall an der linken Tragfläche, sie hörte auch, was die Flugbegleiterin mit dem Cockpit sprach.

Was sie hörte, verwirrte und beunruhigte sie. Dumm sah Robin Fech ein paar Fuß entfernt den Hörer der Sprechanlage abnehmen und hörte sie nervös sagen: »Ja, Sir?«, und dann, kurz darauf: »In Ordnung, danke.« Obwohl Fech den Passagieren bereits erklärt hatte, dass das Flugzeug auch mit nur einem Triebwerk fliegen konnte, fragte sich Dumm, ob die Piloten über den Zustand des linken Triebwerks Bescheid wussten. Konnten sie die heraussprühenden Flüssigkeiten und die in der Luft flatternden Kabel und Schläuche sehen? Haben sie Rückspiegel? Warum sagte die Flugbegleiterin ihnen nichts davon?

Dumm musste sich außerdem um ihre Mutter kümmern. Als das Propellerblatt zerbrach und das Flugzeug plötzlich sank, fragte Mary Jean Adair, die den Fensterplatz neben ihrer Tochter hatte: »Was war das?« Sie blickten aus dem linken Fenster, und dann sahen sie einander an. Adair schüttelte den Kopf. »Ich hatte vor diesem Flug ein schlechtes Gefühl«, sagte sie zu ihrer Tochter.

Noch ehe Fech den Passagieren in den ersten Reihen erklärte, sie sollten ihre Getränke wegschütten, sagte Dumm: »Mama, trink lieber deinen Orangensaft aus. Wenn wir eine harte Landung haben, wird er sich sonst über deine weiße Hose ergießen.« Adair schüttelte den Kopf. Sie war aufgewühlt. Sie dachte nur an das linke Triebwerk, nicht an Orangensaft. Dumm nahm den Becher ihrer Mutter und trank ihn aus.

»Was sollen wir jetzt tun?«, fragte Adair kurz darauf, als Fech den Passagieren riet, sich ihre Notfallkarte anzuschauen. »Hör mal zu«, flüsterte Dumm.

Als sie ihre Sitzposition für die Notlandung vorführten, sah Fech den Schreck in ihren Gesichtern. Er ging so tief, dass sie Mutter und Tochter nicht mehr anschauen konnte. Während Fech weiterging, um anderen Passagieren zu helfen, bereitete Dumm ihre Mutter auf das Schlimmste vor.

Sie forderte ihre Mutter auf, das Anlegen und Lösen des Sicherheitsgurts mehrfach auszuprobieren. »Falls die Tür vor uns blockiert ist«, sagte Dumm, auf den Passagierhaupteingang links von ihnen deutend, »musst du dich auf alle viere niederlassen und kriechen. Zähl die Reihen, denn bei der fünften Reihe müssen wir raus.« Adair wurde still. Es war Dumm klar, dass ihre Mutter von Angst erfüllt war.

Dawn Dumm dachte an den Tod. Und sie dachte an eine andere Möglichkeit. Du kannst dies überleben. Ihr Leben lag in den Händen der Piloten. Wieder fragte sie sich, ob der Pilot sehen konnte, was sie gesehen hatte, an der linken Tragfläche. Sie glaubte an den Piloten, obwohl sie ihn nicht kannte, und sie sagte sich: Falls der Pilot mich so weit bringen kann, kann ich den Rest erledigen.

Sie dachte an ihren Mann Larry und ihre Jungs, Lucas und Zeke. Könnte ich jetzt doch nur mit ihnen sprechen!

Dumm beschloss, eine kurze Mitteilung zu schreiben, nur für den Fall. Sollte sie umkommen, würden sie erfahren, dass ihre letzten Gedanken ihnen gegolten hatten. Sie holte einen Stift aus ihrer Gürteltasche. Draußen vor dem Fenster sah sie nur Wolken, grau und wattig. Drinnen hörte sie nur Fechs Stimme, irgendwo hinten. Dumm wollte nicht, dass ihre Mutter sah, was sie vorhatte. Sie wollte sie nicht noch mehr ängstigen.

Sie schob ihre rechte Schulter vor, damit Adair nicht sah, wie sie den Umschlag von ihrem Taschenbuch vorsichtig abriss, Thomas Flanagans Roman ›Ein Traum von Freiheit‹. Ihre Hände zitterten. Was kann ich sagen, das sie durch ihr ganzes Leben begleiten wird? Sie war Lehrerin, gewiss, intelligent und gedankenvoll – und nun war sie außerdem eine Mutter, die ihre beiden Söhne vielleicht nie wiedersehen würde. Sie schob den Stift zwischen ihren Fingerspitzen hin und her. Sie konnte kaum einen klaren Gedanken fassen. Verstohlen blickte sie über ihre rechte Schulter: Ihre Mutter war still.

Schließlich schrieb sie:

»Ihr seid die Lichter meines Lebens. Für immer, Mama.«

Dann an ihre Jungs: »Lucas und Zeke: Seid immer gut.«

Dann ein weiteres Wort: »Gebete.«

So, das war geschafft. Eine Nachricht von Mama. Sie hatte das Gefühl, etwas vollbracht zu haben. Sie faltete die Notiz säuberlich zusammen, einmal und noch einmal, und steckte sie in ihre Gürteltasche. Wenn man ihre Leiche fand, würde man auch die Notiz finden.

Wieder hörte sie ihre Mutter: »Was sollen wir jetzt tun?«

»Ich glaube, wir sollten beten«, sagte Dumm.

Sie trugen Baumwollsachen, für den Fall, dass es brennen sollte. Sie trugen feste Schuhe, für den Fall, dass sie schnell fliehen mussten. Nun falteten Mutter und Tochter die Hände zu einer letzten Vorbereitung auf das Schlimmste. Gemeinsam sagten sie das Vaterunser. »... Dein Reich komme, Dein Wille geschehe, im Himmel wie auf Erden ...«

12 2 Minuten, 9 Sekunden bis zum Aufprall. Die Brasilia war auf 3400 Fuß Höhe und sank mit 30 Fuß pro Sekunde, zu schnell.

Sieben Minuten lang hatte Gannaway sich auf Cockpitmesswerte, Zahlen, Hebel, Lichter und Bildschirme konzentriert. Er hatte auf akustische Signale und Computerwarnungen reagiert, seine Blicke auf Fluggeschwindigkeit, Neigungswinkel und Höhe fixiert.

Jetzt blickte er zum ersten Mal über seine linke Schulter nach hinten.

Draußen an seiner linken Tragfläche sah er das wahnsinnige Durcheinander von Metallteilen, das einmal ein Triebwerk und vier Propellerblätter gewesen war.

»Triebwerk ist explodiert«, sagte er zu seinem Ersten Offizier.

So etwas hatte Gannaway noch nie gesehen. »Es hängt da einfach rum.«

Mehr sagte er darüber nicht. Seine Instrumente hatten ihm nicht die ganze Wahrheit gesagt. Die sah er jetzt mit seinen eigenen Augen. Die Brasilia hatte nicht bloß einen Triebwerkausfall erlitten. Dies war ein so ausgedehnter Strukturschaden, dass ein so erfahrener Pilot wie er – fast zehntausend Stunden im Cockpit – die schlechte Nachricht sofort begriff: Auf Fragen, die unbedingt beantwortet werden mussten, gab es keine Antwort. Er sah Schrott an der Vorderkante seiner Tragfläche hängen. Aus dem für das Fliegen erforderlichen gleichmäßigen Luftstrom war ein turbulentes Durcheinander geworden. Seine Brasilia war ein verwundeter Vogel, der darum kämpfte, in der Luft zu bleiben – und in diesem Kampf unterlag. Unter all den Notfall-Checklisten gab es keine, die ihm sagte, wie man mit nur einer Tragfläche fliegen kann. Er hatte sich in der Ausbildung auf Notfälle vorbereitet, hatte Reaktionen auf unzählige simulierte Unglücksfälle eingeübt. Doch diese ganze Vorbereitung, all sein Können und sein Mut hatten jetzt nichts zu bedeuten. Mit nur einer Tragfläche kann man unter keinen Umständen fliegen.

Während der Kapitän sich stumm in seinen Sitz zurücklehnte, hörte er, wie ein Fluglotse Warmerdam einen Kurs für West Georgia Regional nannte: »ASe 529, roger. Erwarten Sie Landekurssender Landebahn drei-vier-Anflug, und, äh, könnten Sie Kurs eins-acht-null, äh, Entschuldigung, eins-sechs-null fliegen?«

»Ja doch, können wir«, bestätigte Warmerdam.

Von seinem rechts befindlichen Sitz des Ersten Offiziers aus konnte Warmerdam den Strukturschaden nicht sehen und dessen Bedeutung selber nicht einschätzen. Er wusste nur, was der Kapitän ihm gesagt hatte, und Gannaway hatte ihm bloß die nackten Tatsachen berichtet: ein explodiertes Triebwerk, das einfach herunterhängt. Nachdem er den Schaden benannt hatte, sagte Gannaway 30 Sekunden lang nichts. Konnte er jetzt, wie er einmal zu seiner Frau gesagt hatte, die Brasilia auf einem Acker sicher herunterbringen? Konnte er jetzt, in einem notfallbedingten Sinkflug durch Wolken, auch nur eine freie Fläche sehen, und würde er Zeit haben, sie zu erreichen? Und selbst wenn er einen Acker unter sich hatte – würde er dann auf diesem Land mit seinen unvermeidlichen Unebenheiten ein elf Tonnen schweres Flugzeug mit 150 Meilen pro Stunde landen können? Würde irgendjemand so etwas überleben?

Piloten wären keine Piloten, wenn sie solche Fragen nicht mit Ja beantworteten. Gannaway stand in einer Familientradition von Piloten des Zweiten Weltkriegs. An der Spitze einer Zikkuratpyramide von Kampfpiloten, schrieb Tom Wolfe, standen jene, die den Schneid, die Reflexe, die Erfahrung und die Nerven hatten, um einen Ziegelstein auf einer Bratpfanne zu landen, »einer von den Auserwählten und Gesalbten, die aus dem richtigen Holz geschnitzt waren«. Für Gannaway ging es in diesem Moment nicht um seine Mannhaftigkeit. Es ging um seine Maschine. Würden Schneid, Reflexe und Erfahrung bei diesem sterbenden Flugzeug ausreichen?

Jetzt, da er Warmerdam einen Kurs bestätigen hörte, der sie mehrere Meilen nach Süden führte, bevor sie mit einem Schwenk die Landebahn von West Georgia ansteuern würden, sprach der Kapitän zum ersten Mal, seit er das Triebwerk vor der Vorderkante der Tragfläche ausgebreitet gesehen hatte. Mit einem Triebwerk konnten sie diesen Kurs sicherlich fliegen, aber nicht mit einer Tragfläche. Sie brauchten eine Landebahn, und zwar sofort. Deshalb sagte Gannaway zu seinem Ersten Offizier: »Wir können es im Sichtflug schaffen. Wir brauchen nur die Einweisung.«

Er verlangte Anweisungen, durch die er Sichtverbindung mit diesem ländlichen Flughafen bekam. Er würde direkt heruntergehen. Er würde versuchen, diesen Ziegelstein auf jener Bratpfanne zu landen.

Der Himmel des westlichen Georgia war erfüllt von Stimmen, von LaGrange im Norden bis Rome, und diese Stimmen sprachen den verkürzten Jargon der Flieger.

Fluglotsen hatten den engeren Luftraum gesichert, damit Flug 529 wegen seines Schadens nach Atlanta zurückkehren konnte.

Von ihrem Sitz in Hampton, Georgia, aus, der sich 20 Meilen südlich vom Flughafen Atlanta befindet, kontrolliert die Flugleitzentrale Atlanta weite Teile des Luftraums im Südosten. Normalerweise endet der von ihr kontrollierte Luftraum bei 11 000 Fuß, und das ist gewöhnlich der Punkt, an dem sie die Flugleitung an andere übergibt. Ihr Fluglotse hatte den Flug 529 aber noch weitere sieben Minuten lang geführt.

Erst als Flug 529 auf 4500 Fuß absank, ging die Leitung über an die Anflugkontrolle Atlanta, die für Flugzeuge in einem weit kleineren Raum zuständig ist – einem Bogen von 40 Meilen um den Atlanta Hartsfield International Airport. In diesem Gebiet liegt auch West Georgia Regional.

Ein Fluglotse der Anflugkontrolle Atlanta hatte den Flug 529 genau verfolgt. In einem bestimmten Moment lautete die Höhenanzeige auf seinem Bildschirm ›100‹, was bedeutete, dass die Brasilia, die etwa 55 Meilen südwestlich von Atlanta kreiste, auf 10 000 Fuß Höhe war und sank.

Rund vier Minuten später wurde die Höhe des Flugzeuges mit ›045‹ (4500 Fuß) und dann mit ›XXX‹ angezeigt. Sein Computer konnte mit dem raschen Sinkflug der Brasilia nicht Schritt halten.

Davon war der Fluglotse jedoch nicht hinreichend beunruhigt, um Karte 4, die Notfallkarte, auf seinem Bildschirm aufzurufen. Sie zeigt Straßen, Seen und Krankenhäuser in der Nähe des West Georgia Regional Airport, darunter den Highway 316, der sich in der nordöstlichen Flugroute von Flug 529 befand. Mit dieser Karte hätte der Fluglotse Gannaway und

Warmerdam von den Notfall-Landemöglichkeiten in Kenntnis setzen können, falls sie es nicht bis zu dem kleinen Flugplatz schafften. Der Fluglotse dachte jedoch, dass die Brasilia auch mit nur einem Triebwerk noch mindestens 20 Meilen weit steuerbar bliebe. Außerdem hatte er in Warmerdams Stimme keinerlei Sorge oder Panik wahrgenommen. Eine entscheidende Information hatte der Fluglotse von den Piloten natürlich nicht bekommen, nämlich eine klare Darstellung des Schadens an der linken Tragfläche – ein schwer wiegendes Versäumnis.

Über fünf Minuten waren vergangen, seit der Erste Offizier bei der Flugleitzentrale Atlanta einen Notfall gemeldet und um Löschfahrzeuge und Rettungsmannschaften gebeten hatte.

Bei dem Wechsel der Lotsen von der Flugleitzentrale Atlanta zur Anflugkontrolle Atlanta hatte sich nun ein Fehler eingeschlichen. Niemand benachrichtigte die Mitglieder der Feuerwehr des Carroll County, dass ein Flugzeug zu ihnen herunterstürzte.

Die Flugbegleiterin war kaum zur achten Reihe vorgerückt, als der junge Ingenieur David Schneider herausplatzte: »Ich weiß, wie's geht!« Er meinte den Notausgang neben seinem Sitz, den einzigen im hinteren Teil des Flugzeugs. Er würde die Aufgabe haben, ihn zu öffnen.

Schneider hatte sich auf die ihm gewichtig erscheinende Verantwortung schon eingestellt. Dutzendmal war sein Blick zu dem Handgriff gewandert. Was ist, wenn er klemmt und ich ihn nicht aufkriege? Dutzendmal las er die Notfallkarte durch. Falls Frauen hinter mir sind, lasse ich sie zuerst raus. In seiner Nähe saßen zwei Frauen, beide in Reihe 10: Sonya Fetterman und Ludie Burton.

Jetzt stand Robin Fech vor ihm. »Ich weiß, dass ich an diesem Handgriff hier ziehen muss«, sagte er, auf den Notausgang deutend. Die Selbstsicherheit, mit der Schneider das sagte, fand Fechs Gefallen.

Hier hatte sie einen, auf den sie sich verlassen konnte.

Aber dann begegneten sich ihre Blicke, und sie spürte, dass David Schneider bemerkt hatte: Sie hatte Angst.

Auf der linken Seite der Kabine sah Fech einige Passagiere die Rouleaus vorsichtig nach oben schieben.

Für David Schneider stand bereits fest, dass er an diesem Tag gegen den Tod gefeit war. Es war fast so etwas wie Unbesiegbarkeit, was er empfand – das war jugendliche Arroganz. *Man weiß, wenn man sterben muss, und ich werde nicht sterben.* Davon war der 28-jährige Schneider überzeugt. *Das wird mir heute nicht passieren.* So einfach war das. Schneider spürte, dass das Flugzeug sank, aber es war nicht so, dass ihm davon übel geworden wäre. Das Flugzeug, dachte er, fliegt noch einigermaßen, und dann hatten sie ja noch ihr Fahrwerk.

Außerdem hatte er die Flugbegleiterin mehrfach sagen hören, dass sie auch mit nur einem Triebwerk fliegen könnten. Er hatte keinen Grund anzunehmen, er werde sterben.

Im Übrigen hatte Schneider noch etwas vor. Er hatte eine gute Stelle, eine gute Ehe. Sein Leben gefiel ihm. Er war Ingenieur, und jedes Mal, wenn er die Stelle wechselte, sagte ihm sein neuer Chef oder deutete zumindest an, er könne es noch weit bringen. Das drückte sich auch in seinem ansehnlich steigenden Gehalt aus, und alljährlich gingen 16 Prozent davon in seinen steuerbegünstigten Pensionsfonds. Er strebte aufwärts, wollte noch seinen MBA [Master of Business Administration] machen und hatte gute Aussichten, mit 40 Vice President of Operations zu sein. Und mit 50 – wer weiß? Vielleicht würde er dann schon im Ruhestand sein, durch die Welt reisen und gemeinnützige Arbeit leisten.

Vom Platz 8-C blickte Schneider nach vorn zum Platz 5-A, zu dem Mann im blauen Strickhemd und den kurzen Jeans: Jim Kennedy. Sie hatten sich bisher nicht kennen gelernt, und doch fühlte Schneider sich Kennedy irgendwie verbunden. Sie waren als Kollegen unterwegs nach Gulfport. Schneider empfand das Bedürfnis, Kennedy nicht aus den Augen zu lassen. Dadurch fühlte er sich weniger einsam.

Und der griff auf seine Religion zurück. Schneider betete eine Art Rosenkranz: ein Vaterunser, ein Ave-Maria und ein Ehre-sei-dem-Vater, endend mit den Worten: »... wie am Anfang so auch jetzt und alle Zeit und in Ewigkeit, Amen.«

13

1 Minute, 28 Sekunden bis zum Aufprall. Robin Fech trat an David Schneider vorbei in den U-förmigen Raum, den die Reihen 8, 9 und 10 bildeten, und sah Ludie Burton neben ihrem Mann Lonnie im Gang stehen.

»Was machen Sie denn?«, fragte Fech scharf. »Setzen Sie sich sofort hin.« Lonnie Burton reichte seiner Frau die Hand, um ihr zu helfen. Vor elf Monaten, beim Empfang anlässlich seiner Verabschiedung in den Ruhestand, hatte er mit ihr am Ehrentisch gesessen, und er hatte seine verschränkten Hände vor der Brust geschüttelt, um ihr auf diese Weise seinen stummen Beifall auszudrücken. Dann hatte er seine Hände andächtig aneinander gelegt, um ihr nicht nur für die Jahre zu danken, die sie miteinander verbracht hatten, sondern auch für die, die noch vor ihnen lagen. Nun half Lonnie Burton der Frau, mit der er 43 Jahre lang verheiratet war, den Sicherheitsgurt anzulegen.

In diesem Augenblick bemerkte Fech, dass sich etwas verändert hatte. Sie konnte nicht genau sagen, was es war, aber sie spürte, dass sie jetzt schnell nach vorn musste.

Sie eilte den Gang hinauf, mit erhobenen Armen, die Hände gegen die Handgepäckfächer beiderseits des Ganges gestützt. Dabei sah sie noch einmal links und rechts nach, ob die Passagiere angeschnallt waren. Sie schaffte es bis zur ersten Reihe in zwölf Schritten. Dann drehte sie sich um und blickte noch einmal auf ihre 26 Passagiere zurück.

Etwas hatte sich geändert.

Das Licht innerhalb der Kabine.

Es war jetzt heller, als wäre ein Fenstervorhang aufgezogen worden.

Die Passagiere schauten nach draußen. Auch Fech schaute hinaus, über die Schulter von Mary Jean Adair auf Platz 1-C.

Das Flugzeug war unter die Wolkendecke gesunken. Fech sah eine ländliche Landschaft unter sich: Felder, Kiefern, vereinzelte Häuser.

In Atlanta war sie tausendmal gelandet. Dies war nicht Atlanta.

Beim Fliegen wird alles nach einer Checkliste erledigt, und in Notfällen gelegentlich nach mehr als einer Checkliste. Das Verfahren muss strikt eingehalten werden. Deshalb gedachte Gannaway, als seine Brasilia aus den Wolken kam, zur nächsten Liste überzugehen, obwohl seine Stimme unüberhörbar verriet, dass er aufgeregt war.

Er, der noch nie gestottert hatte, sagte: »Che... Che... Checkliste einzelnes Triebwerk bitte.«

»Ich muss suchen«, sagte Warmerdam. Im Handbuch war die Checkliste für den Flug mit einem Triebwerk schwer zu finden.

Wieder kam die Anflugkontrolle Atlanta dazwischen: »ASe 529, welche Höhe haben Sie verlassen?«

Warmerdam: »Wir sind jetzt bei 1900.«

Sie hatten jetzt die dichten Baumbestände des Carroll County unter sich, Bestände von Georgia-Kiefern, aufgelockert durch offene Felder.

»Wir sind unter den Wolken«, sagte Gannaway zu seinem Ersten Offizier. »Sagen Sie ihnen das.«

Warmerdam tat wie befohlen.

»Sie sind jetzt bei 1900?«, kam die Antwort. Der Fluglotse war über die Höhe erstaunt. Noch vor einer Minute war Flug 529 auf 3400 Fuß gewesen – 1900 konnte nicht stimmen. Der Höhenunterschied war zu groß, das war zu schnell gegangen.

Warmerdam meldete, sie würden im Sichtflug landen: »Weisen Sie uns zum Flughafen ein.«

»ASe 529«, sagte der Fluglotse. »Drehen Sie nach links, äh, fliegen Sie Kurs null vier null. Halten Sie sich, äh, der Flughafen ist für Sie etwa 10 Uhr und sechs Meilen, Sir. Zur Zeit kein Radarkontakt.«

Flug 529 war jetzt vom Radarschirm verschwunden, nichts Ungewöhnliches bei einer so geringen Höhe. Das rasche Absinken hätte den Fluglotsen bei der Anflugkontrolle Atlanta möglicherweise alarmiert, aber als er Warmerdam »Null vier null, ASe 529« ohne weiteres bestätigen hörte, dachte er, das Flugzeug sei unter Kontrolle. Er dachte, Flug 529 sei im Begriff zu landen und alles sei in Ordnung. Er sollte von 529 nichts mehr hören.

14 38 Sekunden bis zum Aufprall. Die Brasilia sank zitternd ab und zog dabei scharf nach links. Unter normalen Bedingungen fliegt ein Pilot die Maschine mit sanfter Hand, wie nebenbei. Doch jetzt kämpften zwei Männer, um die Brasilia zu fliegen, und bedienten die Steuerung mit all ihren Kräften. Gannaway und Warmerdam waren jetzt halb aufgerichtet. Sie waren sowohl um die Hüfte als auch über den

Schultern angegurtet. Der Schultergurt war ein Automatikgurt, der ihnen eine gewisse Bewegungsfreiheit ließ, sich aber beim Aufprall straffte, damit sie nicht gegen das Instrumentenbrett flogen. Beide Piloten standen mit gestreckten Beinen auf den Ruderpedalen und pressten sich dadurch gegen den Sitz. Sie zogen die Knüppel zu sich heran, so weit sie konnten, unter äußerster Anspannung ihrer Armmuskeln. Es war, als flögen sie nicht ein Flugzeug, sondern müssten ein Gespann erschreckter Ochsen im Zaum halten.

Gannaway und Warmerdam sahen jetzt eine hügelige Landschaft vor sich, mit dichten Baumbeständen und vereinzelten Häusern. Sie machten eine Lichtung aus, ein Feld links von ihnen, ein winziges Stück Land zwischen den Kiefern. Auf der einen Seite des Feldes standen Häuser und Stromleitungen.

Das Flugzeug bebte. Ein Fluglotse sagte, der West Georgia Regional Airport sei jetzt etwa vier Meilen entfernt. Das spielte nun keine Rolle mehr. Die Brasilia fiel auf das offene Feld zu. Die Piloten wollten versuchen, mit eingezogenem Fahrwerk zu landen, auf dem Bauch ihrer Maschine, nach allen Regeln der Kunst. Auf einem normalen Feld mit seinen natürlichen Unebenheiten konnte das ausgefahrene Fahrwerk abbrechen oder sich in den Boden bohren, so dass das Flugzeug sich überschlagen würde.

Im Cockpit herrschte ein akustisches Durcheinander: Computerstimmen, kurze Piepstöne, und dann eine Warnung: die Höhe der Maschine betrug weniger als 500 Fuß.

Wieder der Fluglotse: »ASe 529, falls möglich, wechseln Sie auf meine Frequenz, eins eins acht Komma sieben ...«

Die linke Tragfläche war abwärts geneigt, die Fluggeschwindigkeit sank auf 138 Meilen pro Stunde.

»Zu tief Fahrwerk«, rief ›The Bitch‹ und erinnerte daran, dass das Fahrwerk eingezogen blieb.

Das Feld kam immer näher.

Robin Fech wandte sich jetzt fast schreiend an all ihre Passagiere: »Denken Sie daran: unten bleiben, und wenn wir angekommen sind, muss die Maschine vollständig stehen, bevor wir raus können.«

Keiner hörte ihr zu, und sie wusste es. Rechts und in den wenigen hinteren Reihen links blickten die Passagiere aus den Fenstern.

Fech schaute noch einmal auf der rechten Seite hinaus, wieder über die Schulter von Mary Jean Adair.

Sie erblickte ... Baumwipfel!

Wo ist mein Landesignal vom Cockpit? Es kam kein Signal, keine Warnung, kein Gong.

Nur Baumwipfel.

Hatte sie alles getan? Nein: O Gott, ich bin nicht auf meinem Klappsitz!

Fech lief ein, zwei, drei Schritte nach hinten, dabei den Passagieren zugewandt, und befahl: »Unten bleiben! Sitzposition für die Notlandung! Sitzposition für die Notlandung! Unten bleiben!« Haargenau wie im Handbuch für Flugbegleiterinnen, Kapitel 1, Seite 23: »Vor dem Aufprall geben Sie die folgenden Befehle: ›Sitzposition für die Notlandung! Unten bleiben. Unten bleiben.‹«

Der altgediente Hilfssheriff Charles Barton und die angehende Flugbegleiterin Angela Brumfield hoben den Kopf, um noch einmal zu den Bäumen hinauszuschauen.

Fech schrie: »Köpfe runter! Köpfe runter!«

15 Vierzig Meilen westlich von Atlanta gelangt man aus dem Ballungsgebiet in eine ländliche Umgebung. Ein Beispiel ist die Burwell Road Gemeinde. Zweispurige Asphaltstraßen verbinden kleine Städte, die von Weide- und Waldland umgeben sind.

In der Nähe von Burwell trat ein Mann von seiner Gartenveranda. Er sah von Westen ein Flugzeug kommen, das eine Linkskurve zog und so tief flog, dass er die bonbonfarbene Aufschrift ASA auf dem Leitwerk lesen konnte.

Mit seinem linken Triebwerk stimmte etwas nicht, was genau, konnte er nicht sehen. Das Triebwerk sah schwarz aus, als würde etwas fehlen. Bevor der Mann sonst noch etwas beobachten konnte, war das Flugzeug schon vorbei.

Einen Augenblick später hörte Reverend Gus Koch – er sprach gerade mit einem Nachbarn über die einige Wochen zurückliegenden Verwüstungen des Hurrikans Erin und über Bäume, die gefällt werden müssten – von oben das Geräusch einer Maschine in Not. Reverend Koch blickte vom Parkplatz der Shiloh United Methodist Church auf und sah, nur einige hundert Fuß über sich, ein Flugzeug, das sich in einer Linkskurve befand und geradewegs auf den Waldrand der Burwell Road Gemeinde zusteuerte.

Die Luft zitterte. »Das Flugzeug stürzt ab!«, sagte sein Freund Dennis Crews zu ihm. Die Männer sahen nicht die beschädigte linke Tragfläche, aber Koch spürte, dass der Pilot sich verzweifelt bemühte, das kleine Flugzeug in der Luft zu halten. Einen Moment lang wirkte das Flugzeug auf Koch geräuschlos, wie ein Segelflugzeug, ohne Antrieb. Es flog so niedrig vorbei, dass er das Rauschen hörte.

16 8 Sekunden bis zum Aufprall. Durch die geschlossene Cockpittür hörte Fech ›The Bitch‹.

Verängstigt straffte sie den Gurt an ihrem Klappsitz. Den Kopf aufrecht und starr, nur durch eine dünne Wand von Ed Gannaways Kopf getrennt, schob sie beide Hände unter ihre Oberschenkel – das war ihre Sitzstellung für Notlandungen.

Sie rief den Passagieren zu: »Haltet durch! Gleich rumpelt's!«

Sie schloss ihre Augen.

Matt Warmerdam kämpfte weiter. Er sah die Bäume, spürte die Vibrationen des Flugzeugs, hörte die Instrumentenwarnungen und ›The Bitch‹ und die Stimme eines Fluglotsen und dann Ed Gannaway, der in seinen Kopfhörer sprach: »Hilf mir, hilf mir, sie zu halten, hilf mir halten, hilf mir, sie zu halten«, und er hielt, von Eindrücken überflutet, den Steuerknüppel fest.

In diesem Moment fiel ihm seine Frau ein. Ein hübsches letztes Bild. Hatte Dawn Dumm Abschiedsworte auf Papier festgehalten, so sprach Warmerdam Worte, die später auf dem Sprachaufzeichnungsgerät abgehört wurden. Die letzten Worte waren von ihm. Er sagte: »Amy, ich liebe dich!«

17

Der Aufprall. In der Sitzposition für die Notlandung zog Chuck Pfisterer zum ersten Mal sein Rouleau herunter und dachte: *Du bist tot!* Er hatte, entgegen der Instruktion von Fech, seine Brille nicht abgenommen. Ein Mensch, der im Begriff ist zu sterben, hat Rechte, dachte er, und er wollte sehen, wie der Tod aussieht.

Kevin Bubier wandte sich mit einem merkwürdigen Lächeln an den Unbekannten neben sich in Reihe sieben, David McCorkell, und sagte: »Viel Glück«. McCorkell starrte ihn wortlos an und vergrub seinen Kopf in der Sitzlehne vor ihm.

Ingenieur Barney Gaskill in der dritten Reihe sah die Bäume und ein offenes Feld, eine Landschaft, wie er sie neben vielen Flughäfen gesehen hatte. Er presste die Stirn auf die Unterarme und stellte sich vor, dass gleich die Landebahn käme. Gaskill dachte: Ein Kinderspiel.

Mary Jean Adair, die in der ersten Reihe neben ihrer Tochter saß, bekreuzigte sich.

Die Brasilia raste durch die Bäume, ohne an Schwung zu verlieren. Als die linke Tragfläche die Wiese aufriss, schrie im vorderen Teil der Kabine eine Frau auf. Angela Brumfield, die nicht mehr Flugbegleiterin werden wollte, hörte den Schrei und flüsterte: »O Gott o Gott o Gott ...«

18 Reverend Gus Koch hörte von seinem Kirchenparkplatz aus die Bäume brechen – es war, wie wenn die Holzfäller alles auf einmal einschlügen. Dann hörte er hinter dem 800 Meter entfernten Waldrand das Flugzeug abstürzen, ein entsetzliches Getöse, wie wenn Tausende von Mülltonnen und Steinen zusammenrasseln, ein nicht endender Lärm, Steine und Mülltonnen, Mülltonnen und Steine. Und dann endlich Stille.

Reverend Koch lief zu seinem 1981er Dodge-Pickup – so schnell wie ein methodistischer Geistlicher mittleren Alters in alten Lederstiefeln laufen kann. Über Tod und Sterben wusste er Bescheid. Er war 1969 in Vietnam Sanitäter gewesen, ein Jugendlicher aus New Jersey, der mit der 25. Infanteriedivision im Dschungel gelandet war. Er hatte junge Soldaten gesehen, denen die untere Hälfte weggeschossen worden war. Die jungen Soldaten hatten aus Furcht, nach unten zwischen ihre Beine zu schauen, verschreckt zu Koch aufgeblickt und nur gefragt, ob ihre Männlichkeit noch da war. Daher wusste er, dass der menschliche Körper mit massiven Beschädigungen dennoch überleben kann, und umgekehrt, dass manchmal schon ein Nadelstich an der richtigen Stelle genügt, um einen Menschen zu töten. Er war mit 19 zu einem Philosophen des Todes geworden. Nach der Heimkehr hatte er sich an jedem Veterans Day betrunken und Briefe, die er nach Hause geschrieben hatte, verbrannt, und er hatte dabei auf Kameraden getrunken, die gelebt hatten und gefallen waren.

Seine Berufung hatte Gus Koch als Erwachsener darin gefunden, ein Philosoph des Lebens zu sein. Obwohl er erst vor zwei Jahren in die Burwell Road Gemeinde gekommen war, verstand er den Ort und die Menschen. »Burwell«, schrieb er später, »ist eine kleine, abgelegene Gemeinde, und wenn die Häuser auch weit auseinander liegen, so halten die Menschen doch zusammen ... Hier leben Philosophen und Handwerker. Berühmte Köche und Maisbauern vertragen sich mit Schullehrern und Milchbauern. Naturschützer finden hier Anhang und gehen gemeinsam zur Kirche mit Hühner- und Viehzüchtern. In Burwell wird man trotz seiner Sünden geliebt und ungeachtet seiner Erfolge toleriert.«

Jetzt fuhr Reverend Koch auf die Burwell Road hinaus, es waren 800 Meter zu fahren, die Reifen quietschen bei dem Tempo, das er anschlug, und er rechnete damit, jenseits des kleinen Waldstücks ein schwelendes Loch in geschwärztem Erdreich anzutreffen.

Auch Paul Butler hörte Bäume brechen. Er saß im Wohnzimmer und las ein Buch, die Hintertür stand an diesem bewölkten Sommertag, als der ASA-Flug 529 in seine Wiese stürzte, auf. Er blickte vom Buch hoch. Mit einer halben Drehung sah er durch die offene Tür etwas Großes, Metallisches hinter seinem Schuppen und über seine Weide hinwegsausen. Dann hörte er – was war das? Metall, das auf den Boden krachte? Er dachte: *Was zum Teufel ist da los?*

Butlers erster Gedanke war, dass jemand eine Heuballenpresse umgekippt hatte. Der Ziegelbrenner hatte vor dreißig Jahren den ehemaligen Hof der Robinsons gekauft, nicht um ihn zu bewirtschaften, sondern um dort zu wohnen. Heu, Vieh und Holz waren die landwirtschaftlichen Haupterzeugnisse in

Carroll County. Auf der Wiese hinter seinem Haus war, soweit Butler wusste, nie etwas anderes als Heu gemacht worden, wenn nicht Vieh dort geweidet hatte, und das war vor seiner Zeit gewesen. Seine Wiese ging bergauf und war, um die Erosion zu verhindern, vor Jahrzehnten terrassiert worden. Aus den Terrassen waren mit der Zeit kleine rundliche Buckel geworden. Die Wiese war ein friedlicher Ort, der in Sommernächten von dem Getöne der Grillen, Laubfrösche und Eulen erfüllt war.

Butler rannte hinaus. Rund 140 Meter entfernt sah er eine riesige Staubwolke aufsteigen. Er stand ratlos da. Erst als sich nach einiger Zeit der Staub gelegt hatte, sah er ein zertrümmertes Flugzeug, dessen Cockpit direkt auf ihn deutete. Es hätte ebenso gut ein Raumschiff sein können.

Er lief ins Haus, weil das Telefon klingelte. Es war seine Schwiegermutter Connie Jackson, die auf der anderen Straßenseite wohnte. Sie war gerade im Bad und stellte eine Flasche Haarspray in den Toilettenschrank, als sie das Krachen hörte. Zuerst dachte sie, es habe gedonnert, aber dann blickte sie über die Wiese hinaus und sah das Heck eines zertrümmerten Flugzeugs. Jetzt fragte sie Butler: »Ist das ein Flugzeug auf dem Feld?«

»Ja«, erwiderte Butler. »Leg bitte auf, damit ich die Feuerwehr anrufen kann.« Und das tat er dann.

Nebenan saß Butlers Schwägerin Polona Jeter am Esszimmertisch, als sie die Bäume brechen hörte. Sie ging ans hintere Fenster und sah Flug 529 kurz vor dem Aufprall. Noch ehe ihr Mann Billy aus dem Wohnzimmer zu ihr eilen konnte, sagte sie: »Bill, da stürzt ein Flugzeug ab!« Die Jeters sahen, wie die Brasilia aufschlug und einen Satz machte. Sie sahen, wie sie ein weiteres Mal aufschlug und auseinander brach, wobei der Heckteil eine langsame Drehung um 180 Grad beschrieb. Es sah aus, als seien es zwei Flugzeuge, die beide auf das kleine Maisfeld der Jeters zurutschten – erst 180 Meter entfernt, dann 140, dann 110.

Polona Jeter sagte: »Bill, wir müssen hier raus. Es kommt auf uns zu!«

Teil V

Feuer auf der Wiese

19 Die Brasilia schnitt ein V aus dem Baumbestand heraus; am Ende der linken Tragfläche brachen Teile ab und fielen zwischen die Kiefern. Anschließend schwenkte die Maschine nach links auf die Wiese zu, auf der frisches Gras und Klee für die Herbstmahd wuchsen.

Dann begann ein Totentanz nach allen Regeln der Physik. Das Flugzeug schlug mit 138 Meilen pro Stunde auf den Boden auf, prallte ab, drehte sich, schlug erneut auf und rutschte weiter, bis die Bodenberührung ihren Schwung bremste und sie schließlich zum Stillstand kam.

Zuerst bohrte sich die linke Tragfläche in die Erde. Erdklumpen, Staub und Steine wirbelten hoch, und die Tragfläche brach vom Rumpf ab. Aus aufgerissenen Tanks ergoss sich Treibstoff in die abgerissene Tragfläche.

Dann schlug die Nase des Flugzeugs auf, an der linken Unterseite, bei den Ruderpedalen des Kapitäns.

Nur noch eine Tragfläche besitzend, machte das Flugzeug erneut einen Satz und schlug nach dreißig Metern wieder auf und schlitterte am Boden entlang, wobei es mit dem Bauch eine schmale, zehn Zentimeter tiefe und 50 Meter lange Furche zog.

Ed Gannaway schlug mit dem Kopf auf den schweren Rahmen der Frontscheibe. Robin Fechs Kopf schlug gegen die dünne Wand hinter ihrem Klappsitz. Der fromme Jim Kennedy wurde aus seinem Sitz 5-A geschleudert. Bond Rhue, der Bundesanwalt, der sich neben den Notausgang auf Platz 5-C gesetzt hatte, fiel auf die Frau in der Reihe vor ihm, die Buchprüferin Jean Brucato.

Während das in Brasilien gebaute Flugzeug, das zur Küste von Mississippi unterwegs war, in West-Georgia über den Boden rutschte, zerbrach der Rumpf in zwei Teile. Der vordere Teil mit der Besatzung und den Passagieren in den ersten vier Reihen wurde durch sein Drehmoment rechts herum gerissen und stand, als er zum Stehen kam, mit der Nase rechtwinklig zur gepflügten Furche.

Der hintere Teil rutschte mit dem Heck voran um die Nase herum und wälzte sich auf die rechte Seite, in eine so seltsame Stellung, dass der Bauch beinahe vor dem Fenster des Piloten zu liegen kam.

Dawn Dumm, die neben ihrer Mutter in der ersten Reihe saß, schrie, konnte sich in dem Getöse aufreißenden Metalls aber selbst nicht hören.

Renee Chapman, die junge Ex-Soldatin auf Platz 2-A auf der anderen Gangseite, spürte, wie der Bauch des Flugzeug über den Boden rutschte. Dann spürte sie, wie ihr Erde ins Gesicht flog.

Im hinteren Teil hatte David McCorkell während der letzten Sekunden des Absturzes wie versteinert auf die Tragflächen des Flugzeugs gestarrt. Die linke Tragfläche hatte eine dramatische Querneigung, wie sie McCorkell noch bei keiner Landung beobachtet hatte. Daran war wohl nichts mehr zu ändern. Er hörte, als das Flugzeug die Bäume traf, laute Geräusche, die er nicht zu deuten wusste. Er beugte sich vor zur Sitzposition für die Notlandung und hielt sich an der Rückseite von Sitz 6-B fest. Er spürte, wie der Boden hart am Bauch der Maschine kratzte. Aus Angst, dass ihm die Füße abgerissen würden, hob er sie hoch.

Kevin Bubier, der neben McCorkell saß, hörte Metall aufreißen – nein, es riss nicht auf, es kreischte so laut, wie er es auf den Maine-Schiffswerften noch nie gehört hatte. Er fühlte Trümmer auf sich fallen und schloss die Augen. Er fühlte, wie das Flugzeug einen Satz machte und sich dann auf die rechte Seite drehte. Seine rechte Schulter wurde so fest gegen die Kabinenwand gepresst, dass es wehtat. Dass er über eine Wiese schlidderte, merkte er erst, als er die Augen aufschlug. Sein Gesicht wurde ans Fenster gedrückt, mit der rechten Wange direkt gegen das Glas, und angstvoll sah er, dass nur Zentimeter von seinem Gesicht entfernt Gras und Erde aufgepflügt wurden. Wird das Fenster platzen? Werde ich dann hinausgesaugt? Er hörte sich eine inständige Bitte an das Fenster richten: Bitte platz nicht! Bitte platz nicht! Bitte platz nicht!

Eine Reihe weiter vorn schlug Alan Barrington nur kurz seine Augen auf. Er sah Dinge auf sich zufliegen: Handgepäckstücke, abgebrochene Teile von der Decke, herumfliegende Teile, die er nicht identifizieren konnte.

Chuck Pfisterer, der Mann auf der anderen Seite des Ganges, der schon immer Angst vorm Fliegen gehabt hatte und dessen Körper hin und her geworfen wurde wie eine Stoffpuppe, wartete nur darauf, dass die Schwärze eintreten würde.

In Trümmern kam das Flugzeug zum Stehen.

Passagiere und Besatzung hatten 60 Sekunden Zeit, um herauszukommen. Dann würde das Feuer ausbrechen.

Das erste Feuerlöschfahrzeug brauchte fünf Minuten bis zu Paul Butlers Wiese. Die neun Minuten und 20 Sekunden, in denen das Flugzeug zu Boden sank, schienen kaum länger gedauert zu haben als einen Herzschlag. Die nächsten fünf Minuten auf der Wiese sollten wie eine Ewigkeit erscheinen.

20

Staub erhob sich über dem Flugzeug, das zerbrochen auf einer Wiese lag, ein fremdartiges Objekt, das die Grillen erschreckt verstummen ließ. Der vordere Teil des Rumpfes, der noch aufrecht stand und an dem noch die rechte Tragfläche befestigt war, schien nur durch ein gemeinsames Schicksal mit dem hinteren Teil verbunden zu sein, der sich auf die rechte Seite gelegt hatte. Ein Windtunnel war durch das Innere des Fluggastraums getobt, hatte die Ordnung in ein Chaos verwandelt, ein gellender Höllensturm, der die Handgepäckfächer und die isolierten Innenwände aufriss, Sitze aus ihrer Verankerung zog, Sauerstoffmasken von der Decke herunterholte, Brillen, Portemonnaies, Zeitungen und Erdnusstüten mit sich nahm und neben Jean Brucato auf Platz 4-C die Metallhaut des Flugzeugs aufklaffen ließ. Alle 29 Menschen an Bord überlebten den Aufprall, einige davon allerdings schwer beeinträchtigt. Die Passagiere in der Kabine waren verwirrt, benommen, nicht ganz bei Bewusstsein, verängstigt; einige bluteten. Im hinteren Teil hingen einige kopfüber; andere waren unter herabgefallenen Gegenständen begraben. Aus dem Cockpit war nichts zu hören. Feuchtigkeit, Licht und ein Haufen Erde drangen herein; das ganze Flugzeug bebte, bis schließlich jegliche Bewegung erstarb, abgesehen von den Flüssigkeiten an Bord.

Aus einem Loch in der rechten Tragfläche drangen Treibstoff und Hydraulikflüssigkeit – über kurz oder lang würde es brennen. Die Brasilia hat vier Treibstofftanks, zwei in jeder Tragfläche, einen bordnahen und einen bordfernen, die durch das Fahrwerksrad klar voneinander getrennt, aber durch Treibstoffleitungen miteinander verbunden sind. Die linke Tragfläche mit ihren beiden Tanks war durch den Aufprall abgerissen und lag hinten in dem Trümmerfeld, 40 Meter vom Rumpf entfernt. Doch die intakte rechte Tragfläche enthielt 660 Liter Treibstoff, von denen sich ein großer Teil aus dem bordnahen

Tank ergoss und neben dem hinteren Teil des Rumpfes Pfützen bildete. (Großraumjets haben für den Fall der Notlandung einen Mechanismus, um Treibstoff abzulassen, erstens, um das Gewicht zu senken, und zweitens, um die Gefahr eines Brandes nach der Landung zu verringern; die Brasilia besitzt einen solchen Mechanismus nicht.)

Kaum war der Rumpf zum Stillstand gekommen, hörten Passagiere ein Knistern – elektrische Funken, die von zerfetzten Kabeln und Drähten ausgingen. Bis die Dämpfe, die von den Treibstofflachen aufstiegen, diese Funken erreichten, verging etwa eine Minute. Zunächst auf einige Stellen am Boden beschränkt, war ein Feuer entstanden, das noch nicht bis an die Schwelle des Rumpfes reichte. Doch die Treibstoffdämpfe wanderten auf der Suche nach Zündung, und sie fanden eine bereitwillige Quelle hinter dem Cockpit, in Gestalt einer Sauerstoffflasche. Das Feuer griff dort rasch um sich, verschlang die Umgebung und drang ins Cockpit ein, eine stetige Flamme, die aus der zischenden Sauerstoffflasche hervorschoss. Bald schlugen die Flammen hoch über den Rumpf hinaus und breiteten sich draußen als ein Grasfeuer aus, das einen Radius von fünf Metern erreichen sollte.

Einige Passagiere kamen rasch heraus, noch vor dem Brand. Doch die meisten Passagiere im hinteren, auf die rechte Seite gerollten Teil des Rumpfes brauchten länger. Sie standen schließlich vor einem tobenden, von Treibstoff genährten Inferno, einem schwarzen Nebel, in dem 1000 Grad (Celsius) heiße, blau-orange flackernde Flammen züngelten, die vom Treibstoff auf Strumpfhosen, von Metalllegierungen auf Menschenfleisch übersprangen.

Die britische Psychologin Helen Muir hat solche Szenarien erforscht. Bei simulierten Notevakuierungen von Testkabinen kletterten die Versuchspersonen über Sitze, schubsten andere zur Seite und verhedderten sich so, dass die Notausgänge blockiert waren – das alles für eine Prämie von 5 Pfund, die diejenigen bekamen, die als Erste draußen waren.

»Eigentlich«, sagte Muir, »waren sie alle gierig.«

Muirs Versuche am College of Aeronautics der Universität Cranfield ergaben, dass junge Männer die größte statistische Überlebenswahrscheinlichkeit haben. Kinder und ältere Menschen sind schlecht dran. Männer überleben eher als Frauen.

Etwa acht Prozent der Menschen gehören nach Muirs Aussage zu einer Gruppe, die selbst bei geringsten Chancen eine Möglichkeit findet, sich in Sicherheit zu bringen. Rund zwölf Prozent werden unter praktisch allen Umständen nicht davonkommen; ihr ›untätiges Verhalten‹ beruht auf der Einstellung, dass sie »in einem Notfall umkommen werden, und deshalb bleiben sie und kommen um«.

So sehr sich die Menschen nach Herkunft und Erfahrung auch unterscheiden mögen, eines haben sie nach Muirs Ansicht gemeinsam. Die Psychologieprofessorin schrieb im Aeronautical Journal der Royal Aeronautical Society (Mai 1996): »Wenn das Leben als unmittelbar bedroht wahrgenommen wird, werden nicht alle Passagiere bestrebt sein, einander zu helfen; ihr Verhalten wird vor allem von dem Ziel bestimmt, das eigene Leben und in einigen Fällen das Leben ihrer Angehörigen zu retten ... Die Evakuierung kann sehr chaotisch werden, weil Einzelne versuchen, vor anderen durch die Ausgänge zu kommen.«

Um den Rumpf zu verlassen, mussten die Passagiere im hinteren Teil des Flugzeugs dem höllischen Feuer mutig entgegentreten und sich trauen hindurchzurennen. Sie mussten es in einem Sekundenbruchteil schaffen. Wer an der Schwelle des Flugzeugs stürzte, kam um.

Von dem Feuer auf dem Feld ging eine solche Hitze aus, dass sie sich durch die Schichten des menschlichen Körpers hindurchbrannte – durch Haut, Muskeln und Nerven.

Letztere waren das großartige Geschenk des Körpers, denn wenn die Nerven abgestorben waren, spürten die Opfer auf der Wiese nicht mehr den Schmerz.

Als Robin Fech im vorderen Teil des Rumpfes, hinter dem Cockpit, nach einer Bewusstlosigkeit von über 50 Sekunden wieder zu sich kam, war es unheimlich dunkel um sie herum. Sie saß noch immer auf ihrem Klappsitz, wie während des Fluges, aber sie war nach links hin, in Richtung Waschraum und Toilette, in sich zusammengesackt und blickte zu Boden. *Verflixt, ich habe einen Schuh verloren!* Sie kannte die Brasilia in- und auswendig. Aber ihre Umgebung war nicht mehr wieder zu erkennen. Drähte, Kabel und abgebrochene Teile hingen von der Decke herunter und bedrängten sie von allen möglichen Seiten. Die metallene Küchenanrichte lag quer über dem Gang. Darauf türmten sich Trümmer zu einer Wand, über die Fech nicht hinwegkam. Sie schaute nach rechts zur Haupteingangstür, die sich aber verzogen hatte und nicht zu öffnen war. Jetzt begriff sie: *Mein Gott, wir sind abgestürzt!* Sie hörte Stöhnen, erst einzelnes, dann mehr. Sie befand sich im Dunkeln, bis auf ein orangefarbenes Licht. Sie erkannte, dass das Licht ein Feuer war. »Raus!«, schrie sie den Passagieren jenseits des Trümmerhaufens zu. »Sofort raus aus der Maschine!«

Als der Bauch der Brasilia über den Boden rutschte, war David McCorkell klar, dass der Tod nur einen Moment entfernt war und er allein sterben würde, allein mit seinem Zorn auf Gott.

Doch dann war es mit dem Kratzen und Rutschen und dem Löwengebrüll vorbei, und McCorkell roch Rauch und sah Licht.

Er dachte nicht an den Mann neben sich auf Platz 7-C, Kevin Bubier, der ihm »Viel Glück« gewünscht hatte. Ebenso wenig dachte er an den Mann eine Reihe vor ihm, Alan Barrington, der, beide Arme über den Kopf gezogen, noch immer in seinem Sitz festsaß. Auch dachte McCorkell nicht an den Mann, der über ihm an einem Sicherheitsgurt baumelte, Chuck Pfisterer.

David McCorkell dachte nur an eines – das Licht. Er folgte dem tiefsten menschlichen Instinkt, der Selbsterhaltung. Er machte seinen Sicherheitsgurt los und stellte sich auf die rechte Seitenwand. Vorwärts gehend trat er auf die Trümmer, unter denen Jim Kennedy lag.

McCorkell machte fünf Schritte, den Blick starr auf das Licht geheftet.

Er sah Funken sprühende Drähte. Dieses Flugzeug wird explodieren! Das Loch neben Jean Brucatos Sitz 4-C reichte bis zur fünften Reihe; es hatte zackige Ränder und war groß genug, um zwei Leute gleichzeitig durchzulassen.

Als McCorkell aus dem zerbrochenen Flugzeug trat, spritzte eine Flüssigkeit über seine Schuhe. Er stand auf einer Wiese, die so weit und grenzenlos war wie der Rumpf eng und beschränkend.

Er lief schnell, wusste er doch, dass jede Sekunde zählte. McCorkell joggte sonst nur zur Entspannung. Doch jetzt rannte der reisende Geschäftsmann im langärmeligen Hemd mit Krawatte, Freizeithose und leichten Slippern wie ein Sportler; anderenfalls würden die panisch flüchtenden Passagiere, die hinter ihm kamen, ihn zu Tode trampeln. Im Laufen lauschte er auf die erwartete Explosion des Flugzeugs.

McCorkell lief auf Kiefern zu. Zehn Meter vor ihm rannte ein anderer. McCorkell versuchte ihn einzuholen. Dieser Mann, schlank und gut in Form, fesselte seine Aufmerksamkeit. Wer war er? McCorkell erkannte in ihm nicht Air-Force-Major Chuck Lemay, der auf Platz 6-C gesessen hatte, genau auf dem Sitz, gegen den sich McCorkell bei der Notlandung abgestützt hatte.

Aber McCorkell dachte jetzt nicht klar, während er 30 und

dann 50 Meter vom Flugzeug wegrannte, leicht bergauf auf Paul Butlers Wiese. Er hielt diesen Uniformierten, der auf die Kiefern zuraste, für den Piloten. Und der rennt weg! Das brachte McCorkell durcheinander, das war doch nicht richtig. Wie kann der Pilot von seinen Passagieren wegrennen?

Inzwischen in sicherer Entfernung, ließ McCorkell sich ins Gras gleiten, ohne zu ahnen, dass seine Slipper mit Treibstoff vollgesogen waren. Er drehte sich um und blickte zurück.

Von einer panischen Massenflucht keine Spur. Niemand kam aus dem Flugzeug heraus. Wo sind sie alle? Genau in diesem Augenblick sah er eine Flamme.

Im vorderen Teil der Kabine begann sich etwas zu regen. Renee Chapman auf Platz 2-A wurde ohnmächtig, als ihr die Erde ins Gesicht flog. Sie war nur einige Sekunden bewusstlos, und als sie wieder zu sich kam, merkte sie, dass ihr Sitz sich aus der Verankerung gerissen hatte. Sie lag über den Passagieren auf den Plätzen 2-B und 2-C.

Chapman bemerkte Blut auf ihrem T-Shirt, doch es stammte nicht von ihr. Es kam von Angela Brumfield, unter ihr auf Platz 2-C. Brumfield hatte eine klaffende Wunde über einem Auge.

Plötzlich schob der Mann auf Platz 2-B, Ingenieur John Tweedy, Chapmans Sitz von seiner Brust. Zwischen den Reihen zwei und vier hatte sich die rechte Seitenwand des Flugzeugs aufgebogen wie Aluminiumfolie. Tweedy machte sich durch das Loch davon, das für die Leute in den ersten Reihen des Flugzeugs zum Hauptfluchtweg werden sollte.

Tweedy fiel in seiner Panik zu Boden, erhob sich und fiel wieder hin. Er wollte weglaufen. Als er jedoch hinter sich die benommene und blutende Brumfield sah, reichte er ihr die Hand. Sie ergriff die Hand und ließ sich von ihm heraushelfen.

Renee Chapman trat durch das Loch nach draußen und stapfte benommen los. Als sie das Gras und die Kiefern bemerkte, dachte sie: Wo bin ich? Die Antwort gab sich die Frau aus Mississippi selbst: In einer gottverlassenen Gegend.

Barney Gaskill holte den Kollegen Ed Gray unter den Trümmern auf Platz 4-A hervor. »Keine Bange, Kumpel, ich hol dich da raus«, sagte Gaskill. Er zerrte Gray über den Gang und durch das Loch auf der rechten Seite, durch die Tweedy und Brumfield herausgekommen waren.

Gray roch den Rauch, als er aus dem Rumpf trat, und dann fing sein Hosenbein Feuer. Er hörte jemanden brüllen: »Wälz dich auf dem Boden, Ed!« In seiner Verwirrung blickte Ed Gray sich nach jemandem namens Ed um. Gaskill stieß ihn zu Boden. Gray wälzte sich, und das Feuer an seinem Hosenbein verlöschte. Er zuckte zusammen und griff sich plötzlich an die Brust.

Gaskill zog Gray vom Flugzeug fort, fürchtete aber, dass sein Kumpel einen Herzanfall bekommen hatte.

Statt nach ihrem verlorenen Schuh zu suchen, schleuderte Robin Fech den anderen fort. Im vorderen Teil des Rumpfes kroch sie durch ein vom Feuer beschienenes Loch in den Trümmern und über die metallene Küchenanrichte, unter der, was Fech nicht wusste, Dawn Dumm und ihre Mutter gefangen und verborgen waren.

Auf der anderen Seite der Anrichte dachte Fech Passagiere anzutreffen. Doch sie sah niemanden, nur ein einziges Bild der Zerstörung. Rechts vom Kabinengang, in der Höhe der Reihen vier und fünf, lag das Innere des Flugzeugs in Trümmern. Die Wände und die Decke waren eingestürzt und in massiven Teilen heruntergefallen. Durch eine Öffnung in der rechten Wand drang Tageslicht, und instinktiv eilte Fech darauf zu. Sie sah John Tweedy sich abstrampeln, um auf der Wiese festen Halt zu gewinnen, aber er kam nicht voran und fiel in die Trümmer. »Los, Mann!«, rief Fech.

Sie verließ das Flugzeug auf Strümpfen. Stark an der linken Schläfe blutend, mit gebrochenem rechtem Handgelenk und Schlüsselbein, lief sie dann über die rechte Tragfläche und rief noch einmal: »Los! Vorwärts!« Sie sprang – es mochten anderthalb Meter sein – zu Boden, ohne zu ahnen, dass sie an Jennifer Grunbeck vorbeigegangen war, die bewusstlos und unter Trümmern in der Kabine begraben lag.

Grunbeck hatte auf der rechten Seite bei Jean Brucato und Bond Rhue in den Reihen vier und fünf gesessen.

Zitternd, orientierungslos und auf ihrem Sitz leicht nach rechts geneigt, schob Brucato Rhues massigen Körper von sich weg und trat durch das Loch in der rechten Seitenwand hinaus ins Freie. Sie roch den Treibstoff, begriff, dass sie davon durchtränkt war, und dann hörte sie Schreie hinter sich. Es war der Mann, der auf ihr gelegen hatte – Bond Rhue. Er stand in Flammen und steckte in der Öffnung des Flugzeugs fest. Brucato ging in ihrem geblümten Kleid zu den Flammen zurück und versuchte einen Mann zu retten, den sie nicht kannte. Sie sah das Entsetzen in seinen Augen. Sie wälzte ihn im Gras und löschte das Feuer. Sie sagte, sie werde ihn nicht zurücklassen.

Grunbeck hatte nur wenige Zentimeter links von Brucato gesessen. Sie war, anders als Brucato, von den beim Aufprall auftretenden Kräften regelrecht zermalmt worden: das Rückgrat an zwei Stellen gebrochen, die Leber gerissen, das Schlüsselbein gebrochen, ein Lungenflügel kollabiert. Bewusstlos und von niemandem im Flugzeug bemerkt, lehnte Grunbecks Körper vorgebeugt, noch immer in der Sitzposition für die Notlandung.

Sie hätte in dieser Position sterben können, aber sie spürte jemandes Gewicht – vielleicht war es Robin Fech – auf den

Trümmern, die sie bedeckten. Als der Rauch und das Feuer näher rückten, kam Grunbeck zu sich und hustete. Sie kämpfte mit ihrem Sicherheitsgurt und hustete noch einmal, stärker. Mit ihren Lederstiefeln stieß sie gegen das, was von der rechten Seitenwand des Flugzeug noch übrig war. Sie kam heraus, taumelte aber in die Flammen hinein.

Dawn Dumm mühte sich nach Kräften, konnte jedoch die auf ihr liegende Last nicht vom Fleck bewegen. Die große metallene Küchenanrichte, in der Getränke und Snacks untergebracht waren, war auf ihre Brust gefallen und nagelte sie auf Platz 1-B fest. Mary Jean Adair, ihre Mutter, kam rasch aus ihrem Sitz 1-C heraus, legte sich auf die Knie und versuchte, die Anrichte von unten her anzuheben. Auch Adair schaffte es nicht. Als sich siedend heiße Hydraulikflüssigkeit über Dumms Kopf, Schultern und Rücken ergoss, zog sie ihr Kinn an und schrie.

Adair rief: »Bitte helft meiner Tochter! Sie verbrüht sich!« Doch in ihrem Teil des Flugzeugs war niemand mehr, der hätte helfen können; bald versiegte jedoch der brühend heiße Strom.

Irgendwie gelang es Mutter und Tochter, die Metallanrichte von ihr wegzuschieben. In dem Moment hatte Dumm die Vorstellung, dass der Geist ihres verstorbenen Vaters ihr geholfen habe.

Immer noch steckten Dumms Beine unter herabgefallenen Gegenständen fest. Zuerst zog sie ihr rechtes Bein heraus. Der Schuh war abgegangen. Das konnte sie nicht verstehen. Das waren doch feste Schuhe, und deshalb hatte sie sie angezogen. Der Schuh sollte sich nur ablösen, wenn sie die Schnalle losmachte.

Dann zog Dumm fest an ihrem linken Bein. Sie bekam es ebenfalls heraus, aber der linke Fuß war … weg. Sie zog noch fester an dem Bein, und auf einmal sprang der linke Fuß heraus. Er war beinahe abgetrennt. Dumm schrie auf. Mein Gott, dachte sie, ich habe meinen Fuß verloren!

Sie zog sich auf dem Sitz hoch und setzte sich auf die Kopfstütze. Sie musterte den vorderen Teil der Kabine. Sie sah Haufen von Metall und Fiberglas, zertrümmerte Handgepäckfächer und die kaputte Küchenanrichte, und dann fiel ihr Blick auf den Klappsitz der Flugbegleiterin. Er war leer. Wo ist die Flugbegleiterin?

In dem Moment sagte Adair, sie könne ihre Brille und ihr Portemonnaie nicht finden. »Was soll ich tun?«

»Lass sie«, sagte Dumm.

Sie schleppte sich bis zur zweiten Reihe, wobei sie mit den Knochen ihres linken Beins auftrat. Sie schaffte es bis 2-B, dem verlassenen Platz von John Tweedy, und rutschte von dort hinüber auf 2-C. Um das Gleichgewicht zu bewahren, hielt sie sich an den ausgefransten Überresten der rechten Seitenwand fest. Ihre Mutter im Schlepptau, starrte Dumm aus einem Loch in dieser Wand, das bis zur ersten Reihe reichte, neben Adairs Platz, wo es sich zu einem Dreieck verjüngte. Von dieser Stelle schaute Dumm hinaus und erblickte auf der anderen Seite der Tragfläche, vielleicht sechs Meter entfernt, ein seltsames Bild – auf der Wiese stand die Flugbegleiterin mit einem Mann, der nur Unterwäsche anhatte, und einem anderen Mann, der eine Aktentasche trug.

Schwarzer Rauch stieg auf. »Wir sind noch hier!«, rief Dumm. »Wir brauchen Hilfe!«

Sie sah, wie die Flugbegleiterin sich umdrehte, aber niemand reagierte.

Sie würde es allein schaffen müssen.

Dumm hatte alles getan, um für eine solche Krise gerüstet zu sein. Sie hatte Baumwollkleidung und feste Schuhe angezogen. Als das Flugzeug vom Himmel fiel, hatte sie den Rosenkranz gebetet und eine letzte Botschaft an ihren Mann und die beiden Jungs verfasst. Jetzt arbeitete sie sich, den Schmerz in ihrem Fuß unterdrückend, zentimeterweise aus dem Loch heraus, hinaus auf die Tragfläche, und setzte sich dort für einen Augenblick hin. Dann rutschte sie vor zur Vorderkante der Tragfläche, ein bis zwei Meter über dem Boden. Sie hörte ihre Mutter schreien: »Hilf mir, ich brenne!«

Hinter ihr lag Adair ausgestreckt auf der Tragfläche, auf dem Rücken, und von unten schossen Flammen hoch und versengten sie, setzten ihre Schuhe und ihre weiße Baumwollhose in Brand. Dumm wollte ihre Mutter nicht im Stich lassen. Mit gespreizten Beinen ruckelte sie langsam auf der Tragfläche zurück, packte ihre Mutter und zog sie zu sich heran.

Gemeinsam schafften Mutter und Tochter es, auf den Boden zu kommen, in der Nähe des Cockpitfensters, und waren endlich aus dem Flugzeug heraus.

Dumm kroch ein paar Meter vom Flugzeug fort und blickte dann zu ihrer Mutter zurück. Adair rührte sich nicht. Dumm sagte: »Mama, wir müssen von dem Flugzeug wegkommen.«

Die Lage, in der sich Matt Warmerdam befand, war für einen Piloten die Hölle: Er steckte in seinem Sitz fest, konnte sich nicht rühren und musste den Rauch einatmen. Von der Deckenverkleidung tropfte geschmolzener Kunststoff auf seine Schultern. Flammen, die er nicht sehen konnte, leckten an seinem Rücken, seinen Beinen und an seinem linken Arm. Er sah sein Fleisch nicht brennen, aber er fühlte, wie die Flammen sich durch die Schichten seiner Haut sengten. Als die Verbrennungen seine Nervenenden erreichten, hörte der Schmerz auf.

Nicht alle Verbrennungen sind gleich. Es hängt von der Temperatur der Flammen und von der Dauer ihrer Einwirkung ab, ob eine Verbrennung ersten Grades (oberflächlich), zweiten Grades (partiell) oder dritten Grades (total) vorliegt. Die Hautoberfläche ist im Mittel über zwei Quadratmeter groß, doch ist die Haut an den meisten Stellen weniger als zwei Millimeter dick. Die äußere Schicht, die Epidermis, kann den Flammen nicht lange widerstehen und stirbt rasch ab. Die Unterschicht, die Dermis, ist dicker und stärker und macht die Haut flexibel. Bei Verbrennungen verfärbt sich häufig die Dermis und wird dunkelgelb, grau oder bräunlich-schwarz verkohlt, sofern die Verbrennung nicht noch tiefer geht und bis in den Muskel oder gar bis zum Knochen reicht. Selbst bei hundertprozentiger Verbrennung der Körperoberfläche ist es möglich, dass das Opfer sich ungehindert bewegt und zusammenhängend spricht, jedenfalls für kurze Zeit. Das Leben eines Menschen hängt schließlich nicht von der Haut ab. Sie reguliert die Körpertemperatur, dient als Wasserbarriere und schützt den Körper – als Teil des Immunsystems – vor Infektionen. Solange noch Sauerstoff ins Gehirn gelangt, kann eine Brandverletzte sprechen und auch laufen. Es gibt unzählige Geschichten von Brandverletzten, die nichts von ihrem Zustand wussten, weil der Schmerz vollständig abgeblockt wird. Allerdings setzt nach relativ kurzer Zeit neben anderen Komplikationen ein akuter Schmerz ein. Die Brust schwillt an. Lunge und Herz sind überlastet. Das Atmen wird schwer.

Warmerdam beging den Fehler, kurz nach seinem linken Arm zu sehen. Der hatte eine hässliche weiße Farbe angenommen. Er erinnerte ihn an einen bösen Schnitt, bei dem die Haut aufplatzt und das weiße Fettgewebe darunter sichtbar wird. Sein Arm sah so grauenhaft aus, dass er ihn nach hinten tat, um ihn nicht mehr zu sehen.

Ed Gannaway neben ihm war fast zur Haltung eines Fötus zusammengekrümmt. Seinen Schultergurt trug er nicht mehr – der war verbrannt –, und sein Körper hatte sich in seinem Sitz verdreht. Der Kopf war von Warmerdam abgewandt, zum Seitenfenster hin, und seine untere Hälfte erschien so verrenkt, dass er auf seinem linken Fuß saß. Gannaway war beim Aufprall ohnmächtig geworden, doch sein Körper hatte offenbar auf die Flammen reagiert und sich so weit es ging vor ihnen zurückgezogen, auch wenn der Spielraum sehr klein war.

Der junge Erste Offizier, der erst fünf Monate Dienst tat, versuchte sich zu konzentrieren. Er rief sich die Verfahrensvorschrift in Erinnerung: »Der Kapitän ist tot, die Befehlsgewalt geht auf den Ersten Offizier über. Wir befinden uns irgendwo in der Wildnis …«

Der Rauch drang zu ihm vor. Er brauchte Luft.

Er griff hinter seinen Sitz, wo sich das von der Luftfahrtbehörde vorgeschriebene Notfallbeil befand. Er schlug damit gegen die Seitenverglasung rechts von ihm. Wieder und wieder schwang er das Beil. Es war, als schlüge er auf einen dicken Eisblock ein. Weil ihm die rechte Schulter wehtat, nahm er das Beil in die linke Hand und führte damit kurze, schnelle Schläge aus, wie ein Specht, bis er vor Erschöpfung keuchte. Da schrie er: »Ich brauche Hilfe!«

Jim Kennedy wurde beim Aufprall aus seinem Sitz 5-A über den Gang geschleudert. Er lag mit seinen eins neunzig quer vor den Fenstern der rechten Seite, zwischen den Sitzen und den Handgepäckfächern, und sein Kopf befand sich in der Nähe einer Öffnung. Er schwebte am Rand der Bewusstlosigkeit.

Diese Öffnung war der einzige Fluchtweg für die vierzehn Passagiere im hinteren Teil der Kabine. Sie waren schon durch den Sinkflug und den Aufprall traumatisiert, und jetzt kam noch die räumliche Desorientierung durch die Lage des Rumpfes hinzu. Ihr Rumpfteil hatte sich auf die rechte Seite gelegt, und die Passagiere liefen über die Fenster und die Fächer, die sich vorher über ihren Köpfen befunden hatten. Diese Öffnung hinter Kennedys Körper sollte innerhalb von 60 Sekunden zu einer Feuerwand werden, so dass jeder, der durch das Loch und durch die Flammen hindurchwollte, zunächst über Kennedy hinwegsteigen musste.

Zwei Passagiere in der sechsten Reihe, McCorkell und Lemay, hatten sich rasch aus dem Flugzeug davongemacht, ehe die Flammen hochschlugen, und waren dabei sehr wahrscheinlich, ohne es zu wissen, auf Kennedy getreten. Die anderen brauchten jedoch länger. Der Anblick der blau-orange hoch schlagenden Flammen löste bei diesen verwirrten Passagieren zunächst ehrfürchtiges Staunen aus. Und die Flammen sorgten merkwürdigerweise für anständige Umgangsformen. Die Passagiere hinten stellten sich in einer Schlange an.

Damit war es jedoch vorbei, als die Metallhaut des Flugzeugs bei 1000 Grad brannte und eine höllische Hitze abstrahlte. In ihrem von Adrenalin geschürten Drang nach draußen sollten fünf Passagiere mit dem reglosen Körper Kennedys konfrontiert werden. Würden sie innehalten und ihm helfen? Würden sie wegrennen?

Als das Rutschen aufgehört hatte, begann Kevin Bubier auf Platz 7-C die Dinge, die auf ihn gestürzt waren, wegzuschieben, erst langsam und dann immer heftiger. Rasch hatte er sich befreit, und nun versuchte er aufzustehen. Aber wie sollte das gehen, und wo sollte er hintreten?

Jetzt erst begriff Bubier, dass die rechte Seitenwand des Flugzeugs zum Fußboden geworden war.

Alle Passagiere in den hinteren Reihen regten sich jetzt. Auch sie begannen, sich freizuschaufeln. Im mittleren Teil des Flugzeugs hatten sich einige Sitze aus ihren Verankerungen gelöst.

Einige Reihen weiter vorn sah Bubier auf der rechten Seite des Flugzeugs Licht eindringen – dort war ein Loch in den Rumpf gerissen worden. Durch dieses Loch sah Bubier Gras und Bäume, eine Wiese.

Er hörte jemanden rufen: »Ich brauche Hilfe!« Die Stimme kam von oben. Es war Chuck Pfisterer. Unsicher, ob er noch am Leben oder schon im Jenseits war, hatte Pfisterer die Augen aufgeschlagen und festgestellt, dass er angegurtet in der Luft hing, wobei der Gurt in seine Leibesfülle einschnitt. Er drosch auf seinen Sicherheitsgurt ein, der einfach nicht aufgehen wollte. Er schaute hinunter zu den beiden rechten Sitzen der Reihe fünf, die am Boden zerstört waren. Er konnte Jim Kennedy nicht unter den Trümmern entdecken. Er sah und hörte niemanden.

»Jemand muss mich hier runterholen!«, rief Pfisterer abermals.

Bubier trat mit weichen Knien auf die rechte Wand. Er sah seinen Fluchtweg vor sich, und er wusste, dass er ihn schleunigst hätte antreten sollen. Stattdessen stützte er sich mit der rechten Hand auf die Handgepäckfächer, die sich neben seinen Schienbeinen befanden, und griff hinauf, um Pfisterer zu befreien.

Alan Barrington auf Platz 6-C hatte beide Schultern ausgerenkt, zwei Rippen gebrochen und war dermaßen mit Trümmern zugeschüttet, dass er seine Arme nicht herunternehmen konnte. Sein Nachbar von Platz 6-B war kurz über ihm, aber dann war Chuck Lemay verschwunden.

Jetzt stemmte Barrington seine Füße gegen den Boden des Flugzeugs. Er versuchte, seinen Sicherheitsgurt aufzudrücken. Umsonst.

Durch kleine Lücken in dem Trümmerberg sah auch er das Loch in der Flugzeugwand. Es schien, obwohl nur zwei Meter von ihm entfernt, sehr weit weg zu sein. Mit Entsetzen erfüllte ihn, was er in diesem Loch sah: schwarzen Rauch.

Ohne Hilfe von außen bemühte sich Barrington, den auf ihm lastenden Trümmerberg zu beseitigen. Stück für Stück gelang es ihm schließlich. Nachdem er seine Arme frei hatte, machte er seinen Sicherheitsgurt los und trat auf die rechte Seitenwand.

In den hinteren fünf Reihen waren die Passagiere im Begriff, eine Warteschlange zu bilden.

In der Öffnung waren nur am unteren linken Rand Flammen zu sehen, sonst war sie von schwarzem Rauch erfüllt. Die Hitze, die von dem Feuer ausstrahlte, scheuchte die Passagiere zurück in die Sicherheit der Kabine.

Barrington, der noch nicht an der Reihe war, trat einen Schritt vor und wäre beinahe über jemanden gestolpert. Vor ihm lag ein Mann mit dem Gesicht nach oben auf der rechten Seitenwand, zwischen den Sitzen und den Handgepäckfächern – Jim Kennedy. Andere waren auf dem Weg nach draußen auf Kennedy getreten, das hatte er gesehen.

Barrington streckte ihm seine Hand entgegen. Kennedy ergriff sie nicht.

Barrington räumte Teile weg, die auf Kennedys Brust gefallen waren. Er sah, dass dessen Augen geschlossen waren. In diesem Moment bemerkte er eine Stimme, die von oben kam und um Hilfe rief, obwohl er noch ganz mit dem Mann beschäftigt war, der vor ihm lag und sich nicht rührte. Allmählich drang die ungeheure Hitze auch in die Kabine vor.

Wieder hörte Barrington die Stimme von oben: »Ich brauche Hilfe!« Es war der Mann auf Platz 6-A von der anderen Gangseite, Pfisterer. Barrington hatte ihn schon einmal rufen hören, aber nicht reagiert. Pfisterers Hilferufe drangen wie ein klingelnder Wecker störend in Barringtons Traum ein. Er schaute hinauf und sah das große metallene Schloss von Pfisterers Sicherheitsgurt. »Jemand muss mich hier runterholen!«, rief Pfisterer wieder.

»Herrgott noch mal, kann denn keiner dem Mann helfen?«, ertönte eine andere Stimme aus dem Hintergrund. Barrington und Bubier waren im gleichen Moment zur Stelle, um Pfisterer zu helfen.

Als der Gurt gelöst war, fiel Pfisterer – auf Barrington. Pfisterer stand auf und marschierte durch das Loch hinaus, vom Feuer unbehelligt.

Barrington musste sich erst einmal wieder sammeln.

Jetzt kam es auf jede Sekunde an.

Es befanden sich noch elf Passagiere im hinteren Teil des Flugzeugs, neun Männer und zwei Frauen. Außer Bubier und Barrington waren das die beiden Hilfssheriffs aus Virginia, Tod Thompson und Charles Barton, sowie Lonnie und Ludie Burton, das Rentnerehepaar aus Asheville, North Carolina. Ferner der junge Geistliche Steve Wilkinson und die kleine Texanerin Sonya Fetterman, die auf Platz 10-A noch immer in ihrem Gurt hing. Und drei junge Ingenieure aus verschiedenen Firmen: Mike Hendrix, für den es erst die zweite Woche bei seinem neuen Arbeitgeber war, Alfred Arenas, der von den Philippinen stammte, und David Schneider, den nur mit einem der Passagiere persönlich etwas verband (auch wenn sie sich noch nicht bekannt gemacht hatten), nämlich Jim Kennedy, dem Berater seiner Firma.

Die elf standen inmitten des Chaos. In ihre panische Angst mischte sich Ungläubigkeit. Ihre Wahrnehmung verengte sich, als trügen sie Scheuklappen, weil sie an nichts anderes als Flucht denken konnten. Einige konnten sich später nicht mehr erinnern, wer neben ihnen gestanden hatte, nur das Bild der Flammen, die in dem mehr als fünf Meter entfernten Loch zu sehen waren, stand ihnen lebhaft vor Augen. Die Erinnerung ist eine Ansammlung von Bildern, die, von den Augen aufgenommen, vom Nervensystem an den hinteren Teil des Gehirns weitergeleitet und dort gespeichert werden. Bei großer Angst wird nur ein Teil der Bilder, die man sieht, auch erkannt, und nur diese erkannten Bilder – zum Beispiel das Feuer in dem Loch – werden im Gedächtnis festgehalten.

Die Fähigkeit, eine Situation zu meistern, ist bei den Menschen unterschiedlich entwickelt, sagen die Psychologen. Wenn alles drunter und drüber geht, sind nur wenige in der Lage, nicht bloß an sich selbst zu denken. Bei allen elf Passagieren im hinteren Teil des Flugzeugs dominierte die Selbsterhaltung, außer bei den Burtons. Die beiden kümmerten sich umeinander. Gerade jetzt verstärkte sich das Feuer – die Flammen füllten das ganze Loch aus. Doch gleich darauf wurden sie wieder kleiner. Barrington, der in der Schlange stand, dachte, die Feuerlöschfahrzeuge seien eingetroffen. Das Flugzeug, dachte er, hätte die Landebahn verpasst, an der die Rettungsmannschaften bereitstanden. Die Feuerwehrleute, dachte er, hätten die Flammen mit Schaum erstickt. »Sie haben's geschafft!«, rief er erregt, hinten in der Warteschlange stehend. »Sie haben's geschafft!« Da fachte eine Bö das Feuer wieder an, und die Flammen schlugen erneut bis zum unteren Teil des Loches empor. Barringtons Hoffnung fiel in sich zusammen. Es musste einen anderen Ausweg geben!

Er schaute nach hinten, und er erblickte ein surreales Bild: Das Flugzeug lag auf der Seite, und der einzige Notausgang im hinteren Teil, neben Platz 8-C, öffnete sich nicht, weil darunter der Erdboden war. Hoffnungslosigkeit hatte sich der hinteren Reihen bemächtigt. Die Gesichter der Eingesperrten waren versteinert, ohne jede Gefühlsregung. Kein Schrei drang an Barringtons Ohr. Die Leute hinter ihm kamen ihm fast wie Figuren auf einem Gemälde vor. Als seien sie lebendig, aber nicht real. Die sehen aus wie Zombies!

Die Zeit verstrich – seit das Flugzeug zum Stillstand gekommen war, war schon mehr als eine Minute vergangen. Barrington drehte sich wieder um und rief: »Sie müssen durch das Feuer hindurch! Machen Sie schon! Los! LOS!«

Abgelenkt von dem Mann, der vor ihm am Boden lag, sah Barrington zwei Männer, die vor ihm waren, in den Flammen verschwinden. Nun war er an der Reihe. Vor ihm breitete sich die Flammenwand aus. Er beobachtete, wie die Flammen emporschossen und wieder kleiner wurden, auf und ab. Er passte einen günstigen Moment ab und sprang schließlich hindurch ins Freie. Mit einem Purzelbaum landete er auf der Wiese.

Kevin Bubier, der hinter Barrington stand, achtete nicht auf die Flammen, sondern auf die Füße, die in dem Seitenwandloch unter Sitzkissen hervorragten .

Unter diesen Kissen lag jemand begraben, über den andere hinweggetrampelt waren. An der Stelle, die Barrington gerade freigemacht hatte, kniete Bubier sich hin und hob die Sitzkissen auf.

Mit jedem Kissen, das er aufhob, wurde ein anderer Teil von Jim Kennedy sichtbar: weiße Sportsocken mit einem roten Streifen unter dem Bündchen, Shorts aus Jeansstoff.

Hastig ging Bubier vor, im Wettlauf mit der Uhr. Er fühlte sich mit seiner Aufgabe allein gelassen und rief: »Nun helf mir doch mal einer!« Wie durch ein Wunder tauchte ein Helfer auf. Bubier wusste nicht, wer es war, aber er sagte: »Helfen Sie mir, diesen Kerl aufzurichten!« Gemeinsam zogen die beiden an Kennedys Armen und packten ihn dann am Hemdkragen. Sie wuchteten den Oberkörper hoch, was bei dem großen Mann schon etwas hieß. In dem engen Raum, umgeben von Feuer, wirkte Jim Kennedy massig.

Nur kurz blickte Bubier in das wie gemeißelt wirkende Gesicht Kennedys. Auf dessen Stirn bemerkte er einen Blutfleck, wie wenn er einen Schlag abbekommen hätte. Barrington hatte gesehen, dass Kennedys Augen geschlossen waren. Jetzt sah Bubier, dass seine Augen geöffnet waren, fast zu sehr. Er schaute Bubier nicht an. Er schaute durch ihn hindurch. Bubier empfand diesen geistesabwesenden Blick als schrecklich, wie den starren Blick eines Toten.

Nun aber fesselte das Feuer Bubiers ganze Aufmerksamkeit. Hatte er vorher hinter den Flammen noch verschwommen die Wiese und den grauen Himmel wahrgenommen, so sah er nun nur noch eine lodernde Feuerwand, von der eine Hitze ausging, wie er sie noch nicht erlebt hatte.

Plötzlich hörte Bubier knackende, knallende Geräusche – das Feuer griff um sich, breitete sich aus. Von Passagieren, die schon draußen waren, drangen Schreie des Entsetzens an sein Ohr. Er hielt Kennedys Hand in der seinen, eine große, schlaffe Hand.

Bubier sah sein eigenes Leben in Gefahr. Er ließ Kennedys Hand los. Er war jetzt an der Reihe und starrte in die Flammen. Mit den Händen vorm Gesicht sprang er durchs Feuer. Am rechten Bein spürte er große Hitze.

Der unbekannte Helfer war David Schneider gewesen. Der Glaube des jungen Ingenieurs an seine Unbesiegbarkeit war beim Absturz auf die Probe gestellt worden. Als der hintere Teil des Rumpfes sich auf die rechte Seite gelegt hatte, befand sich Schneiders rechter Arm an der Innenwand des Flugzeugs. Er spürte die Unebenheiten des Geländes, und er hatte Angst, dass durch das Fenster der achten Reihe ein Stein oder Stock eindringen könnte. Mit dem linken Arm wehrte er herumfliegende Gepäckstücke und Metallteile ab. Als die Rutschpartie zu Ende war, wusste er, dass er von seiner Aufgabe, den einzigen Notausgang im hinteren Teil zu öffnen, entbunden war. Er ließ sich nicht öffnen.

Nachdem Schneider aus dem Durcheinander zerbrochener Gegenstände hervorgekrochen war, erblickte er die Flammen. Ein Adrenalinstoß ließ ihn nur noch an seine eigene Rettung denken. Während er sich aus den Trümmern befreite, hatte sich im hinteren Teil schon eine Warteschlange gebildet. Als er jetzt zu der Öffnung eilte, rief ihn von hinten eine mächtige Stimme zurück. Es war wohl Barton, der rief: »Es wird schon klappen! Jeder muss dem anderen helfen!«

Der scharfe Ton des Mannes riss Schneider aus seinem besinnungslosen Drang nach Selbsterhaltung heraus. Er kam wieder zu Sinnen und spürte, dass auch andere zur Besinnung kamen. Für einen kurzen Augenblick fiel die Hast von den Menschen ab, und ein gewisser Anstand kehrte ein.

Obwohl jede Sekunde kostbar war, bemerkte Schneider, dass die untere Körperhälfte des Mannes, über den andere hinweggetrampelt waren, ganz nah an dem Loch lag, vor dem das Feuer tobte. Er beugte sich hinunter, um zu helfen, und bemerkte, dass noch jemand zum Helfen bereit war. Gemeinsam zerrten Schneider und Bubier an dem Mann und holten ihn aus den Trümmern hervor, die seinen Oberkörper bedeckt hatten.

Schneider blickte dem Mann ins Gesicht. Als er sah, wer es war, fiel er auf die Knie.

»Jim!«, sagte er und schüttelte den Mann am Hemdkragen. »JIM KENNEDY!« Während des Sinkflugs hatte er Kennedy ständig beobachtet. Kennedy hatte sich kaum gerührt und sich nicht nach den Passagieren hinter ihm umgesehen. Gleichwohl war Kennedy im ganzen Verlauf des Unglücks für ihn ein Bezugspunkt und sogar eine Quelle der Stärke gewesen.

»Los, wir müssen hier raus!«, rief Schneider ganz dicht an Kennedys Ohr. Sein Kollege reagierte nicht.

»Sie müssen aufstehen!«, rief Schneider.

Er musterte Kennedy von oben bis unten, fand aber keine Anzeichen einer Verletzung. Kennedys Augen waren offen, aber in ihnen war kein Licht, kein Zeichen, dass er etwas wahrnahm.

Noch immer in dem zerstörten Flugzeug kniend, hörte Schneider die knackenden und knallenden Geräusche eines Infernos.

Ihm wurde bewusst, dass Bubier nicht mehr da war. Auch mit dem Anstand war es vorbei.

Die bedrohlichen Geräusche des Feuers hatten alle in Angst und Schrecken versetzt. Einige eilten an Schneider vorbei, einer rempelte ihn an und traf ihn voll am rechten Knie.

Schneiders Welt war zusammengeschrumpft auf Jim Kennedy und das Feuer. Er schaute in die Flammen – durch diese wabernde Öffnung musste er hinaus. Sie war für ihn und auch für Kennedy das rettende Tor. Sie war ihr einziger Ausweg.

»Sie müssen aufstehen!«, sagte Schneider.

Die Augen offen, aber … keine Reaktion.

Schneider hörte Metall brutzeln, dann eine kleine Explosion, eine Mini-Explosion, mehrere Mini-Explosionen; der Brand hatte neue Nahrung gefunden.

Er ließ von Jim Kennedy ab.

Der arrogante Unsterblichkeitsglaube der Jugend war von David Schneider abgefallen. Sein Vaterunser, sein Ave-Maria und sein Ehre-sei-dem-Vater hatte er inzwischen gebetet. Jetzt ging es darum, den richtigen Zeitpunkt für seinen Sprung abzupassen und genau dann zu springen, wenn die Feuerzungen sich senkten.

Und dann sprang er. Von Feuer umhüllt, hörte er ein Klatschen – seine Turnschuhe und Jeans saugten sich mit Treibstoff voll –, und als er seinen Arm ausstreckte, um nicht das Gleichgewicht zu verlieren, spürte er, wie zackige Metallkanten des Flugzeugs in das Fleisch seiner rechten Hand fuhren.

Nun waren die Hilfssheriffs aus Virginia an der Reihe, die Letzten in der Schlange. Als der hintere Teil des Flugzeugs sich auf die Seite gelegt hatte, war Charles Barton auf Tod Thompson gefallen. Thompsons Gesicht wurde gegen das Fenster gepresst. Er stemmte Barton in die Höhe, und im Handumdrehen standen die beiden auf ihren Füßen.

Thompson bemerkte sofort die beiden Frauen in der letzten Reihe. Er fand Ludie Burton benommen, aber anscheinend unverletzt. Vor einer halben Stunde hatte er sie mit ihrem Mann das Flugzeug betreten sehen, und ihr gütiges Gesicht war ihm aufgefallen. Jetzt stand die pensionierte Lehrerin auf der rechten Seitenwand, neben ihrem Mann, und er hörte sie leise um Gottes Hilfe beten. Sonya Fetterman hatte er während des Fluges eine Zeitung lesen sehen; jetzt hing sie waagerecht von ihrem Sitz herunter, unfähig, ihren Sicherheitsgurt zu öffnen. Thompson trat unter sie, löste den Gurt und ließ sie auf seinen Armen herunter. Er und Barton schoben Fetterman und die Burtons nach vorn, so dass sie vor ihnen standen.

Durch das Loch bei den Reihen vier und fünf sah Thompson Tageslicht hereindringen. Doch innerhalb von Sekunden verwandelte sich das Tageslicht in Feuer. Die hintereinander aufgereihten Passagiere drängten zurück, auf ihn zu, fort von den Flammen.

Da hörte Thompson eine Stimme – es war Barton, und er nahm die Sache in die Hand, echt Charlie. Charlie rief den anderen vor ihm zu: »Es gibt keinen anderen Ausweg! Wir müssen durch das Feuer hindurch!«

Den 57-jährige Hilfssheriff hatte Thompson schon vor dem Propellerbruch als sein Vorbild betrachtet. Barton hatte offenbar schon tausendmal flüchtige Delinquenten eingefangen. Er kannte sich aus und verdiente Respekt. Und auch jetzt, besonders jetzt, war Charlie sein Vorbild. Thompson passte genau auf, was Charlie tat.

Die Passagiere verschwanden der Reihe nach im Feuer, und die Schlange wurde kürzer.

Thompson fiel seine Smith & Wesson ein. Auf dem Flughafen Atlanta hatte er befürchtet, man könnte sie ihm stehlen. Sie lag noch immer in der schwarzen Reisetasche, zusammen mit Kleidern zum Wechseln. Als die Schlange vorrückte, nahm Thompson seine Tasche auf.

Der junge Hilfssheriff fühlte sich von den Passagieren ermutigt, die sich ohne Anlauf in die Flammen stürzten. Wenn die das schaffen, schaff ich es auch! Vor ihm stand Charlie Barton, und vor Charlie sah er einen jüngeren Mann, vermutlich David Schneider, in die Flammen springen.

Als Barton an das Loch herantrat, hörte Thompson ihn etwas sagen – nicht zu ihm, sondern zu einem Mann, der im Flugzeugrumpf lag. Er verstand die Worte nicht, aber was immer Charlie gesagt haben mochte, es war knapp und bündig, wie alles, was er jemals von Charlie gehört hatte.

Und dann sah Thompson den alten Hilfssheriff ins Feuer gehen. Auf dem Weg durch die Flammen verlor Charlie Barton seine Brieftasche, in der sich das silberne Sheriffsabzeichen befand.

Thompson schlug eine Hochofenglut entgegen. Er stellte sich vor, dass sein Gesicht in der Hitze zerginge. Dann sah er den Mann neben der Rumpföffnung, den Charlie angesprochen hatte, einen großen Mann in Jeans-Shorts.

Dieser Mann sagte zu Thompson: »Sie müssen mir raushelfen!« Schon im Begriff, seinem Vorbild folgend in die Flammen zu springen, erwiderte Thompson mit erhöhter Lautstärke: »Sie müssen selbst rausgehen!« Dann hob Thompson seine schwarze Tasche mit der Smith & Wesson darin schwungvoll vor sein Gesicht und begab sich ins Feuer.

Flammen leckten an Thompsons Trizeps, den er fast wie ein Opfer freigiebig dem Feuer darbot, um nur ja sein Gesicht zu schützen. Thompson sprang über eine kleine Wand im Rumpf, und schon war er auf der Wiese. Der junge Hilfssheriff rannte los, auf den fernen Waldrand zu.

Es waren noch drei Leute im Flugzeug: die Piloten und Kennedy.

21 Als die Feuerlöschfahrzeuge und die Rettungsmannschaften ankamen, glich Paul Butlers Wiese einem Schlachtfeld. Hier und da waren Passagiere zu sehen: manche gingen umher, einige hatten schlimme Verbrennungen, und wieder andere hatten schlimme Verbrennungen und gingen umher.

In trügerischer Erleichterung liefen einige Passagiere mit Verbrennungen über die Wiese und redeten vernünftig, obwohl sie kurz darauf starben.

Reverend Gus Koch war mit seinem alten Pritschenwagen in Paul Butlers Einfahrt hineingefahren und dann am Haus und dem Schuppen im Hof vorbei. Statt des schwelenden Lochs im geschwärzten Erdreich, das er erwartet hatte, fand er ein brennendes, zerbrochenes Flugzeug vor, aus dem Menschen kamen, die in Flammen standen.

Als Hilfssheriff Charles Barton aus dem Rumpf kam, lief Koch auf ihn zu. Für Koch war es, als liefe er ins Jahr 1969 zurück. Er war nicht mehr Geistlicher, sondern ein Sanitäter, der über eine Wiese in Vietnam lief. Er sah von Bartons Kopf Flammen emporschießen. Koch schrie: »Auf den Boden werfen!« Barton hörte ihn nicht. Barton ging weiter, bis er, zehn Meter vom Flugzeug entfernt, leicht taumelte – sein ganzer Körper war in Flammen gehüllt. Schließlich fiel er hin. Koch schlug mit den Händen nach den Flammen. Dann machte er seinen Hosenträger los und zog sein Hemd aus, auf dem zu lesen war ›J Team – Working for Jesus‹. Mit dem Hemd schlug Koch die Flammen aus. Er hörte Barton sagen: »Wo bin ich?«

Auf der Wiese, direkt vor Robin Fech, stand Alfred Arenas von der Taille abwärts in Flammen. Er wusste nicht, wo er anfangen, welches Feuer er zuerst ausmachen sollte. Seine Füße? Seine Beine? Seine Arme? Arenas flehte um Hilfe.

»Auf dem Boden wälzen!«, schrie Fech. Während er sich umherwälzte, spürte Arenas, wie seine Turnschuhe und seine Jeans sich in seine Haut hineinbrannten. Sein Hemd entflammte sich. Arenas war klein, 1,68, und wirkte knabenhaft; einige Passagiere hatten ihn fälschlich für einen Teenager gehalten. Chuck Pfisterer wollte Arenas helfen, aber die starke Hitze ließ ihn zurückzucken.

Fech dachte: Wenn ich ihm die Turnschuhe ausziehe, kann ich ihm die Hose ausziehen. Als sie dann wieder zu den Turnschuhen blickte, waren keine Turnschuhe da. Sie waren verschwunden. Sie hatten sich innerhalb von Sekunden in seine Fußsohlen eingebrannt. Fech schrie: »Wälzen! Wälzen! Wälzen!« Dann wandte sie sich ab, weil sie nicht wusste, was sie tun sollte.

Alan Barrington, Kevin Bubier und David Schneider hatten durch individuelle und gemeinsame Bemühungen, Jim Kennedy wach zu kriegen, ihre Flucht hinausgezögert. Sie konnten nicht wissen, ob er lebte oder ob er tot war. Sie mussten sich entscheiden: *Warte ich, bis er reagiert, oder rette ich mich?* Es machte ihnen Angst, dass Kennedy nicht reagierte. Von draußen hörten sie entsetzliche Schreie, und es war möglich, dass sie in dem Feuer umkamen – vielleicht schon in wenigen Sekunden. Deshalb ließen sie Kennedy zurück, um sich selbst zu retten. Was sie nicht wissen konnten, war, dass Kennedy, noch immer auf dem Rücken liegend, den jungen Hilfssheriff Thompson ansprach und sagte: »Sie müssen mir raushelfen.« Kennedy war also hinreichend wach, um zu erkennen, dass er in tödlicher Gefahr schwebte. Vielleicht sah er Barton und Thompson in den Flammen verschwinden, während er um Hilfe rief.

Er war der letzte Passagiere in dem brennenden Flugzeug, und alles, was Jim Kennedy hatte, war ein erstaunlicher Lebenswille.

Kennedy erhob sich. Er trat dem Feuer mutig entgegen. Er ging auf die Hitze, auf das Licht zu.

Jim Kennedy spürte die Hitze der 1000 Grad heißen Flammen.

Was veranlasste ihn, dem Feuer entgegenzutreten? Seine Familie, sein Lebenswerk, der heilige Juda – an sie dachte er sicherlich. Aber als er sich vom Boden erhob, gehorchte er dem fundamentalen Selbsterhaltungstrieb des Menschen. Er ging auf das Feuer zu, weil es der einzige Ausweg war.

Zu spät ging er. Das Feuer hatte sich auf der Wiese ausgebreitet. In einem Halbkreis um den Rumpf herum brannte das Gras, vier Meter weit und sich ausweitend. Kennedy ging in dieses Feuer hinein, er trat aus dem Flugzeug heraus und in Treibstofflachen hinein. In Treibstoff watend, hörte eine Kakophonie von Schreien.

Tod Thompson hatte den Treibstoff und das brennende Gras rund fünf Meter hinter sich gelassen, als er sich zu Boden fallen ließ und sich wälzte. Vom Feuer praktisch unberührt, stand Thompson auf und blickte zurück. Da sah er in der von Feuer umtosten Öffnung einen Mann auftauchen, den Mann, mit dem er gerade gesprochen hatte, Jim Kennedy. Der Mann ging langsam, zu langsam, schlug mit den Händen nach den Flammen und stürzte schließlich hin in einem Bereich, in dem ihm keiner zu Hilfe eilen konnte. Thompson sah, wie der Mann und das Feuer eins wurden, eine lebende Fackel.

Es war grauenhaft, was an Thompsons Ohren drang – die Hilferufe anderer Passagiere auf der Wiese. Überall liefen Leute herum, wälzten sich am Boden und schlugen auf Flammen ein. Er hörte den flehenden Ruf einer Frau. Der Ruf kam aus dem Gras, mehr zum Waldrand hin, in seiner Nähe. Es war die Frau, die er eben noch in der letzten Reihe gesehen hatte, als sie leise um Gottes Hilfe bat. Thompson rannte zu Ludie

Burton hin und schlug ihre Flammen aus. Sie stöhnte vor Schmerz. Dann fragte sie nach ihrem Mann.

Hinter Robin Fech, am Boden in der Nähe der rechten Tragfläche, schossen Flammen von Jim Kennedys Brust empor. Seit er hingefallen war, hatte der große Mann sich kriechend fünf Meter weit vom Flugzeugrumpf entfernt.

Es kommt selten vor, dass ein Mensch auf einer Wiese verbrennt. Der Feuertod ereignet sich meistens in geschlossenen Räumen, in denen tödliche Gase, die nicht entweichen können, eingeatmet werden. Auf freiem Feld tritt der Feuertod wahrscheinlich durch Erstickung ein (wenn nicht zuerst das Herz versagt), während die Flamme ihr Opfer verschlingt und den ganzen verfügbaren Sauerstoff verbraucht. Der Brandverletzte kann nur noch um Luft ringen, fällt rasch in Ohnmacht und stirbt schließlich.

Fech eilte zu Kennedy, zog ihre Weste aus und schlug damit auf die Flammen in seiner Leibesmitte ein. Auf Fechs Anordnung hin zog Pfisterer seine Hose aus und schlug damit auf den brennenden Mann ein. Pfisterer zog zu demselben Zweck auch noch sein Hemd aus, obwohl Kennedy sich schon nicht mehr rührte. Er war auf die Brieftasche gerollt, die Charles Barton verloren hatte. Kennedy lag auf dem Rücken, der Leib geschwollen und verfärbt, die Arme an den Ellbogen, die Beine an Hüfte und Knien blockiert.

Als Fech sich zu ihm hinunterbeugte, berührte Pfisterer sie leicht am Ellbogen. Sie sah ihn an, wie er in seiner Unterwäsche dastand und den Kopf schüttelte. Erst da begriff sie, dass ihr Passagier tot war.

Mitgenommen, blutend, unter Schmerzen leidend, sah Fech verwirrte Passagiere zu dem brennenden Flugzeug zurückgehen. »Weg da!«, rief Fech mit gellender Stimme. Sie hielt ihr gebrochenes rechtes Handgelenk mit der linken Hand fest.

»Dass mir ja keiner zu dem Flugzeug geht!« Tod und Feuer vor Augen, drangen auf einmal von allen Seiten klagende Stimmen an ihr Ohr.

Hinter Butlers Haus sprach Kevin Bubier eine Frau an, die in einem geblümten Kleid im Gras saß. »Alles in Ordnung bei Ihnen?«, fragte er. Es war Jean Brucato, die Buchprüferin auf ihrem allwöchentlichen Flug nach Gulfport. Bebend vor Angst, erklärte sie, ihr Rücken tue ihr weh. Bubier beruhigte sie, und kurz darauf umarmten sie sich. Er setzte sich zu ihr ins Gras, und weil ihn das rechte Bein schmerzte, zog er das Hosenbein hoch. Der Schiffsbauer aus Maine sah sein eigenes Fleisch verbrannt. »Oje!«

Brucato zuckte zusammen. »Ich mag das nicht sehen«, sagte sie.

Bubier wurde auf einmal fast ohnmächtig. Jetzt war es Brucato, die ihn beruhigte. Dabei fielen ihm ihre Haare auf. Sie waren schön, hellbraun und dicht gelockt. Sie war freundlich und großmütig. Während er abwechselnd in Ohnmacht fiel und wieder daraus erwachte, ging ihm diese Frau im geblümten Kleid nicht aus dem Sinn. Er kannte sie nicht, klammerte sich an sie aber wie an ein Symbol. Wer war sie? Er fragte sich, ob sie nicht vielleicht sein Schutzengel war. Doch wer sie auch sein mochte – für Bubier stand fest, dass er sie für immer lieben würde.

Fünfundzwanzig Sekunden nachdem er von dem Flugzeug fortgelaufen war, sah David McCorkell schwarzen Rauch aus verbogenem Aluminium aufsteigen. Das Heckleitwerk des Flugzeugs hatte sich auf die Seite gelegt, der Bug war zerknittert wie eine Coladose. Das Loch in der Flugzeugwand, durch das McCorkell gerade getreten war, begann sich mit Feuer zu füllen.

Wo sind sie bloß alle? McCorkell verstand das nicht. Er hatte genügend Zeit gehabt, um sich 50 Meter vom Flugzeug zu entfernen. Er konnte von seinem Standort aus die andere Seite des Flugzeugs nicht einsehen. Die Passagiere mussten auf der anderen Seite herausgekommen sein, dachte er.

Es war alles so merkwürdig. Noch vor weniger als einer Minute hatte er zornig seinen Tod akzeptiert. Jetzt schien es so, als habe er nicht einmal mehr an diesem Flugzeugabsturz teilgehabt. Er war ein Zuschauer, stand auf einer Wiese, in der Nähe der Kiefern, und sah zu, wie ein Flugzeug brannte.

Er dachte daran fortzulaufen, um zu retten, was er retten konnte, sich selbst. Was soll das Ganze? Renn doch einfach los! LOS!!! Aber wo waren die anderen Passagiere? Diese Frage ließ ihn nicht in Ruhe. Weshalb dauert es so lange, bis sie draußen sind?

Schließlich sah er, dass sich auf der anderen Seite etwas regte. Ein jüngerer Mann in Flammen, möglicherweise Reverend Steve Wilkinson, rannte unbekleidet auf den Wald zu.

Es wurden weitere Passagiere sichtbar, die ebenfalls in Flammen standen. Ihre Schreie verbreiteten sich über die Wiese: »Hilfe! Hiiilfe!«

McCorkell konnte sich nicht entschließen. Was mache ich nun? Er kannte diese Passagiere nicht einmal. Sie waren ihm völlig fremd. Hier stand er mitten am Tag in der Mitte des Sommers mitten auf einer Wiese, hörte ihre Schreie und sah sie durch schwarzen Rauch hindurch. Was mache ich nun? Er hatte überzeugende Gründe, dort zu bleiben, wo er war. Hier, auf Abstand, war sein Überleben gesichert. Als einer der ersten Passagiere, die herauskamen, und jetzt einer derjenigen, die sich am weitesten entfernt hatten, war er vor einer Gefahr davongelaufen, die er sich nur eingebildet hatte. Nun aber, da seine Befürchtungen eingetroffen waren, lief McCorkell nicht davon, sondern kehrte in die Gefahr zurück. Während andere herauskamen, ging er zurück.

Mit Verbrennungen an ihrer linken Seite und versengten Haaren saß Mary Jean Adair erschöpft und von quälenden Schmerzen gepeinigt im Gras, noch immer in der Nähe des Cockpits. Ihre Tochter Dawn Dumm kroch zu ihr zurück. »Mama, wir müssen hier weg. Es könnte explodieren.« Adair schüttelte bloß mit dem Kopf.

Mehrere Passagiere und Robin Fech gingen zu ihnen hin. Fech flehte Adair an weiterzugehen, doch die Großmutter war unwillig. Von den Verbrennungen abgesehen hatte Adair sich mehrere Brüche im rechten Fuß zugezogen.

Dumm kroch wieder von dem Flugzeug fort und rief ihrer Mutter zu: »Mama, wir müssen von dem Flugzeug weg!« Keine Antwort. Erneut rief Dumm: »Mama, wir müssen hier weg!«

Fech schrie unterdessen die anderen Passagiere an: »Entfernen Sie sich von dem Flugzeug, so weit wie möglich!« Sie verstand nicht, weshalb einige zu dem brennenden Rumpf zurückgingen. Es war vielleicht der Schock.

Dumm rief sie zu: »Sie müssen Ihre Mutter schon rufen, sonst rührt sie sich nicht!« Dumm forderte ihre Mutter nochmals auf, sich vom Flugzeug zu entfernen.

Chuck Lemay, der als einer der ersten Passagiere herausgekommen war, tauchte wieder auf. Er zog Dumm bis zu einer Stelle, wo es sicherer war. Sie hielt dabei ihren fast abgetrennten Fuß fest. Dann sagte sie zu ihm: »Helfen Sie bitte meiner Mutter. Holen Sie sie von dem Flugzeug weg!«

Tod Thompson ging zu Adair. Der junge Hilfssheriff tat sein Möglichstes, sie zum Fortgehen zu bewegen: »Haben Sie Enkelkinder?«

Adair nickte.

»Dann müssen Sie jetzt aufstehen und weggehen. Sie wollen sie doch wieder sehen!«, sagte Thompson.

Während Dumm nun allein über die Wiese kroch, fielen ihr

die schönen Blüten der an Reben emporrankenden Passionsblumen auf. Sie sah einen Schmetterling und versuchte ihn zu fangen. Er flog von einer Passionsblume zur anderen, und sie kroch hinterher. Es war wie beim Fangenspiel: Sie musste den Schmetterling kriegen, und weil er von einer Blume zur anderen flog und sich dabei vom Flugzeug entfernte, kroch Dumm ihm langsam nach, um ihn zu erreichen. Sie kehrte in die Kindheit zurück. Der Schmetterling flatterte zur nächsten Blume und Dumm folgte ihm, wobei ständig Blut aus ihrem Fuß floss.

Als sie vor Schmerz ohnmächtig zu werden drohte, kniete sie sich hin und betete das Vaterunser: »... Dein Reich komme, Dein Wille geschehe, wie im Himmel also auch auf Erden ...«

Sie sah drei Leute auf einer Anhöhe stehen, Bewohner angrenzender Häuser. Hektisch winkte sie ihnen zu. Elbert Eason, ein ehemaliger Meister des Elektrizitätswerks im Ruhestand, kam, um ihr zu helfen. Er hatte eine ungezwungene Art, umarmte sie und versicherte ihr, dass er bei ihr bleiben werde.

Dumm holte aus ihrer Gürteltasche die Abschiedsworte an ihren Mann und die beiden Söhne hervor, die sie auf die Umschlaginnenseite eines Taschenbuchromans geschrieben hatte, und reichte sie ihm.

Angst sprach aus Dumms Gesichtsausdruck und Stimme. Eason legte ihr Bein hoch, um den Blutstrom zu stillen. Er holte ein nasses Handtuch und wusch damit Dumms Gesicht. Sie bat ihn, ihren Mann Larry in Maryland anzurufen. Sie nannte ihm ihre Privatnummer. Eason versprach anzurufen.

Um Dumm herum schien es immer dunkler zu werden. Gleich würde sie in Ohnmacht fallen.

Kümmern Sie sich um meine Mutter, bat sie.

Dawn Dumm war durstig, schrecklich durstig. Sie biss in das Handtuch hinein, einerseits, um den Schmerz abzuwehren, andererseits, um Wasser daraus zu saugen. Dann wurde es dunkel um sie, und sie verlor das Bewusstsein. Elbert Eason sah, dass sie nicht mehr atmete. Er reagierte augenblicklich, heldenhaft: Er gab ihr eine Mund-zu-Mund-Beatmung.

Als David McCorkell vorsichtig auf das brennende Flugzeug zusteuerte, hörte er aus dem verräucherten Cockpit eine Stimme.

»Ich brauche Hilfe!«

Durch ein Loch in dem rußgeschwärzten Glas sah er den Ersten Offizier in seinem Sitz eingeklemmt. Matt Warmerdam hielt ein kleines Beil in der Hand, mit dem er das Loch in die Seitenscheibe geschlagen hatte.

McCorkell sprach durch die Scheibe mit dem Piloten. Er sah das junge, angstvolle und von der Hitze gerötete Gesicht Warmerdams. Er sah auch die zerrissene und verschandelte Aluminiumhaut des Flugzeugs und die zerknitterte Unterseite des Bugs.

Warmerdam presste sein Gesicht gegen das Loch und sagte McCorkell, er habe nicht genug Platz, um das Glas einschlagen zu können. Durch das Loch reichte er ihm das Beil und bat den Mann, den er nicht kannte, um Hilfe.

McCorkell hämmerte auf die dicke Scheibe ein. Er machte die Augen zu, weil ihm Glasscherben ins Gesicht flogen und in seinem Schnurrbart hängen blieben.

Als sein linker Arm ermüdet war, machte McCorkell mit dem rechten weiter. Schwarzer Qualm drang in das Cockpit. Warmerdam presste sein Gesicht gegen das Loch und schnappte nach Luft. Merkwürdigerweise kam McCorkell ein Gartenschlauch in den Sinn; jetzt hätte er einen gebrauchen können. Er bemerkte den jüngsten Passagier, den 18-jährigen Jason Aleshire, der sich bei der Air Force in der Grundausbildung befand; er stand in Jeans, T-Shirt und Bürstenschnitt neben ihm und bot seine Hilfe an. Vorher hatte er schon gesehen, wie Aleshire mehrere brennende Passagiere festgehalten und auf dem Boden gewälzt hatte. Klein und gedrungen, agierte Aleshire, wie wenn er sich im Gefecht befände, mit Aggressivität und Zielstrebigkeit. Wer immer er ist, dieser Kerl ist ein echter Mann, dachte McCorkell.

Nach und nach vergrößerte McCorkell das Loch von sechs auf acht und dann auf zehn Zoll, ein unförmiges Dreieck. Dann sagte McCorkell: »So, jetzt holen wir Sie da raus.« Er griff durch das Loch, um Warmerdam herauszuziehen, einen breitschultrigen Mann von 1,90. Aber das Loch war nur so groß, dass der Erste Offizier seinen Kopf und einen Arm herausstecken konnte. »Hören Sie auf, an mir zu ziehen«, sagte Warmerdam. »Es ist zu klein.«

Unter dem Cockpit tat es einen lauten Knall, und Gluthitze drang an McCorkells Beine, so dass er acht Schritte zurückwich.

Neben dem Flugzeug wütete das Feuer, und der Qualm im Cockpit wurde dichter. Hinter Warmerdam war ein zischendes Geräusch zu hören. McCorkell erkannte nicht, dass es sich um die Notfall-Sauerstoffflasche handelte, deren Ventil geplatz war, so dass nun eine weit reichende stetige Flamme hervorschoss.

McCorkell fragte sich angstvoll, was er nun tun sollte.

Nach Ansicht von Warmerdam konnte das Flugzeug jetzt nicht mehr explodieren – so etwas passierte nur im Film. Ein Knall konnte nur von einem Bleiakku herrühren, der sich infolge von Überhitzung entlud. (Er hatte allerdings nicht an die Sauerstoffflasche gedacht. Das Entweichen von Sauerstoff konnte nach Meinung von Gary Thomas, Brandmeister des Carroll County, außerhalb des Cockpits eine Stichflamme erzeugt haben; wäre das Ventil nicht aufgegangen, hätte der aufgestaute Druck die Flasche nach Auskunft von Thomas in ein Geschoss verwandeln und mehrere hundert Meter weit schleudern können.)

Warmerdam schrie: »Sie werden mich doch nicht sterben lassen?«

Der angstvolle Schrei des Ersten Offizier ließ Passagiere, die ihn hörten, zusammenfahren. Tod Thompson dachte an die Pistole in seiner Tasche und überlegte, ob er die Cockpitverglasung herausschießen sollte.

Hinter sich sah McCorkell Robin Fech stehen, die aus einer Kopfverletzung heftig blutete. Sie hielt sich den am Ellbogen gebeugten rechten Arm. Sie hatte gedacht, ihre Piloten seien herausgekommen. Sie sagte kein Wort zu McCorkell. Ihrem strengen Blick entnahm McCorkell jedoch eine klare Mitteilung, und so wandte er sich wieder der Scheibe zu.

Mit zusammengebissenen Zähnen hämmerte McCorkell noch energischer auf das Glas ein, auch wenn ihm dabei die Scherben um die Ohren flogen. Er schaute jetzt hin, mit zusammengekniffenen Augen, und er führte kurze, schnelle Schläge gegen das Glas. Er war sich sicher, dass das Flugzeug jeden Augenblick in die Luft fliegen würde. Er wollte dem Piloten helfen, aber er wollte dabei nicht sein Leben verlieren.

Beim Ausholen flog der Kopf des Beils weg. McCorkell machte ihn fluchend wieder fest. Kurz darauf traf Guy Pope, der stellvertretende Sheriff des Carroll County, als Erster von den Rettungsmannschaften ein. McCorkell reichte ihm das Beil, deutete auf Warmerdam und sagte: »Der Pilot ist noch drin.«

Jetzt war Pope an der Reihe. Er hämmerte auf das Glas ein. »Hier drin wird's heiß«, sagte Warmerdam zu ihm. »Holt mich raus!«

Wieder flog der Kopf des Beils weg. McCorkell hörte eine näher kommende Sirene, und dann sah er ein Feuerlöschfahrzeug heranfahren. Pope hatte inzwischen jemanden zu Paul Butlers Haus geschickt, um eine Axt zu holen. Warmerdam sah, dass das Beil auseinander ging, und rief so laut, dass alle auf der Wiese es hören konnten: »Sagt meiner Frau, dass ich sie liebe!«

Dann verschwand er wieder im Dunkel des Cockpits.

Jason Aleshire sprang auf das erste eingetroffene Feuerlöschfahrzeug. Er requirierte einen Schlauch und zog ihn in Richtung Cockpit. Mittlerweile waren zwei weitere geliehene Äxte an der Seitenverglasung gescheitert. Pope und Aleshire führten den Schlauch an das Loch in der Scheibe heran. Pope befürchtete zwar, dass der Pilot inzwischen gestorben war, sprach ihn aber dennoch an: »Heben Sie den Kopf hoch und atmen Sie weiter!« Zu seiner Überraschung tauchte Warmerdam wieder auf und rang heftig um Luft.

Aleshire konnte den Schlauch nicht halten, weil der Wasserdruck zu stark war. Deshalb übernahm ihn Pope, der darauf achtete, dass der Strahl nicht Warmerdam traf. Er richtete den Strahl zuerst auf die Sauerstoffflasche, stellte den Regler dann auf Sprühnebel und sprühte den Ersten Offizier an.

Einen Augenblick lang war es vollkommen still. Die Umstehenden fürchteten das Schlimmste. Aber dann hörten sie Matt Warmerdam in einem ruhigeren Ton sagen: »Lenkt mehr Wasser auf mich.«

Bald hörte Matt Warmerdam andere Männer mit ihren Äxten arbeiten. Die ganze Zeit dachte er: *Ich habe etwas zu tun. Ich muss dafür sorgen, dass die Passagiere sich von dem Flugzeug entfernen.* Er dachte sogar daran, dass er in Kürze vier freie Tage haben würde. Den geplanten Ausflug mit Amy würde er doch noch machen können. Das kühle Löschwasser, mit dem sein Körper besprüht wurde, war das wunderbarste Geschenk, das er je erhalten hatte.

Steve Chadwick, der zweite Brandmeister des County, eilte herbei, und seine Leute brausten das gesamte Cockpit ab. Noch mehr kühles Wasser, das über den Ersten Offizier gesprüht wurde.

Es dauerte lange, über zwanzig Minuten, ihn herauszuholen. Chadwick sah ein, dass es unmöglich war, den Ersten Offizier durch das Seitenfenster zu ziehen. Seine Männer verschafften sich schließlich von hinten Zugang zum Cockpit, wobei sie Metallteile zur Seite biegen und verbrannte Drähte wegziehen mussten. Beim Eintreten erblickte Chadwick den reglosen Warmerdam von hinten: Verbrennungen dritten Grades, nahezu verkohlt, von der Haarkrone abwärts über den Rücken. In neunzehn Jahren Brandbekämpfung hatte er keinen gesehen, der solche Verbrennungen überlebt hatte. Ein Todesfall, dachte Chadwick.

Aber dann drehte der Todesfall sich um und sagte: »Holt mich hier raus!«

Chadwick blieb fast die Luft weg, aber er erwiderte: »Wir sind gerade dabei!«

Chadwick stieg auf den Rückenteil von Warmerdams Sitz und trat ihn mit der ganzen Wucht seiner 100 Kilo herunter.

Warmerdam wurde auf einer Trage herausgeschafft. Er schaute zum Brandmeister auf und sagte noch einmal: »Sagen Sie meiner Frau, dass ich sie liebe!«

Chadwick, inzwischen optimistischer, sagte: »Nein, das sagen Sie ihr selbst!«

Kurz darauf betrat ein anderer Feuerwehrmann das ausgebrannte Cockpit. Er fand dort Ed Gannaway. Er berichtete Chadwick: »Der Pilot ist ein Signal 48«, der Code für ›verstorben‹. Gannaway war, wie die Autopsie ergab, an Verbrennungen und Rauchvergiftung gestorben.

David McCorkell sah, wie Warmerdam von Sanitätern fortgetragen wurde, wobei er seinen verbrannten Arm starr in die Höhe hielt. Er wird nicht überleben, dachte McCorkell.

Auf dem Weg zu einem Triagebereich, den man hastig am Ende der Wiese hinter dem Haus von Paul Butler eingerichtet hatte, hörte McCorkell das Stöhnen und Schreien von Passagieren mit Brandverletzungen. Dort angekommen, sah er sich dem kritischen Blick eines Sanitäters ausgesetzt. McCorkells Hemd war über der Brust zerrissen, und er hatte an mehreren Fingern kleine Verbrennungen erlitten. Was der Blick des Sanitäters bedeutete, übersetzte er sich so: Du Scheißkerl bist also weggerannt. Dass du dich traust, davongekommen zu sein, während sich niemand um Frauen und alte Leute kümmerte! Der Sanitäter sagte kein Wort, aber seitdem hatte McCorkell ein schlechtes Gewissen, das ihm lange keine Ruhe ließ.

Während Nachbarn und Rettungsmannschaften auf die Wiese strömten, ging Alan Barrington ohne Hemd am Waldrand entlang zum Heck des Flugzeugs. Er hatte sich nur kurz die Tränen abwischen können. Barrington hatte Passagiere gesehen, die in Flammen standen, und er hatte das Seine getan, um zu helfen. Dabei hatte er sich an den brennenden Socken eines Mannes, den er nicht kannte, die Finger versengt. Er hatte versucht, die Flammen mit seinem Hemd auszuschlagen, und dann hatte er die wütenden Flammen mit etlichen Hand voll Erde und Gras zu ersticken versucht, doch es hatte nichts genutzt. Dann und erst dann hatte Barrington den Mann aufgegeben. Er wusste, dass dem Mann nicht mehr zu helfen war. Er hatte es nicht ertragen können, jemanden verbrennen zu sehen.

Jetzt traf Barrington auf einen anderen Passagier, einen Mann in den Dreißigern, der an mehr als 80 Prozent seiner Körperoberfläche Verbrennungen davongetragen hatte. Er trug nur Unterwäsche, die übrige Kleidung war offenbar verbrannt.

Er ging auf ein Haus am Rand der Wiese zu. »Warum haben Sie keine Verbrennungen?«, fragte der Mann. Er stellte die Frage ruhig, beinahe sachlich.

Barrington wusste nichts darauf zu antworten. Was hätte er sagen können? Er glaubte, er sei der Einzige an Bord des Flugzeugs gewesen, der keine Verbrennungen erlitten hatte.

Er antwortete aufrichtig: »Ich weiß es nicht.«

Barrington blickte seinem Gegenüber nicht ins Gesicht.

Der Mann mit den Verbrennungen war Michael Hendrix, ein Ingenieur, für den die zweite Woche in einer neuen Firma begann. Hendrix ließ Barrington stehen und ging an Butlers Haus vorbei zum Nachbarhaus, auf der anderen Seite des Maisfeldes. Auf der Veranda traf er Polona Jeter an. Sie hatte beobachtet, wie das zerschellte Flugzeug auf ihr Haus zugerutscht war. Ihr Mann Billy war auf die Wiese hinausgegangen, um zu helfen.

Sie und Hendrix standen sich eine Weile stumm gegenüber.

»Ich war in dem Flugzeug«, sagte Hendrix. »Ja«, sagte Jeter, »ich habe es gesehen.«

Hendrix sagte, er müsse seine Frau in Maryland anrufen. Jeter sah, dass Hendrix leicht gekrümmt ging, vor Schmerzen. »Setzen Sie sich doch hier hin«, sagte sie. Sie brachte ihm das Telefon auf die Veranda. Er nannte die Nummer, und sie wählte für ihn, doch in der Aufregung verwählte sie sich. Hendrix wählte selbst und kam an einen Anrufbeantworter. Weil er Feuer eingeatmet hatte, sprach er leise. Polona Jeter hörte ihn sagen: »Linda, mein Flugzeug ist abgestürzt ...«

Eine gottverlassene Gegend, so hatte Renee Chapman die Absturzstelle charakterisiert. Von dem Rumpf ging sie benommen auf die Wiese hinaus, wo sie einen Mann mit Verbrennungen im Gras sitzen sah. Er trug ein weißes Hemd mit Krawatte, die Ärmel bis zum Ellbogen aufgekrempelt. Aber seine Hose war weg, die Schuhe waren geschmolzen, und seine Beine waren fast bis auf den Knochen verbrannt.

Er sagte ihr, sein Name sei Bond Rhue. Er gab sich Chapman gegenüber als der Mann zu erkennen, der den Platz mit der Frau vertauscht hatte, die nicht neben dem Notausgang hatte sitzen wollen.

Rhue fragte Chapman, ob er ihrer Ansicht nach sterben werde. »Nein«, sagte sie, »so schlimm ist es bei Ihnen nicht.« Sein Gesicht und seine Arme wirkten sonnenverbrannt, seine Haare angesengt. »Sie sehen aus, als hätten Sie in der Sonne gelegen«, sagte sie.

Rhue fragte: »Sitzt mein Schlips schief?« Sein Schlips, auf dem neckische Schweinchen zu sehen waren, war größtenteils geschmolzen.

Chapman nickte.

»Würden Sie so nett sein, ihn mir zu richten?«, fragte Rhue.

Chapman holte tief Luft. Dann sagte sie: »Nehmen wir ihn doch einfach ab …«

Paul Butler teilte auf seiner Wiese Decken an verletzte Passagiere aus. Er kam zu Rhue, der von Angst aufgewühlt war. »Ich werde sterben«, sagte Rhue. Butler log: »Nein, Sie sind bloß rot. So schlimm ist es nicht.« Doch Rhue ließ sich nicht davon abbringen. »Nein, ich habe Verbrennungen dritten Grades. Ich werde sterben.«

Butler breitete eine Decke über ihn und sagte: »Beruhigen Sie sich doch, Mann.«

Chapman ging in Jeans und T-Shirt über die Wiese. Sie setzte sich ins Gras und fummelte an ihren Zigaretten. David McCorkell trat auf sie zu und fragte: »Kann ich eine haben?« Die Winston Lights waren ihr beim Aufprall in der Tasche zerbröselt. Nur eine einzige Zigarette in der ganzen Packung war nicht kaputtgegangen – es war, wie sich herausstellte, Chapmans Glückszigarette, diejenige, die sie aus der neuen Packung herausgeholt und umgekehrt wieder hineingetan hatte, als Glücksbringer. Chapman und McCorkell ließen sich von einem Nachbarn Feuer geben, setzten sich zusammen auf die Wiese und betrachteten den schwarzen Rauch, der vom Flugzeugrumpf aufstieg. McCorkell, der einen Blutfleck neben der Nase hatte, streckte seine Hand aus und sagte: »Mein Name ist Dave.« Chapman tat einen langen Zug. »Ich heiße Renee …«

Chuck Pfisterers Kehle war ausgedörrt. Er verließ die Wiese und ging zum Haus der Butlers. Auf seinen stummen Schrei antwortete niemand. Er starrte auf die andere Straßenseite hinüber. Von dort starrten ihn drei Frauen an, darunter Connie Jackson, Butlers 82-jährige Schwiegermutter.

Pfisterer ging auf sie zu. Er trug seine Unterwäsche und ein blutiges T-Shirt, braune Slipper und Socken. In der Hand hielt er seinen Gürtel und die Brieftasche, die er in der Wiese aufgelesen hatte.

Gerade war Connie Jackson von ihrer Tochter Polona Jeter angerufen worden, die auf der anderen Straßenseite wohnte. »Mama, ist alles in Ordnung bei dir?«, hatte sie mit zitternder Stimme gefragt. Ihr gehe es gut, sagte Connie Jackson, legte auf und ging auf die Veranda hinaus. Weil sie nicht wusste, was sie sonst tun sollte, weinte sie. Während die beiden Nachbarinnen kamen, sagte sie unter Schluchzen: »Herr, steh ihnen bei.«

Nun trat Pfisterer an ihre Veranda und sagte: »Ich möchte Sie nicht belästigen, aber könnte ich ein Glas Wasser haben?« Sie holte ihm Wasser. Er fragte, ob er telefonieren könne. Sie ging ihm voran ins Haus. Er rief in Connecticut an, aber da seine Frau nicht abnahm, rief er einen Bürokollegen an, der sie benachrichtigen würde.

Chuck Pfisterer fragte Connie Jackson: »Wo sind wir?« Sie nannte Burwell, Bowdon und Carrollton, Namen, die er noch nie gehört hatte. Sie unterhielten sich einige Minuten, bis ein Sanitäter kam und Pfisterer zu einem Krankenwagen begleitete. Pfisterer dankte Jackson und ging.

Erst sehr viel später fiel Connie Jackson ein, dass sie den Mann nicht nach seinem Namen gefragt hatte.

Reverend Gus Koch tröstete Hilfssheriff Charles Barton, der zwischen anderen lag, die ebenfalls Verbrennungen davongetragen hatten. Tod Thompson kam, um seinem Kollegen Beistand zu leisten. Charlie hatte keine Haare und Augenbrauen mehr; auch seine Kleider waren verbrannt.

»Er ist mein Freund«, sagte Thompson zu Koch. »Ein guter Mann.«

Thompson war aschfahl im Gesicht. »Er ist wirklich ein guter Mann.«

Der junge Hilfssheriff sagte zu Barton: »Wir bringen dich hier raus. Halt die Ohren steif!«

»Das tut weh«, erwiderte Barton mit kaum vernehmlicher Stimme. »Mann, tut das weh.«

Thompson wollte seinen Freund beruhigen. Er suchte nach einer Stelle an Bartons Körper, an der er ihm unbedenklich seine Hand auflegen könnte. Er sah nichts als verkohlte Haut. Schließlich berührte er Barton sanft am Bauch.

Barton zuckte zusammen. »Stoß mich nicht so«, sagte er.

Thompson, in Jeans und ohne Hemd, schüttelte den Kopf. Er wusste nicht, was er tun oder sagen sollte. »Er ist ein guter Mann«, sagte er nochmals zu Koch.

Koch hörte ein Gurgeln in Bartons Stimme, und als ehemaliger Sanitäter wusste er, dass Barton Feuer inhaliert hatte. Barton war offensichtlich in Schwierigkeiten.

Koch sah eine Menge vor dem Cockpit stehen, wo jemand

versuchte, die Windschutzscheibe einzuschlagen. Bei einem Blick nach hinten sah er Passagiere, die sich neben seinem Pritschenwagen versammelt hatten. Über die Wiese verstreut sah er Leichen, und er fühlte sich an Triage-Übungen erinnert. Er sah von dem Feuer am Rumpf schwarzen Rauch in den grauen Himmel aufsteigen. Er sah die Flugbegleiterin, blutend, aufgelöst, beinahe hysterisch. »Ich muss wieder hin«, hörte er Robin Fech sagen.

»Nein«, sagte Koch, »das Flugzeug wird explodieren.«

Er sah einen hoch gewachsenen Schwarzen vorbeistolpern. »Ich suche meine Frau«, sagte der Mann. So etwas wie Lonnie Burton hatte Gus Koch in Vietnam noch nicht gesehen. Von Burtons Gesicht und Oberkörper löste sich die Haut; seine Hose war fast verbrannt.

»Sie müssen sich hinsetzen«, sagte Koch. Burton gehorchte, aber es hielt ihn nur wenige Augenblicke. Er machte einen vernünftigen Eindruck, war aber nervös. »Ich muss meine Frau suchen«, bekräftigte er. Er stand auf und ging fort.

Hinter dem Heck des Flugzeugs sah Koch eine junge Frau. Sie hatte in Flammen gestanden, aber das Feuer war jetzt aus. Sie trug Jeans, war aber von der Taille aufwärts nackt. Der Büstenhalter hatte sich in die Haut gebrannt. Im Gesicht war die Haut weggeschmolzen. Rauch stieg von ihrem Körper auf, als sie etwa acht Meter vom Rumpf entfernt ins Stolpern kam. Sie irrte einsam umher. Nicht weit vom brennenden Gras fiel sie hin.

Koch beugte sich vor zu Charles Barton und sagte: »Ich werde jetzt woanders gebraucht, ich muss gehen.« Er nickte Tod Thompson zu und sagte zu Barton: »Ihr Freund ist hier.«

Gus Koch kniete neben der Frau nieder, die hingefallen war. Ihr Atem ging mühsam. Koch entfernte loses Fleisch von Nase und Mund. »Jetzt müsste Ihnen das Atmen leichter fallen«, sagte er. Ihre Jeans waren verbrannt, ihre Wanderstiefel halb in die Füße eingeschmolzen. Sie war fast nicht erkennbar. Er fragte sie nach ihrem Namen.

Jennifer, sagte sie.

»Hi, ich bin Gus.«

Sie sagte ihm, ihr Mann heiße Bob und arbeite beim Fairfield Inn in Bangor, Maine. Sie nannte ihm die Telefonnummer. »Rufen Sie ihn bitte an, und sagen Sie ihm, er soll sofort herkommen.« Dann nannte sie noch einmal die Telefonnummer.

Jennifer Grunbeck konnte Gus Koch nicht so gut sehen, wie sie ihn hören konnte. Seine Stimme war sanft, beruhigend. Sie sagte, sie hätte Schmerzen in den Füßen, und bat ihn, ihr die Stiefel auszuziehen.

Koch spürte am Rücken die Hitze des Feuers. Als Sanitäter hatte er immer Verbandszeug, Schere und Wasser bei sich gehabt, und jetzt bedauerte er, dass ihm diese Sachen nicht zur Verfügung standen. Er sagte ihr, er könne die Stiefel nicht ausziehen, nicht jetzt jedenfalls. Ein Wind schürte das Feuer im Gras, trieb es in ihre Richtung. »Jennifer, ich geh mal kurz, bin aber gleich wieder da.« Koch erhob sich, ging ein paar Meter weg und trat mit seinen alten ledernen Arbeitsstiefeln in einem Umkreis von drei Metern die Flammen aus. Dann kehrte er zu Grunbeck zurück. Sie nannte noch einmal die Telefonnummer ihres Mannes: »Sagen Sie ihm, er soll sofort herkommen.«

Jetzt kam es darauf an, dass Grunbeck weiter sprach, wenigsten so lange, bis die Rettungsmannschaft da war, und deshalb suchte Koch nach einem Thema, das ihr etwas bedeutete, nach einem Aufhänger. Ob sie Kinder habe, fragte er. »Ja«, sagte sie, »einen Sohn.« Wie er denn heiße, wollte er wissen. »Johnny«, sagte sie. »Wie alt ist er?«, fragte Koch. »Vier«, sagte sie.

Grunbeck hatte sofort an Johnny gedacht, als ihre Jeans und die Bluse aus Kunstseide Feuer gefangen hatten, und sie hatte jemanden rufen hören: »Sofort fallen lassen und wälzen!« Genau das hatte Johnny kürzlich in der Vorschule von Feuerwehrleuten gelernt: Wenn man Feuer gefangen hat, muss man sich sofort fallen lassen und am Boden wälzen, um die Flammen zu ersticken. Nicht vergessen, Mama, hatte Johnny gesagt. Sofort fallen lassen und wälzen. Johnny hatte es ihr sogar zu Hause vorgemacht. Sie erinnerte sich an den Rat ihres kleinen Jungen und ließ sich zu Boden fallen. Sie versuchte sich zu wälzen, aber mit ihrem gebrochenen Rückgrat ging das nicht. Sie sah, wie ihr Fleisch brannte, aber bald spürte Jennifer Grunbeck nichts mehr.

Jetzt hatte Gus Koch seinen Aufhänger. Er fragte: »Was ist Johnny für ein Kind? Ist Johnny unordentlich?« Er erwähnte das Beispiel seiner eigenen Tochter, die inzwischen 23 war. »Was isst Johnny gern?«

Jennifer Grunbeck sagte: »Hot Dogs und Makkaroni und Käse.«

Die Flammen kamen wieder näher. Gus Koch drehte sich um und schaute zum Flugzeug. Der schwarze Rauch verdunkelte den Himmel, als wäre es Nacht. Aus dem wogenden Dunkel drang der Hilferuf eines Mannes zu ihm: »Helft mir! Helft mir!« Bald drehte sich der Wind, es wurde wieder hell. Plötzlich drang ein lautes Zischen aus dem Flugzeug. Das muss ein Treibstofftank sein, dachte Koch, gleich explodiert er. Instinktiv stellte er sich zwischen das Flugzeug und Grunbeck, um ihr Deckung zu geben. Das zischende Geräusch, das von der Sauerstoffflasche kam, hörte nach einigen Sekunden auf. Gern hätte Koch Grunbeck aus dem Bereich des um sich greifenden Feuers weggebracht, aber er vermutete, dass sie sich am Rückgrat verletzt haben könnte, und dann konnte jede Bewegung die Verletzung verschlimmern. Sie setzten das Gespräch fort.

»Ich habe Schmerzen in den Füßen und am Rücken«, sagte sie.

»Wenn es anfängt wehzutun, ist das ein gutes Zeichen«, erwiderte er. Dann fragte er: »Wie sind Sie aus dem Flugzeug herausgekommen?«

Sie antwortete: »Ich habe mir den Weg ins Freie mit einem Fußtritt verschafft.«

»Sie sind bemerkenswert«, sagte er.

Er stand auf und trat wieder das Feuer im Gras aus. Zu ihr zurückgekehrt, sagte er: »Sie haben es geschafft, aus dem Flugzeug rauszukommen, Jennifer. Sie werden auch den Rest noch schaffen.«

Dann sah er die Rettungsmannschaft kommen. »Hier drüben ist jemand«, rief Koch.

Der Sanitäter stellte sich als Bud vor. Er trat neben Grunbeck. »Das ist Jennifer«, sagte Koch zu ihm, »sie hat einen Jungen von vier, er heißt Johnny.«

Bud Benefield sah sich Grunbeck an. Sie hatte Verbrennungen dritten Grades fast am ganzen Körper. Ihre Bluse war zusammengeschrumpft und hatte sich um ihre Haut gewickelt. Er bemerkte, dass sie Feuer inhaliert hatte. »Jennifer, können Sie mit mir sprechen?« Benefield rechnete nicht mit einer Antwort.

»Ja«, antwortete sie.

Benefield glaubte nicht, dass sie eine Überlebenschance hatte. Nach seiner Vermutung würden ihre Atemwege anschwellen, sie würde in einen Schockzustand geraten, und ihre inneren Organe würden versagen. Er entschloss sich zu einer Überdruckbeatmung. Benefield wusste, dass Koch Geistlicher war, und sagte zu ihm: »Sie beziehungsweise der, für den Sie arbeiten, sollten jetzt bei mir bleiben.«

Andere Sanitäter kamen mit einer Trage, und Grunbeck wurde zum Unfallwagen gebracht. Nur ihre Fußsohlen waren offenbar von den Flammen verschont worden. Benefield dachte: Wie war es möglich, dass ein Mensch eine solche Verbrennung überlebte?

Zu dem Sanitäter im Unfallwagen sagte Benefield: »Das ist eine der schlimmsten Verbrennungen, die ich je gesehen habe.«

Der Sanitäter sagte: »Haben Sie meine Patientin gesehen?«

Benefield blickte in den Unfallwagen. Ludie Burton, deren Hand zu einer Klaue verkrümmt war, betete: »Bitte, Gott, lass mich sterben!«

Jetzt mussten die Fachleute das ihre tun. Jennifer war auf dem Weg ins Krankenhaus, und am Himmel tauchten Hubschrauber auf. Gus Koch sah Leute aus dem Wald kommen. Andenkenjäger waren bereits dabei, Flugzeugteile aufzusammeln. Es widerte ihn an.

Er stieg in seinen Pritschenwagen und fuhr zurück zu seinem nahe gelegenen Pfarrhaus. Er schloss die Tür hinter sich zu und legte sich aufs Sofa. Er konnte an nichts anderes denken als an Jennifer, deren Bild ihm nicht aus dem Kopf ging.

Matt Warmerdam lag in einem Unfallwagen und hörte die gequälten Schreie einer Frau, die neben ihm lag. Es war Dawn Dumm, die abwechselnd schrie und in ein Handtuch biss. Er fragte den Sanitäter: »Weshalb schreit sie so?« »Sie hat eine schlimme Verletzung am Fuß«, erwiderte der Sanitäter. Hastig und nervös nestelte der Sanitäter an der Verpackung eines Infusionsschlauches, von dem Warmerdam annahm, er sei für die schreiende Frau bestimmt, bis der Sanitäter ihn schließlich ausgepackt hatte und dem Ersten Offizier einführte.

Warmerdam wollte dem Sanitäter sagen: »Das tut gut«, aber durch die Sauerstoffmaske brachte er die Worte nicht heraus.

Er hörte Dumm mit gequälter Stimme ein Ave-Maria sprechen. Doch in diesem Moment verstummten ihre Gebete. Warmerdam, ebenfalls katholisch, winkte eine andere Sanitäterin herbei, Joan Crawford.

Crawford hatte geholfen, ihn aus dem Cockpit zu holen,

während ihr Mann, der bei der Feuerwehr war, Wasser versprühte. Auf der Wiese hatte Warmerdam sie nach seinen Überlebenschancen gefragt. Sie glaubte, dass er sterben würde, gab ihm aber eine optimistische Antwort. Crawford zog Warmerdam einen Teil seiner Kleider aus und schob sein ASA-Namensschild in seine Unterhose, damit man im Krankenhaus Bescheid wusste, wer er war. Als sie in das Gesicht des Ersten Offiziers blickte, sah sie ihren eigenen Sohn, der ungefähr in seinem Alter war. Sie wurde ihrer Gefühle nicht mehr Herr. Im Unfallwagen weinte sie um Warmerdam. Sie beugte sich vor zu Warmerdam, und da streckte er seine verbrannte Hand aus und wischte ihr eine Träne von der Wange. Diese menschliche Geste versetzte sie in Staunen.

Dann murmelte Warmerdam etwas, aber Crawford verstand ihn nicht. Sie beugte sich näher an ihn heran. Er sagte es noch einmal, jetzt etwas lauter. Crawford nickte. Sie beugte sich zu Dawn Dumm hinüber und sagte: »Er möchte, dass Sie laut weiterbeten.«

Von da an sprach Dumm ihre Gebete wieder laut.

Hin und wieder nahm Jennifer Grunbeck verschwommen Geräusche und Bilder wahr: In einem Unfallwagen hörte sie Ludie Burton mit gellender Stimme um ihren Tod bitten, dann wurde sie im nahe gelegenen Bowdon durch einen Krankenhausflur gefahren, Leute eilten geschäftig hin und her, Krankenschwestern schnitten die Überreste ihrer Kleidung auf, Krankenschwestern schnitten ihren Hochzeitsring ab, und sie sagte noch: »Nicht verlieren.« Sie spürte keinen Schmerz, überhaupt keinen Schmerz, sah einen Hubschrauber und wurde hineingeschoben, dachte: »Mein Gott, jetzt tun sie mich in was anderes, das fliegt.« »Mein Name ist Glen«, sagte der Mann im Hubschrauber, und ein anderer – oder war es immer noch Glen? – sagte: »Jennifer, wir versetzen Sie jetzt in

Schlaf.« Die Maske kam herab über ihre Nase, über ihren Mund, und dann rollte sie auf einem Metallbett in ein Krankenhaus, ein anderes Krankenhaus als vorher, Deckenlichter wischten vorbei, ein Stroboskopeffekt, Leute sprachen über Jennifer, Leute sprachen mit Jennifer, und dann hörte sie einen Priester – ein Priester? Was macht er? Er erteilt die Sterbesakramente, bla-bla-bla-bla-bla-bla. »Der Vater, der Sohn, der Heilige Geist«, bla-bla-bla-bla-bla-bla, und dann, auf einmal, empfindet sie Leid. Nicht von den Verbrennungen. Leid tut ihr dieser Priester. »Mein Gott, dieser Priester hat sich im Zimmer geirrt. Er erteilt der verkehrten Person die Sterbesakramente.« Unter metallenen Verbrennungsfolien, unter Verbänden, unter einer fast auf ihrer gesamten Körperoberfläche versengten Haut, in ihrem tiefsten Inneren wusste Jennifer Grunbeck bereits, was weder der Priester wusste noch die Fachärzte für Verbrennungen. »Ich gehe nirgendwohin.«

Teil VI

»Du bist der Held«

22 Was Jackie Gannaway zu hören bekam, wünscht keine Pilotenehefrau zu hören. Kurz vor zwei Uhr verließ sie eine Besprechung im Krankenhaus der Veterans Administration in Dublin, Georgia, weil sie auf ihrem Piepser um einen dringenden Anruf gebeten wurde. Es war ihre Mutter. Mutter und Tochter lebten in derselben Kleinstadt im Osten Georgias, hatten ein enges Verhältnis und sprachen oft miteinander.

»Jackie, hast du von dem Absturz einer ASA-Maschine gehört?«

Die Frau des Piloten verneinte. »Auf dem Weg nach Gulfport ist ein Flugzeug abgestürzt. Ich glaube ja nicht, dass es Eds Maschine ist, aber er fliegt doch so oft nach Gulfport ...«

»Gulfport?«, sagte Jackie Gannaway. »Nein, das ist nicht Ed. Er ist heute nach Albany geflogen.«

Sie wusste es nicht genau; sie hatte den Dienstplan ihres Mannes nicht. Sie sagte ihrer Mutter, sie würde die Einsatzleitstelle der ASA anrufen.

Zweiundvierzig Jahre alt, Ehefrau und Mutter, College-Absolventin mit rastloser Neugier und einem Magisterdiplom in Sozialarbeit, entsprach Jackie Gannaways Leben einer südstaatlichen Idylle. Fast zwanzig Jahre mit einem Piloten der Atlantic Southeast Airlines verheiratet, nach wie vor in der Stadt, in der sie aufgewachsen war, zog sie zusammen mit Ed Gannaway ihre drei gemeinsamen Söhne auf.

Vom Anruf ihrer Mutter beunruhigt, ging Jackie Gannaway in ihr Büro.

Sie versuchte sich an den hastigen Aufbruch am Morgen zu erinnern. Sie und Ed hatten nur wenige Worte gewechselt, wie es eben so geht, wenn beide Eltern arbeiten und drei Kinder am Beginn des neuen Schuljahrs weggebracht werden müssen. Sie vergegenwärtigte sich, wie es am Morgen abgelaufen war, und suchte nach einer Bestätigung dafür, dass das abgestürzte Flugzeug nicht Eds Maschine gewesen sein konnte: Richtig, Ed hatte doch, bevor ich die Jungs zur Schule fuhr, gesagt, er flöge nach Albany. Von Gulfport kein Wort.

Wenn sie in der Einsatzleitstelle anrief, gab sie natürlich zu, dass das abgestürzte Flugzeug das von Kapitän Ed Gannaway gewesen sein konnte. Sie wusste, dass man dort Anrufe nicht schätzte, nicht einmal von der Ehefrau eines Piloten. Bei der Einsatzleitstelle, hatte Ed ihr in den acht Jahren seiner Tätigkeit für die Regionalfluggesellschaft gesagt, solltest du nur in einem echten Notfall anrufen.

Sie kam direkt durch zur Einsatzleitstelle. »Hier ist Mrs. Gannaway. Es tut mir Leid, wenn ich Sie störe, und dieser Anruf ist sicher unnötig, aber ich habe gehört, dass ein ASA-Flug nach Gulfport abgestürzt ist. Ich möchte nur sichergehen, dass es nicht ein Flug meines Mannes ist.« Sie sagte das im Ton einer freundlichen Bitte, als könnte sie schon dadurch den Leuten in der Einsatzleitstelle eine Bestätigung dafür entlocken, dass sie sich tatsächlich unnötig Sorgen gemacht hatte.

Sie bekam keine Bestätigung. Man sagte ihr nicht, sie solle aufhören, sich Sorgen zu machen, oder sie solle aufhören, jedes Mal in der Einsatzleitstelle anzurufen, wenn sie von einer Rundfunkmeldung beunruhigt sei. Zunächst war es einfach still. Dann hieß es: »Könnten Sie bitte eine Minute dranbleiben, Mrs. Gannaway?«

Da war ihr alles klar. Ed war abgestürzt.

Sie sank gegen die Wand ihres Büros. Dann hörte sie den Einsatzleiter sprechen. »Es tut mir Leid, Ihnen das sagen zu müssen«, sagte er, »aber es war die Maschine Ihres Mannes …«

Von dem Rest nahm sie nur noch bruchstückhaft Kenntnis: »… alles, was wir bis jetzt wissen, hört sich positiv an … Es soll viele Überlebende geben … Wir haben noch keinen Überblick über die Lage … Das Flugzeug scheint noch einigermaßen intakt zu sein …«

Während der Einsatzleiter mit ihr sprach, waren schon Zeitungs- und Fernsehreporter per Hubschrauber zum Unfallort unterwegs.

Die Tatsache war nicht mehr zu leugnen, Schonung nicht mehr nötig, und so machte Jackie Gannaway keine Umschweife und sagte mit fester Stimme: »Halten Sie mich auf dem Laufenden. Sobald Sie etwas Neues wissen, rufen Sie mich bitte an.«

Sie verließ das Krankenhaus, um Craig und Russ, die beiden Ältesten, abzuholen. Rob, der Jüngste, würde mit dem Schulbus heimkommen. Jackie Gannaway wollte die Jungs bei sich haben, denn sie würde sie ebenso brauchen, wie die Jungs ihre Mutter brauchen würden. Während der Heimfahrt sagte sie zu Craig und Russ: »Es ist bestimmt alles in Ordnung. Wir müssen nur nach Hause fahren und beten.«

Dort, in dem Zuhause, das die Familie sich gemeinsam geschaffen hatte, saßen die Jungs mit ihrer Mutter und sahen im Fernsehen den rauchenden, verkohlten, zerbrochenen Rumpf einer Embraer EMB-120, die ihr Vater geflogen hatte. Jackie gab sich mit den Informationen des Fernsehens nicht zufrieden. Sie rief bei diversen Krankenhäusern in der Umgebung des Unfallortes an und fragte, ob ein Patient namens Gannaway aufgenommen worden sei.

Nein, hieß es überall, aber rufen Sie doch noch einmal an, denn es werden noch Unfallopfer eingeliefert.

Ohne über den Zustand ihres Mannes Genaues zu wissen, sagte sie ihren Jungs: »Papa geht's gut.« Sie glaubte daran. Die Erfahrung, dass ein geliebter Mensch gestorben war, hatte sie noch nicht gemacht. Diesen Kummer konnte sie sich jetzt nicht erlauben. Auf keinen Fall konnte sie den Jungs diesen Kummer zumuten.

Bald strömten im Haus der Gannaways alle zusammen, die von dem Absturz gehört hatten und sich um die Familie sorgten, und das schienen fast alle Dubliner zu sein. Es kamen Jackies Eltern, Jake und Margaret New, ebenso wie Kollegen von der Veterans Administration und die Geistlichen ihrer Familie. Fast alle in der Stadt kannten Ed Gannaway; als geselliger Mensch war er Mitglied im Rotary Club, Touchdown Club, Bicycle Club, Country Club, Running Club und bei den Pfadfindern. Freunde kamen, erst zwei Dutzend, später mehr, um bei den Gannaways Wache zu stehen. Sie schaltete den Fernseher im Hobbyraum und im Wohnzimmer an.

Aus drei Uhr wurde vier Uhr. Keine Nachricht von irgendeinem Krankenhaus. Keine Nachricht von der Flugeinsatzstelle. Es kamen immer mehr Freunde herbei. Sie standen draußen und unterhielten sich leise. Jackie und die Jungs zogen sich aus dem überfüllten Hobbyraum in die Einsamkeit des Elternschlafzimmers zurück. Sie brauchten alle vier die Ruhe.

Ein Fernseher auf einer Frisierkommode brachte in das Schlafzimmer von Ed Gannaway Bilder von seiner 180 Meilen entfernten ausgebrannten Maschine. Jetzt sahen die Frau des Kapitäns und die drei Söhne verbranntes Gras und verkohltes Metall. Auf der nach oben gekehrten Seite der Brasilia sahen sie in roter Farbe das Kennzeichen: N256AS.

Sie sahen Menschen: Feuerwehrleute, Rettungsmannschaften. Jackie Gannaway brauchte die Bestätigung, dass ihr Mann noch am Leben war. Sie schaute sich auf dem Bild, das das Fernsehen von der Wiese zeigte, um, in der Hoffnung, Ed zu sehen, wie er mit Passagieren ging oder ihnen half. Das würde zu Ed passen. Er würde bestimmt seinen Passagieren helfen.

Aus vier Uhr wurde halb fünf, dann fünf. Kein Anruf, keine ausreichenden Nachrichten.

Im Fernsehen wurde der Bug des Flugzeugs gezeigt, der Teil, in dem ihr Mann arbeitete. Einer der Jungs sagte, das Cockpit sehe ziemlich gut aus. »Vielleicht ist Papa unversehrt.« Jackie sah sich das ausgebrannte Cockpit genauer an. In der Mitte des Cockpitfensters auf der rechten Seite erkannte sie ein seltsames Loch. Sie erinnerte sich, dass Ed von seinem neuen Ersten Offizier gesprochen hatte, einem jungen, eifrigen Piloten namens Matt Warmerdam. Sie dachte: Das ist nicht auf Eds Seite, das ist Matts Seite.

Sie schaute, ob Ed nicht auf der Wiese war. Sie hatte ihn nicht gesehen, seit sie am Morgen aus dem Haus geeilt war, um die Jungs zur Schule zu bringen. Jetzt war es fast halb sechs und noch immer keine Nachricht. Sie konnte sein Flugzeug sehen, aber sie konnte nicht den Mann sehen, den sie vor 21 Jahren kennen gelernt hatte, als sie einmal mit ihren Freundinnen ausgegangen war.

Eine Freundin hatte ihr vorgeschlagen, ein Rendezvous mit einem Unbekannten zu arrangieren, einem gut aussehenden Typ, den sie vom College kannte, Ed Gannaway. Nein, danke, das kommt für mich nicht mehr in Frage, war Jackies Reaktion. Als sie eines Abends mit einer anderen Freundin ausgegangen war, wurde sie von einem gut aussehenden Typ zum Tanzen aufgefordert. Nein danke, sagte sie ihm, aber dieser Typ ließ sich nicht abwimmeln, und eigentlich gefiel er ihr auch. Er war nett, freundlich, ein Gentleman.

Sie tanzten also miteinander, und sie fragte ihn nach seinem Namen, und es war Ed Gannaway, und sie hielten es immer für einen glücklichen Zufall, dass sie sich kennen gelernt hatten. Anderthalb Jahre später waren sie verheiratet, und jetzt, da ihr

Mann und sein Flugzeug dort, so weit weg, auf der Wiese waren, dachte Jackie Gannaway wieder an das letzte Mal, dass sie ihn gesehen hatte, an den Morgen, als sie aus dem Haus eilte, um die Jungs zur Schule zu bringen und um Blumen für den Tag der offenen Tür abzuliefern und …

O nein. Sie hatten sich immer mit einem Kuss verabschiedet. Es interessierte sie nicht, ob andere das altmodisch fanden. Sie waren altmodisch in dem Sinne, dass sie sich so sehr liebten, dass sie es auch zeigten. Immer wenn einer ging, ob zum Flughafen, ob zum Krankenhaus der Veterans oder zu den Schulen, die die Jungs besuchten – stets hatten Jackie und Ed Gannaway sich geküsst.

Jackie saß mit ihren Jungs im Schlafzimmer und wartete auf die Nachricht, dass ihr Mann und der Vater der drei noch am Leben war. Sie schuldete ihm noch den Kuss von heute Morgen.

Zwei Todesfälle, hörte Craig Gannaway den Mann im Fernsehen sagen. Er starrte auf die 13-Zoll-Bildröhre im Schlafzimmer seiner Eltern und versuchte sich vorzustellen, sein Vater sei da. Das Cockpit wirkte zu unbeschädigt. Die Umgekommenen müssen im hinteren Teil des Flugzeugs gesessen haben, dachte er. Dann sagte ein Nachrichtensprecher, einer der Piloten sei tot.

Es steht halbe-halbe, dachte Craig.

Er hatte das Gefühl, dass die Spannung im Zimmer stieg. Jackie saß mit Russ und Rob auf dem Bett.

Hinterm Haus plätscherte das Bächlein der Gannaways. Freunde, Kollegen und Geistliche saßen im Hobbyraum und im Wohnzimmer der Familie vor den Fernsehern oder standen in der Auffahrt und unterhielten sich leise, während sie auf eine Nachricht über Ed warteten.

Nach halb sechs, mehr als viereinhalb Stunden nach dem

Absturz, brachte das Fernsehen eine Videoaufzeichnung, auf der ein Mitglied der Rettungsmannschaft mit einer Axt auf das Cockpitfenster einhieb. Danach erklärte der Mann mit der Axt einem Fernsehreporter: »Den Kopiloten haben wir rausgeholt. Ich wollte den Piloten rausholen, aber er war schon tot.«

Jackie streckte ihre Arme nach Russ und Rob aus. Freunde und Verwandte drängten weinend ins Schlafzimmer. Craig, ebenfalls weinend, sank einem der besten Freunde seines Vaters in die Arme.

Ein Geistlicher sagte später in der Diele zu Craig, dass die Verantwortung für die Familie nun bei ihm liege: »Du hast noch deine Mutter, aber du bist der Älteste.« Tränen in den Augen, nickte der älteste Sohn und sagte, er habe verstanden.

Rob, der jüngste, wollte nur mit seinem Hund Otis trauern. Seine Großmutter brachte den Drittklässler durch eine Seitentür nach draußen, fort von den vielen Menschen. Sie sah, wie er Otis umarmte und weinte.

Jake New, Jackies Vater, hörte überall im Haus von wohlmeinenden Freunden: »Wie konnte Gott das zulassen?«

Es machte ihm Sorgen. Er zog Craig auf die Seite, hielt seine Tränen zurück und ermahnte seinen Enkel streng: »Lass dir von niemandem einreden, dies sei Gottes Werk gewesen.«

23 13.45 Uhr. Dr. Bobby Mitchell wurde in seinem Haus in Douglasville, Georgia, vom Klingeln des Telefons aus dem Tiefschlaf gerissen. Eine Angestellte von der Notaufnahme erklärte: »Es hat einen Flugzeugabsturz mit 28 bis 30 Leuten gegeben. Sie müssen sofort kommen.«

»Ja, klar«, antwortete Mitchell, noch halb verschlafen. »Okay.«

Mitchell sagte nicht, was er dachte: Es ist unverschämt,

mich zu dieser Zeit zu einer simulierten Notfallübung zu holen. In Carrollton, Georgia, stürzten keine Flugzeuge ab, jedenfalls keine Flugzeuge mit 28 bis 30 Leuten an Bord.

Er vermutete dahinter eine der seltenen Katastrophenübungen im Krankenhaus, mit verbundenen oder geschminkten Scheinpatienten, die so taten, als seien sie traumatisiert, einem vom Krankentransportdienst vorgetäuschten Vorfall und mit Notfallärzten und Schwestern, die die Triage übten.

Warum ausgerechnet jetzt? Mitchell schätzte diese kurzen Nachmittagsstunden, in denen er ein Schläfchen machen konnte. In fünf Stunden würde seine Nachtschicht in der Notaufnahme des Tanner Medical Center beginnen, einem Regionalkrankenhaus nahe der Grenze zu Alabama.

Aber dann fiel ihm ein, dass die Angestellte nichts von einer Übung gesagt hatte. Rasch zog er sich an, schaltete den Fernseher ein und hörte die Absage einer Nachrichtensendung: »Dies war ein Sonderbericht von ABC News ...« War das doch ernst?

Bobby Mitchell aus Mississippi war ein großer, stattlicher Mann, der mit 41 Jahren noch immer eine sportliche Statur hatte. Dank seines freundlichen Wesens und seiner Beredsamkeit konnte er gut mit Kranken umgehen. In der Notaufnahme des Tanner war er der richtige Mann am richtigen Platz. Er hatte in den letzten zehn Jahren so manches Kleinstadtdrama erlebt; die Einheimischen hatten für Fehler, Unwissenheit und Sorglosigkeit einen horrenden Preis bezahlen müssen, ob sie nun mit dem Fahrrad gestürzt oder im angetrunkenen Zustand mit dem Auto verunglückt waren. Es gab Ärzte, denen das Tempo in der Notaufnahme nicht behagte: Mitchell schätzte es. Was ihn bewegte, war »die konkrete Dringlichkeit und die Not«, und so erlebte er Triumphe und Niederlagen, arbeitete zu den unmöglichsten Zeiten, so dass er schon mal die Sportveranstaltungen und Geburtstage seiner Kinder verpasste. In der Notaufnahme ereigneten sich absonderliche Dinge, die er lustig fand. Wenn sich etwa Patienten meldeten, die nur darauf aus waren, Betäubungsmittel zu bekommen, oder wenn es um die seltsamen Objekte ging, die aus dem Rektum von Leuten entfernt wurden. Verständlich, dass Dr. Mitchell bei Familienfeiern mit seinen interessanten Geschichten im Mittelpunkt der Aufmerksamkeit stand.

Jetzt fuhr er mit seinem Honda Civic auf der Interstate 20 in Richtung Westen und hörte auf Radio Atlanta Berichte von einem Flugzeugabsturz bei Carrollton. Es war also wirklich ernst, und in weniger als 15 Minuten würde er in das Unwetter hineinmarschieren. Das gibt einen Haufen Tote. Bei so einem Flugzeugabsturz überlebt keiner.

Als dann aber in einer Meldung von Überlebenden die Rede war, wusste Mitchell, was ihm bevorstand: Verbrennungen. Verbrennungen der schlimmsten Art.

Er fuhr nach Carrollton hinein, einen kleinen, aber geschäftigen Ort, dessen Kennzeichen das Verwaltungsgebäude des County (mit dem unvermeidlichen Denkmal der Konföderierten), schöne alte Häuser und ein zentraler Platz waren. Mitchell passierte Straßensperren, die von Polizei- und Feuerwehrautos gebildet wurden, und er sah mehr blinkende rote und blaue Lichter, als er jemals zuvor gesehen hatte. Beim Einbiegen in die Dixie Street, die zum Tanner führt, bremste er, und ein Polizist klopfte ihm an die Scheibe: »Mach schon, Bobby. Sie brauchen dich SOFORT!«

Um 14.20 Uhr betrat er das Krankenhaus durch eine Hintertür, die zum Umkleideraum der Ärzte führt.

Eine Minute später trat Mitchell in einen Flur, in dem es stark, fast greifbar, nach Benzin roch, nur sehr viel stärker. Düsentreibstoff. Es roch dermaßen, dass er damit rechnete, auf dem Fußboden verschütteten Treibstoff zu sehen.

Zehn Schritte weiter machte dieser ungesunde Geruch einem anderen Platz, dem von verbrannter Haut. Bobby Mitchell kannte diesen teuflischen Geruch nur allzu gut. Er hatte schon Verbrennungen behandelt, und er wusste, dass der Geruch sich in seinen Kleidern und in seiner Nase festsetzen und nicht mehr weichen würde.

Der Flur wurde zu einem Hindernislauf, denn Ärzte, Schwestern, Polizisten, Sanitäter, Mitarbeiter der PR-Abteilung des Krankenhauses und Dutzende von Unbekannten standen herum. Mitchell empfand es, als wäre er nach Hause gekommen und hätte dort Fremde vorgefunden.

Und dann hörte Mitchell am Ende des Flurs eine Frau wimmern: »O neiin! O neiin!«

Was ist hier los?

In der ärztlichen Leitung grüßte ihn der Dienst habende Arzt, Dr. Tom Fitzgerald, mit einem barschen »Ich brauche Sie dort!« Er deutete auf Orthopädie-Raum A.

Mitchell trat in den kleinen Raum, der in ein mit vier Betten voll gestopftes Notlazarett verwandelt worden war. Er traf fünf Schwestern und einen Arzt an.

Auf dem Bett außen rechts lag Robin Fech – »die Flugbegleiterin«, erklärte ihm eine Schwester. Auf den anderen Betten lagen drei Passagiere in sterilen Tüchern, Brandwundentüchern und absorbierenden Bauchtüchern, um den Verdunstungsverlust zu minimieren. Neben Fech lag Michael Hendrix, neben ihm Bond Rhue. Links außen an der Wand lag Sonya Fetterman, deren Gewimmer durch die Flure hallte.

Von den dreizehn Überlebenden, die zum Tanner gebracht wurden, hatte Mitchell zunächst die Verantwortung für diese vier. Am wichtigsten würde es sein, die Flüssigkeit aufzufüllen und große Flüssigkeitsmengen intravenös in die Patienten hineinzupumpen und dabei den Urinausstoß zu überwachen. Mit steriler Kochsalzlösung angefeuchtete Kleider würden die Patienten kühlen. Mitchell würde auf Atemnot achten und die lebenswichtigen Funktionen überwachen. Er würde die Patienten auf körperliche Traumata und Schäden an wichtigen Organen und am Rückgrat untersuchen. Insbesondere würde er alles in seiner Macht Stehende tun, um die Patienten zu trösten.

Sonya Fetterman zog als Erste seine Aufmerksamkeit auf sich. Schwestern hatten bereits ihr Gesicht verbunden. »Mrs. Fetterman, ich bin Dr. Mitchell und ...«

»O neiiin, o neiiin!«

Mitchell probierte es noch einmal, vergebens. Er konnte sie nicht erreichen. Er verschrieb Morphium, fünf Milligramm, und bald darauf nochmals fünf Milligramm. Sie schrie noch immer. Mitchell schaute unter das Brandwundentuch und die Verbände. Ihr Gesicht war zusammengeschrumpft, die Muskeln kontrahiert. Ihre Augen schienen nicht mehr zu ihrem Gesicht zu gehören. Es schien, als blickten sie durch Löcher in einer Maske hindurch.

Sonya Fetterman war über die Türschwelle der ASA Brasilia gestolpert. Treibstoff spritzte über sie, und ihre Shorts fingen Feuer. Alan Barrington hörte ihren langen, durchdringenden Schrei. Fetterman lief im Zickzack über die Wiese, mit brennenden Armen und Beinen. Barrington und David Schneider setzten ihr nach und warfen sie zu Boden. Sie knöpften ihr die Shorts auf, und Barrington warf sie fort. Fetterman zog ihr Hemd aus und schlug mit den Armen, als wolle sie sich Kühlung zufächeln; andere sprachen ihr Trost zu, während sie nackt im Gras lag und mit den Armen schlug. Schneider dachte daran, sie zuzudecken, aber womit? Tod Thompson gab Fetterman ein Hemd und Shorts aus seiner schwarzen Tasche. Einige Minuten später sah Schneider sie aus der Ferne auf einem Fuß hüpfen und ins Gras fallen. Er eilte zu ihr. »Mensch, das tut weh«, sagte sie zu ihm und weinte dabei fast. Es gurgelte ein wenig in ihrem Rachen. Schneider sah Blut in ihrem Mund. Sie hatte Feuer inhaliert. Er versuchte sie zu trösten und tätschelte sie leicht unterhalb ihrer rechten Schulter. »Sie kommen wieder auf die Beine«, sagte er. Fetterman hob ihre Arme um 45 Grad und schlug mit ihnen fächelnd auf und ab. »Machen Sie so weiter«, sagte Schneider. Fetterman dachte an Amber, ihre kleine Tochter zu Hause in Texas. »Meine Kleine«, sagte sie zu Schneider. »Sie ist so schön, sie ist so drollig.« Schneider sagte: »Sie werden sie wieder sehen.« Ihr Oberkörper schien relativ unversehrt vom Feuer zu sein. Er lächelte Sonya Fetterman an und sagte: »Wir haben's geschafft.«

»Mrs. Fetterman«, sagte Mitchell, jetzt über sie gebeugt, zwei Schwestern neben sich, »können wir überhaupt etwas gegen Ihre Schmerzen tun?« Zum ersten und einzigen Mal wandte Fetterman ihm ihren Blick zu. Gleich darauf wandte sie sich ab und starrte zur Decke. »O neiiin, o neiiin!« Mitchell dachte, sie wolle ihrer Befindlichkeit emotional entfliehen.

Er drehte sich um zu Bond Rhue. Der Bundesanwalt hatte beobachtet, was Mitchell zu Fetterman gesagt hatte, ohne eine Antwort zu erhalten. Er blickte geschäftsmäßig drein, wie ein Mann, der etwas zu erledigen hat und abwartet, bis er an die Reihe kommt. Jetzt fielen Mitchell sein angespanntes Gesicht und die sorgenvoll gefurchten Augenbrauen auf.

»Hallo, ich bin Dr. Mitchell. Ich werde mal nachsehen, was ...«

»Wie viel Prozent von mir sind verbrannt?«, fragte Rhue.

Die Frage verblüffte Mitchell, nicht weil sie unpassend gewesen wäre – es war sogar die passendste Frage, die er überhaupt stellen konnte. Sie kam nur so unerwartet. Noch nie hatte ein Patient Bobby Mitchell so etwas gefragt.

»Lassen Sie mich nachschauen, dann kann ich es Ihnen ungefähr sagen.«

Mitchell war kein Fachmann für Verbrennungen, obwohl er bei einem Einsatz als ärztlicher Leiter des West Georgia Ambulance Service und der Feuerwehr des Carroll County Brandverletzte behandelt und Feuerwehrleute in Erster Hilfe für diese Opfer ausgebildet hatte.

Jetzt hob er das Brandwundentuch von Rhue hoch. Seine Beine waren schrecklich anzusehen, Verbrennungen dritten Grades und straff gespannt um die Schienbeine. Falls er überlebt, könnte er ein Bein verlieren. Nach einem Blick auf Rhues Oberkörper sagte er: »Hier oben sieht es nicht so schlecht aus.«

In diesem Moment setzte Rhue sich auf, wie ein Schachtelmännchen, auf eine Hand gestützt. Er verlangte zu wissen: »Wie viel Prozent von mir sind verbrannt?«

Dreißig Zentimeter neben ihm schrie Sonya Fetterman unaufhörlich, und aus dem Flur drangen laute Geräusche der dort umherstehenden Menschen herein. »Hm, also schätzungsweise 50 Prozent.« Er hatte Rhues Verbrennungen unterschätzt, allerdings nicht mit Absicht. Anfangs ist es manchmal schwer, Verbrennungen zu beurteilen, insbesondere ihre Tiefe. Verbrennungen dritten Grades, die die ganze Haut erfassen, sind zunächst nicht immer zu erkennen. Es kann Stunden dauern, bis die Blutgefäße koagulieren und die Haut das leblose, marmorierte Aussehen annimmt, das für solche Verbrennungen typisch ist.

Bond Rhue sagte, noch immer aufrecht sitzend: »Fünfzig Prozent?« Er wirkte verstört und ängstlich. »Dann werde ich sterben«, sagte er. »Das überlebt ein Mann in meinem Alter nicht.« Er ließ sich zurücksinken.

Mitchell fragte sich, auch wenn er es ihn nicht fragen würde, woher Rhue sein Wissen über Verbrennungen hatte. Er wusste nicht, dass Rhue einst daran mitgewirkt hatte, in Prince George's County, Maryland, eine Abteilung für die Ermittlung von Brandstiftungen aufzubauen, dass er einem Brandstifter, der dem von ihm selbst gelegten Feuer zum Opfer gefallen war, ein Geständnis auf dem Sterbebett abgenommen hatte, und dass er die Neunerregel kannte, nach der die Schwere von Verbrennungen berechnet wird, indem man den einzelnen Körperteilen eines Brandverletzten je neun Prozentpunkte zuweist. Nach einem anderen gängigen Verfahren werden die Überlebenschancen des Opfers dadurch abgeschätzt, dass man sein Alter zu dem Prozentsatz der verbrannten Körperoberfläche addiert; übersteigt die Summe 100, ist der Tod des Opfers nahezu sicher. Rhue wusste auch das. Mit 56 Jahren wusste er, was eine Verbrennungsfläche von rund 50 Prozent zu bedeuten hatte.

»Es besteht kein Anlass aufzugeben«, sagte Mitchell, der sein Möglichstes tat, um Rhue zu beruhigen. »Sie haben schreckliche Verbrennungen an den Beinen, aber ich denke, dass Sie das überleben, auch wenn Sie über fünfzig sind.«

Rhue sagte nur: »Geben Sie mir etwas gegen die Schmerzen.«

In dem überfüllten Raum, in dem vier Betten dicht nebeneinander standen, drehte Mitchell sich nach rechts um, zu Michael Hendrix. Der 35-jährige Ingenieur war über die Wiese zum Haus der Jeters gegangen und hatte von deren Veranda aus seine Frau angerufen. In dem Chaos der Notaufnahme ging von Hendrix jetzt völliger Frieden aus.

Ein junger, stolzer Südstaatler beging einmal den Fehler, die Schlagfertigkeit von Michael Hendrix herauszufordern. »Was hat euch Liberale aus dem Norden hier herunter nach North Carolina gebracht?«, fragte der Südstaatler. Hendrix, ein Marylander auf Besuch, zögerte – das Abpassen des rechten Zeitpunkts war seine Stärke –, runzelte dann die Stirn und sagte: »Haben Sie schon mal was von Missionaren gehört?« Alles brach in Gelächter aus. Auch der Südstaatler schlug sich vor Vergnügen auf die Schenkel. Das war typisch Michael Hendrix: ruhig, selbstbeherrscht, zurückhaltend, spaßig. Er machte sich nicht viel aus Religion, Gott oder Feierlichkeit. Mit zwanzig wäre Hendrix beinahe bei einem Motorradunfall ums Leben gekommen. Zwei Jahre verbrachte er in Krankenhäusern, unterzog sich mehreren Operationen, darunter einer Rekonstruktion seines linken Ellenbogens. In seinem Krankenhausbett sah er Tag und Nacht fern, Wiederholungen von ›The Beverly Hillbillies‹ und ›Gilligan's Island‹. Er kannte die Titelmelodien der Sendungen, und mit großem Vergnügen sollte er Jahre später ausgelassen den Song anstimmen: »The weather started getting rough, the tiny ship was tossed ...« Was Linda Agar zu ihm hingezogen hatte, war vor allem sein Humor. Auch mochte sie sein sanftes Wesen, das man bei Männern von 1,90 nicht immer findet. Andere große Männer mögen strammstehen und die Brust herausstrecken, um einen mit ihrer Größe und Stärke einzuschüchtern. Nicht so Michael Hendrix. Linda fiel auf, dass er an ihrem Hochzeitstag eine oder zwei Stufen tiefer stand, die Beine auseinander, um dadurch kleiner zu wirken. Ein sanfter Riese.

Weil Hendrix in kochsalzgetränkte Tücher gewickelt war, konnte Mitchell sein Gesicht kaum sehen. Der Arzt stellte sich vor und sagte zu Hendrix, dass er gern sein Befinden beurteilen wolle. Da sagte Hendrix mit leiser, ruhiger Stimme: »Machen Sie sich keine Sorgen um mich. Ich bin okay. Kümmern Sie sich um die anderen.« Durch den Verband hindurch erkannte Mitchell die Andeutung eines jungenhaften Lächelns.

Mitchell war sprachlos. Gerade hatte er eine schreiende Frau und einen schwierigen Mann behandelt, und jetzt dies. »Ich will Sie mir nur anschauen«, sagte Mitchell. Als er Hendrix mit Hilfe einer Schwester aufdeckte, stellte er fest, dass dieser ganz und gar nicht okay war. Seine Verbrennungen waren die schwersten, die er jemals gesehen hatte: Verbrennungen zweiten und dritten Grades am ganzen Körper, 75 Prozent oder mehr, nur die Brust war vollkommen verschont geblieben, überall sonst löste sich die Haut ab. Mitchell zuckte zusammen. Er ist ein toter Mann!

Erstaunt über die Gelassenheit, die Hendrix angesichts seiner Verletzungen zeigte, nahm Mitchell an, Hendrix seien die Nerven durchgebrannt, oder er habe eine herkulische Schmerztoleranz oder das ungewöhnlichste Benehmen, das ihm je unter die Augen gekommen war. Hendrix' Körpertemperatur war auf 35,7 Grad gesunken, nicht ungewöhnlich bei einem Brandverletzten, wenn die Integrität der Haut verletzt wurde. Das Gesicht war verbrannt, aber nicht entstellt, die Haare waren versengt. Die Beine waren weiß geworden.

Im Gespräch mit einer Schwester der Notaufnahme hatte Hendrix nicht von sich, sondern von seiner Frau und ihrem kleinen Sohn gesprochen. Auf jeden Fall sollte man seinen Angehörigen ausrichten, dass er sie liebe.

Jetzt fragte Mitchell: »Brauchen Sie etwas gegen Schmerzen?« Weil Hendrix mit den Achseln zuckte, sagte Nell Ashmore, seine Schwester: »Er hat ziemliche Schmerzen gehabt.« Mitchell verschrieb Morphium.

Nun wandte Bobby Mitchell sich nochmals nach rechts, an Robin Fech. Die Flugbegleiterin hatte nur kleinere Verbrennungen an Händen und Füßen, dafür aber überall Prellungen. Schwestern hatten nicht nur ihre Bluse und ihren BH aufgeschnitten, sondern auch ihre Hose, was den Schwestern Gelegenheit gab, sie mit einem Scherz aufzuheitern: »Guck an, Robin trägt einen pinkfarbenen Slip!«

Auf das Schreien von Sonya Fetterman bezogen fragte Fech den Doktor: »Können Sie nichts tun, damit es ihr besser geht?« Er antwortete, er tue sein Möglichstes.

Fech erkundigte sich nach den Piloten: »Wie geht es ihnen?« Mitchell sagte, er wisse es nicht, werde es aber für sie in Erfahrung bringen.

Fech klagte über Schmerzen in den Knien, in der Hüfte und im Arm. Schwestern halfen ihr auf, doch sie konnte kaum stehen. Sie fuhren sie auf dem Bett zur Röntgenabteilung.

Mitchell wandte sich wieder seinen anderen Patienten zu.

Fetterman war eine Zeit lang still, dann fing sie wieder an zu schreien.

Rhue fragte noch einmal nach dem Ausmaß seiner Verbrennungen. Er wollte es genau wissen: Wie viel ist zweitgradig? Wie viel drittgradig? Mitchell antwortete ihm, die Verbrennungen seien überwiegend tiefe zweitgradige. Für Mitchell war klar, dass es Rhue nicht um den Schmerz ging. Ihm ging es um Leben und Sterben.

Hendrix, der noch immer friedlich war, fragte, ob er eine Überlebenschance habe. Nach Mitchells Überzeugung hatten Patienten ein Recht darauf, die Wahrheit über ihren Zustand zu erfahren, mit einer Einschränkung: Er würde ihnen immer eine Hoffnung lassen. Vor Jahren war ein heftig blutender Schlägertyp mit einem Brustschuss in der Notaufnahme erschienen. Immer wieder fragte er: »Muss ich sterben?« Bobby Mitchell konnte es nicht genau sagen. Er erwiderte: »Es könnte sein. Ich glaube aber, dass der Chirurg Sie wieder hinkriegt.« Der Schläger ahnte das Schlimmste und verlangte nach seiner Mutter. Sie kam aus dem Wartezimmer. Mitchell hörte, wie der Schläger seine Mutter für seinen Lebenswandel um Verzeihung bat, und dann sah er, wie die beiden sich weinend umarmten. Der Patient war dann während der Operation gestorben, und Bobby Mitchell erkannte, dass seine Ehrlichkeit zwar nicht dem Patienten, wohl aber seiner Mutter geholfen hatte, denn sie bekam dadurch Gelegenheit, sich kurz vor dem Ende mit ihrem Sohn auszusöhnen. Damals beschloss er: »Die Patienten haben ein Recht auf die Wahrheit.«

Deshalb sagte er jetzt zu Michael Hendrix: »Doch, Sir, Sie sind jung genug, um möglicherweise zu überleben, aber ich bin mir nicht sicher.«

Hendrix' Stimme zitterte nicht, als er sagte: »Das dachte ich mir.«

»Verbrennungszentren«, fuhr Mitchell fort, »können heute Erstaunliches bewirken.«

Robin Fech kam vom Röntgen zurück und wurde wieder in den Raum geschoben. Ein anderer Arzt hatte eine Schnittwunde an ihrer linken Schläfe genäht. Kaum wieder da, vernahm Fech eine so einfühlsame Stimme, wie sie sie noch nie gehört hatte. »Wie geht es Ihnen?« Sie drehte ihren Kopf nach rechts. Es war der Mann auf dem Bett nebenan, Michael Hendrix.

»Mir geht's gut«, sagte Fech. »Und wie geht's Ihnen?«

»Mir geht's gut«, sagte Hendrix.

Um 15.45 Uhr wurden Fetterman, Rhue und Hendrix zur Verlegung in die Verbrennungseinheit des Grady Hospital in Atlanta abgeholt. Fech durfte zur Beobachtung im Tanner bleiben.

Bobby Mitchell begleitete Bond Rhue zur Tür des Orthopädie-Raums A. Er sagte zu Rhue, er halte sich gut, er werde jetzt zu einem sehr guten Verbrennungszentrum gebracht und habe gute Aussichten zu überleben. Rhue dankte ihm. Mitchell fand, dass er höflich und freundlich sei.

Auch Michael Hendrix begleitete er aus dem Raum. Hendrix war noch immer gelassen und bei wachem Bewusstsein. »Viel Glück, Michael«, sagte Mitchell. Hendrix dankte ihm für alles, was er getan hatte.

Während er zuschaute, wie Michael Hendrix hinausgeschoben wurde, fragte sich Mitchell, wo seine innere Stärke herkommen könnte. Irgendwoher hatte Hendrix diese Stärke bezogen. War es sein Glaube? Seine Familie? Es gab einen Grund, warum Mitchell das wissen wollte. Bewunderung spielte nur eine untergeordnete Rolle. Er hatte einen persönlicheren, egoistischeren Grund: Bobby Mitchell würde vielleicht zu einem besseren, stärkeren, tieferen Menschen, wenn er die Antwort erfuhr. Ihm war klar, dass es über die normale menschliche Natur hinausging, wenn einer so gelassen auf solche Verbrennungen reagierte. Flüchtig dachte Mitchell an Jesus Christus am Kreuz.

Michael Hendrix war mehr als gelassen, er war außergewöhnlich gewesen.

Einige Stunden später sollte Bobby Mitchell bei der Autopsie von Ed Gannaway helfen. Es war fast elf Uhr abends, als er die Leichenschauhalle des Tanner Medical Center betrat.

Mehrere Pathologen hielten sich in dem Raum auf. Die ›Tox Box‹, die toxikologische Probensammlung, hatten sie schon erhalten. Nach einem Flugzeugabsturz werden Piloten daraufhin untersucht, ob sie Rauschmittel genommen haben oder ob vorher eine gesundheitliche Beeinträchtigung bestand, die zum Absturz beigetragen haben konnte. Die Tox Box ist ein 45 Zentimeter großer, mit Styropor verstärkter Pappkarton, der Fläschchen für Blut- und Gewebeproben enthält. Außerdem enthält sie ein Trockeneisfach, damit die Proben auf dem Weg zum Civil Aeromedical Institute in Oklahoma City, das der Luftfahrtbehörde untersteht und die chemischen Analysen vornimmt, nicht verderben.

Über Gannaway gebeugt sagte Mitchell leise: »Das ist also der Pilot.«

Trauer und Respekt ließen ihn einen Augenblick verstummen. Der außergewöhnliche Tag, wie ihn der Notarzt bisher noch nicht erlebt hatte, hatte mit einem Anruf zu Hause begonnen. Dann folgten die Rundfunkmeldungen, blinkende rote und blaue Lichter, Sonya Fettermans Wehklagen, Bond Rhues bohrende Fragen und Michael Hendrix' innerer Frieden. Jetzt, fast zehn Stunden nachdem das Ende der linken Tragfläche den Boden berührt hatte, dachte Mitchell: Dies ist der Mann, der den Steuerknüppel der Maschine in seinen Händen gehalten hatte.

Andere, die sich im Raum befanden, hatten anscheinend im Radio etwas über Ed Gannaways Leben erfahren. Einer erwähnte, dass er ein Läufer war. »Und er hat vorher einen anderen Beruf gehabt und ist erst später Pilot geworden.«

Neben dem Kapitän stehend, dachte Mitchell an die anderen Unfallopfer, die er vorher gesehen hatte. Sie hatten Verbrennungen erlitten, aber kaum einer wies nennenswerte körperliche Verletzungen auf.

»Auf jeden Fall hat er seine Sache gut gemacht und die Leute sicher auf den Boden gebracht«, sagte Mitchell. »Wenn die Maschine mit voller Wucht heruntergestürzt wäre, statt über den Boden zu rutschen, wäre ...« Mitchell fühlte sich den Tränen nahe. »Ich meine, wenn sie sich mit der Nase in den Grund gebohrt hätte, hätte es auf keinen Fall ...« Er hatte Mühe, den Satz zu vollenden. »Diejenigen, die überlebt haben, haben es ihm zu verdanken.«

Mitchell spürte, wie ihm die Sache zu Herzen ging. *Was wäre passiert, wenn Ed Gannaway nicht den Beruf gewechselt hätte? Hätte ein anderer Pilot es genauso gut gemacht? Was diese Menschenleben gerettet hatte, war die Entscheidung, die Gannaway vor Jahren getroffen hatte.*

»Wo immer er jetzt sein mag, ich hoffe, dass er weiß, dass er seine Sache gut gemacht hat«, sagte Mitchell. »Ich wünschte, ich könnte ihm das sagen.«

Dann beschloss Bobby Mitchell, genau das zu tun. Er legte seine rechte Hand sachte auf Ed Gannaway und sagte: »Sie sind der Held.«

24

Kurz vor zwei verließ Bob Grunbeck eine Bank in Bangor, Maine, und stieg in sein Auto. Auf seinem Handy waren inzwischen fünf Anrufe eingegangen, alle von seinem Büro beim Fairfield Inn, wo er Gesamtgeschäftsführer war. Zornig rief er an: »Was zum Teufel ist los? Ich habe Ihnen doch gesagt, dass ich nur für zwanzig Minuten weg bin.«

»Jennifer hatte einen Unfall«, wurde ihm gesagt. »Sie sollen sofort die folgende Nummer anrufen.« Er notierte sich die Nummer des Bowdon Hospital.

Er lief in die Bank zurück und bat, ein Bürozimmer benutzen zu dürfen. Von dort rief er Bowdon an. »Sie müssen herkommen«, sagte ihm jemand von der Krankenhausverwaltung. »Jennifer hat mehrere Verletzungen erlitten.« Gerade werde sie in eine Spezialabteilung für Brandverletzungen in Birmingham, Alabama, verlegt. »Sie müssen unverzüglich hier herunterkommen.«

Bob Grunbeck handelte sofort. Er rief seinen Vorgesetzten Patrick Walsh an, im eine Fahrstunde entfernten Bar Harbor. Seinem Vater gehörte die Firma, die Hotels und Erholungseinrichtungen betrieb und bei der beide Grunbecks beschäftigt waren. »Jen ist mit dem Flugzeug abgestürzt«, sagte Bob Grunbeck. Er bat Patrick Walsh, sich um seinen Sohn Johnny zu kümmern, der noch in der Vorschule war, und sagte, er sei schon auf dem Weg nach Birmingham. »Ich muss zu Jennifer.«

Um 14.05 Uhr stürmte Grunbeck zur Vordertür des Fairfield Inn herein und begann, Anweisungen zu erteilen. Er war nervös, und sein Herz pochte voller Angst. Praktisch war die Geschäftsführung des Fairfield ein Einmannbetrieb, und dieser Mann war er. Ein Hotel zu führen heißt, sich um tausend Einzelheiten kümmern zu müssen. Grunbeck war so einer, der hinter allen Einzelheiten her war. Er arbeitete fleißig, und er arbeitete lange, seit jeher. Als er Jennifer 1990 einen Heiratsantrag machte, war er so überarbeitet, dass er ihr einen Diamanten im Beutel schenkte. Nicht einen Ring, sondern bloß den Diamanten. »Ein wirklich schöner Stein«, hatte Jennifer trocken bemerkt, »nur schwer zu tragen.«

Jetzt, mit den Gedanken bei Jennifer, sagte Bob Grunbeck zu seiner Empfangsdame: »Rufen Sie Delta Air an, und besorgen Sie mir sofort einen Flug nach Boston.«

14.25 Uhr. Vor acht Stunden hatten er und Johnny Jennifer am Flughafen Bangor abgesetzt, zu ihrem 6.30-Uhr-Flug. Jetzt musste Bob Grunbeck nach Boston und dann weiter nach Birmingham. Er war der Fünfte in der Schlange vor dem Schalter von Business Express, einer Regionalfluggesellschaft, die über ein Joint Venture mit Delta verbunden war. Ihr nächster Flug nach Boston würde in zwanzig Minuten abgehen. Grunbeck durfte ihn auf keinen Fall verpassen. Er umging die Seilabsperrung und trat direkt an den Schalter, an den Wartenden vorbei. Er sah ihre wütenden Blicke. Er wartete darauf, dass der junge Mann hinter dem Schalter sich ihm zuwandte.

Endlich blickte der Mann auf. »Stellen Sie sich bitte hinten an«, sagte er.

»Aber es ist ein Notfall ...«

»Sie kommen noch dran«, erwiderte er. »Stellen Sie sich bitte hinten an.«

Widerwillig fügte sich Grunbeck und dachte dabei wieder an Jennifer. Er blickte auf die Uhr an der Wand. Er versuchte, mit dem Handy die Firmenzentrale zu erreichen, kam aber nicht durch. Eine Frau, die in der Schlange vor ihm stand, drehte sich um und sagte: »Ich lasse Sie vor.« Er dankte ihr.

Als Grunbeck endlich an der Reihe war, sagte er dem Mann hinter dem Schalter, seine Frau sei mit einem Delta-Flugzeug abgestürzt. Der Mann von Business Express sagte: »Uns ist nichts davon bekannt.«

»Ich sage Ihnen doch, dass meine Frau in einer Delta-Maschine war …«

Der Angestellte sagte, ihm sei nichts von einem Absturz bekannt; ohnehin sei die Maschine nach Boston voll. Grunbeck schäumte, konnte aber nichts machen und buchte einen Flug um 17 Uhr, in zwei Stunden. Dann würde er um 22 Uhr in Birmingham sein.

Er machte sich Sorgen, dass es dann zu spät sein würde.

»Ich möchte jetzt mit dieser Maschine fliegen«, verlangte er. »Suchen Sie mir jemanden, der über die Vorgänge unterrichtet ist.« Der Angestellte verließ den Schalter. Zwei Minuten später war er mit der Telefonnummer einer Regionalfluggesellschaft namens ASA wieder da.

Grunbeck fuhr ihn an: »Setzen Sie mich auf die Warteliste für diesen Flug.«

Der Angestellte von Business Express erklärte Grunbeck, er sei auf der Warteliste für ein Flugzeug mit nur 35 Plätzen die Nr. 9.

Grunbeck sah die Passagiere an Bord der Saab-340 gehen, einer Propellermaschine für den Regionalverkehr. Er hatte laut gebrüllt und sich ungehörig benommen, das war ihm klar. Er wünschte, er hätte lauter gebrüllt und sich noch ungehöriger benommen.

Er erreichte die ASA auf seinem Handy und sagte, er sei der Ehemann von Jennifer Grunbeck. »Wo sind Sie?«, fragte der ASA-Vertreter in Atlanta.

»In Bangor, Maine«, sagte Grunbeck. »Gleich geht eine Business-Express-Maschine nach Boston, aber sie wollen mich nicht mitnehmen.«

»Bleiben Sie am Apparat«, sagte der ASA-Vertreter. Grunbeck sah, wie die letzten Passagiere an Bord gingen. Er sah auf dem Vorfeld die Propeller rotieren. Der ASA-Vertreter meldete sich wieder und sagte, er sei im Gespräch mit Business Express, und fügte hinzu: »Bleiben Sie am Apparat, wir haben Sie nicht vergessen.«

Ein Vertreter von Business Express trat an ihn heran. »Sind Sie Mr. Grunbeck?« Er nickte. »Kommen Sie bitte mit, wir besorgen Ihnen einen Platz in dieser Maschine.«

Von Bangor nach Boston, 201 Meilen, 70 quälende Minuten, in denen seine Gedanken um Jennifer kreisten. Bob Grunbeck befand sich während des ganzen Fluges in einer Art katatonischer Trance. Zu Anfang hatte er sich bei dem Geschäftsmann, der neben ihm saß, entschuldigt: »Tut mir Leid, ich bin im Augenblick etwas nervös. Meine Frau ist heute mit dem Flugzeug abgestürzt, und ich weiß nicht genau, was passiert ist.«

Grunbeck, der Mann der tausend Einzelheiten, notierte sich auf einem Block, was zu erledigen, wer zu benachrichtigen und was für Johnnys Betreuung zu veranlassen war. Ein flüchtiger Gedanke: *Jen und ich haben überhaupt kein Testament gemacht.* Das kam auf die Liste der zu erledigenden Dinge.

Er fühlte sich verlassen. Nichts und niemanden schien er erreichen zu können, seine Stimme kam ihm wie ein Echo vor. Doch nun fand er Mitgefühl bei seinem Nebenmann, einem guten Samariter, freundlich und verständnisvoll. »Hoffentlich ist es nicht so schlimm, wie Sie glauben«, sagte der Geschäftsmann.

Auf dem Logan Airport in Boston war niemand von Delta am Flugsteig. Sein neuer Freund nahm Grunbeck mit hinunter in die Abfertigungshalle, in den Crown Room von Delta, in den sich Vielflieger zurückziehen konnten. Er sprach dort mit Delta-Vertretern wegen Grunbeck. Dieser rief inzwischen noch einmal in seiner Firmenzentrale an: Die Walshs hatten alle Geschäfte ruhen lassen und kümmerten sich nur noch darum, wie sie ihm helfen konnten. Sie versuchten, eine Maschine zu chartern, die ihn von Boston nach Birmingham bringen würde.

Bob Grunbeck rief im Bowdon Hospital an. Jetzt sagte man ihm, Jennifer würde nicht nach Birmingham verlegt, sondern ins Erlanger Medical Center in Chattanooga. Der freundliche Geschäftsmann kam mit Delta-Angestellten zu Grunbeck zurück und sagte ihnen, bevor er ging: »Wenn dieser Mann einen Flug braucht, machen Sie Gebrauch von meinen Vielfliegerpunkten. Bringen Sie ihn einfach hin, wo er hin muss.« Als Bob Grunbeck ihm für seine Fürsorge dankte, überreichte der Mann ihm seine Visitenkarte und sagte: »Lassen Sie mich wissen, wie alles ausgegangen ist.«

Von Boston nach Atlanta, 946 Meilen und weitere zwei Stunden und 55 Minuten, um sich vorzustellen, wie Jen im Sterben lag.

Vom Flugzeug aus rief Grunbeck mit Hilfe seiner Kreditkarte in Chattanooga an. Jennifers Zustand war äußerst bedenklich. Man rechnete nicht damit, dass sie die Nacht überleben werde. Bobs Bruder David, der auf einer Geschäftsreise nach Atlanta gewesen war, war schon am Erlanger eingetroffen und hatte einen Priester verständigt, der ihr die Sterbesakramente spenden sollte. Jennifers Mutter, die in Washington D. C., lebte, war ebenfalls unterwegs. Die Botschaft für Bob Grunbeck: »Kommen Sie so rasch wie möglich her.«

Als er die Lichter von Atlanta unter sich sah, dachte Bob Grunbeck an seinen Sohn. *Wie soll ich das Johnny erklären?*

Und dann ein anderer Gedanke: *Wie nennt man einen Mann, dessen Frau gestorben ist?* ›Witwe‹ klang irgendwie falsch, das wusste er.

Das Flugzeug landete in Atlanta und rollte zum Flugsteig. Dann etwas Merkwürdiges: Eine sanfte männliche Stimme sagte: »Sind Sie bereit?«, und als Bob Grunbeck sich zum Gang hin umdrehte, stand ein Flugbegleiter vor ihm.

»Was meinen Sie?«

»Kommen Sie mit«, sagte er.

Der Delta-Jet fuhr nicht ganz an den Flugsteig heran. Über die Kabinenlautsprecher meldete sich der Flugkapitän: »Bleiben Sie bitte alle auf Ihren Plätzen.« Ein Passagier mit einem persönlichen Notfall, sagte er, müsse aussteigen. Der Flugbegleiter öffnete die Tür des Flugzeugs. Ein Treppenwagen fuhr neben das Flugzeug, und nun glaubte Grunbeck seinen Augen nicht zu trauen. *Oben auf der verrückten Treppe stand Doug Greene, Jennifers Chef!*

»Los, Bob, gehen wir«, sagte Greene.

Als Grunbeck auf den Treppenabsatz trat, sah er unten ein Auto warten. Sie eilten die Stufen hinunter und brausten dann mit rund 130 Sachen an den Abfertigungshallen des Flughafens Atlanta entlang.

»Wo fahren wir hin?«, fragte Grunbeck.

»Ich habe einen Hubschrauber besorgt«, erwiderte Doug Greene. Mit diesem gecharterten Hubschrauber würden sie die 106 Meilen nach Chattanooga zurücklegen.

Die Familie Walsh hatte die Sache geschaukelt, erstklassig.

Während sie in den dunklen Himmel über Atlanta aufstiegen, hörte Grunbeck den Hubschrauberpiloten sagen, er habe am Nachmittag Reporter zum Absturzort der ASA-Maschine geflogen. »Das Flugzeug zerbrach in drei Teile«, sagte er. Einige seien umgekommen, aber viele hätten überlebt. »Man sollte es nicht glauben. Sie sind hinter einem Haus runtergekommen, so was wie 'ne Kuhweide. Aber es sah ganz danach aus, als hätten diese Piloten ihre Sache verdammt gut gemacht.«

»Wo liegt Carrollton?«, fragte Grunbeck. Der Pilot deutete nach Westen. »Dort.«

Wieder dachte Bob Grunbeck: *Wie nennt man einen Mann, dessen Frau gestorben ist?*

Auf dem Flughafen von Chattanooga kletterten Grunbeck

und Doug Greene eine Stunde später in einen Unfallrettungswagen des Erlanger Medical Center. Mit heulender Sirene und blinkenden Lichtern rasten sie durch die Stadt.

Um 21.45 Uhr, über siebeneinhalb Stunden nachdem er auf dem Parkplatz einer Bank in Bangor, Maine, per Handy benachrichtigt worden war, betrat Bob Grunbeck das Erlanger-Krankenhaus. Im Wartezimmer der Spezialabteilung für Brandverletzungen traf er seinen Bruder David und Jennifers Mutter. »Es ist schlimm«, sagte David Grunbeck, seine Tränen zurückhaltend, »wirklich schlimm.«

Bob wurde in einen kleinen Raum geführt, wo er auf Dr. Phil Craft traf, den Leiter der Spezialabteilung für Brandverletzungen am Erlanger und einen Meister in seinem Fach. Der Doktor stellte eine schlimme Prognose. Über 90 Prozent von Jennifers Körperoberfläche waren verbrannt. Hätte sie *nur* diese Verbrennungen erlitten, betrügen ihre Überlebenschancen ungefähr fünf Prozent, sagte Craft. Aber außerdem war ihr Rückgrat gebrochen, und damit halbierten sich diese Chancen. Ein Lungenflügel war kollabiert, und sie hatte ein Problem mit der Leber. Unter diesen Umständen, sagte Craft, könne er nicht operieren.

»Heißt das also, dass man nicht viel machen kann?«, fragte Bob.

»Ja, da kann man nur abwarten«, sagte der Doktor, »man muss sehen, was passiert.«

Bob zog sich einen OP-Kittel über und folgte dem Arzt zur Spezialabteilung für Brandverletzungen. Dort sah er, was eine schlimme Prognose bedeutete: eine junge Frau, fast der ganze Körper in Verbände gehüllt, die geschwollenen Augen geschlossen, die Lippen auf groteske Weise angeschwollen, ein Schlauch im Hals, die langen Haare mit schwarzen Partikeln durchsetzt und versengt.

Wie kann ich wissen, dass dies Jennifer ist?
Wie kann ich das mit Bestimmtheit wissen?

Neben ihr sah Bob kleine Schilder mit Anweisungen für die Schwestern. ›En-bloc-Mobilisierung‹ hieß es auf einem; das bedeutete, dass, um sie schonend umzudrehen, fünf oder sechs Schwestern zusammen anpacken und dabei auf ihr gebrochenes Rückgrat achten mussten.

Nun trat Bob Grunbeck neben eine junge Frau, die keine Ähnlichkeit mit seiner Ehefrau hatte. *Wie kann ich das wissen?* Er beugte sich herab, sein Kopf neben ihrem. Die Tränen zurückhaltend, sagte er leise: »Jen, ich bin da.«

Leicht den Kopf drehend, wandte Jennifer Grunbeck sich der Stimme ihres Mannes zu.

25

Die Fernmeldezentrale der amerikanischen Bundesluftfahrtbehörde (FAA) verständigte die Nationale Verkehrssicherheitsbehörde (NSTB) in Washington um 13.30 Uhr, 47 Minuten nachdem die linke Tragfläche der Brasilia den Boden berührt hatte. Eine NSTB-Untersuchung wurde in Gang gebracht. Bei Hank Hughes, der an diesem Nachmittag daheim war, in seinem Haus im Norden Virginias, summte der Piepser. Die angezeigte Nummer war die Durchwahl des Abteilungsleiters ›Aviation Survival Factors‹. Hughes war klar, was das zu bedeuten hatte – sein Adrenalinspiegel schoss in die Höhe.

Hughes gehörte dem Luftfahrt-Einsatzteam der NSTB an, das jeden Montag turnusmäßig wechselte. Das bedeutete: Wenn irgendwo in den Vereinigten Staaten ein Flugzeug abstürzte – oder auch an einem beliebigen Ort der Welt, ob in den Bergen, im Ozean oder in der Ebene, vorausgesetzt, das Flugzeug hatte entweder eine amerikanische Zulassung oder wichtige Bauteile, die aus Amerika stammten –, würde Hughes die

Survival-Factors-Gruppe der NSTB leiten, eine Ermittlungsgruppe, die feststellen sollte, wie und warum Passagiere und Besatzung überlebt hatten oder umgekommen waren.

Jetzt rief er vorschriftsmäßig seinen Abteilungsleiter an und erfuhr von ihm, dass eine Embraer EMB-120 mit 29 Personen an Bord eine Stunde westlich von Atlanta auf einem Feld niedergegangen war, mit Todesfällen und Überlebenden. Dann folgten genauere Informationen zum Einsatz: Das Einsatzteam sollte sich um 16 Uhr auf dem National Airport von Washington treffen und mit der G-4 der Luftfahrtbehörde, einer zweimotorigen zwölfsitzigen Gulfstream, nach Atlanta fliegen. Hughes packte umgehend seine ›Einsatztasche‹. Er raffte seinen marineblauen Overall mit dem NSTB-Aufnäher, das Ermittlungsnotizbuch und verschiedene Instrumente zusammen, die am Unfallort gebraucht würden, darunter ein Maßband aus Stahl von 100 Fuß Länge.

Die Mitglieder des Einsatzteams erhielten während des Fluges nach Atlanta weitere Informationen über den ASA-Absturz. Eine Nachricht gab sein Abteilungsleiter direkt an Hughes weiter: »Hank, an Bord der Maschine war anscheinend ein Freund von dir, einer aus Loudoun, mit dem du mal zusammengearbeitet hast. Wir wissen noch nicht, wer es ist und in welchem Zustand er ist.«

Hughes war verblüfft. *Einer, mit dem ich mal zusammengearbeitet habe?* Unfallermittlungen sollten nichts Persönliches sein, besonders nicht bei Survival Factors.

Survival Factors verlangte bestimmte Persönlichkeitsmerkmale. Unfallorte waren oft voller Blut. Einige Experten hatten irgendwann aufgehört, weil sie die schrecklichen Bilder nicht mehr ausgehalten hatten.

Die technischen Aspekte eines Flugzeugabsturzes zu untersuchen war eine klinisch saubere Sache. Dabei wurde der Verstand auf die Probe gestellt.

Bei der Untersuchung der Überlebensfaktoren wurde dagegen die Seele auf die Probe gestellt.

Bei den Untersuchungen, die Hughes führte, ging es fast immer um menschliches Leiden. Einmal hatte er bei einem Absturz in der Nähe von Pittsburgh in zwölf Metern Höhe menschliche Leichenteile in den Bäumen entdeckt. Er wahrte stets eine innere Distanz zu seiner Arbeit, als schützender Schild.

Hank Hughes hatte eine Ausbildung in forensischer Wissenschaft, Luftfahrtpathologie, Vermessungskunde und Tiefbau. Er war ein ehemaliger Bulle, und im Innersten war er es noch immer. Beim Sheriff's Department des Loudoun County, Virginia, kannte er wenigstens ein Dutzend Leute. Die meisten waren ehemalige Kollegen aus seiner Zeit bei der Polizei des Fairfax County, Virginia.

Jetzt, beim Flug mit der Gulfstream, ließ er sich ihre Namen durch den Kopf gehen. *Sutherland, Barton, Danbaugh, Turner, Cooper ... Wer ist es? Und warum flogen sie nach Atlanta?*

Er dachte an Charlie Barton, seinen Mentor und alten Freund. Sie hatten sich für nächste Woche zu einem gemeinsamen Essen verabredet. Er wusste, dass Barton in Loudoun für das Einfangen flüchtiger Delinquenten zuständig war. *Das wäre ein möglicher Grund für seinen Flug.* Vor 23 Jahren hatte Barton sich in Fairfax als Ausbildungsbeamter um Hughes gekümmert. Als Anfänger hatte Hughes bewundert, wie Barton auch denen, die er einsperrte, Respekt abnötigte. Sie waren zusammen in Gegenden gefahren, in denen es zu rassischen Spannungen gekommen war. Wenn Barton beim Wohnkomplex James Lee in der Nähe von Seven Corners, Virginia, erschien, war es, als wäre Wyatt Earp auferstanden: Türen schlugen zu, Lichter gingen aus. Der stämmige Barton stieg aus dem Streifenwagen und durchschritt das Gelände, Hughes blieb, einen Kloß im Hals, hinter ihm. In den ersten Jahren hatte Barton ein wachsames Auge auf Hughes gehabt und ihn beschützt wie ein großer Bruder. Auch in der Kunst und Wissenschaft, tödliche Verkehrsunfälle zu rekonstruieren, hatte er ihn unterwiesen. Wie Barton es schaffte, aus der Aufnahme der Unfallfolgen, der Vernehmung von Zeugen, aus selbst gemachten Fotos und Messungen den ganzen Vorgang zu rekonstruieren, fand Hughes bewundernswert. Das war auch ein Grund, warum Barton 1985 so stolz war, als Hughes ihm sagte, er ginge zur NSTB. Sie waren sich in all den folgenden Jahren in tiefer Freundschaft verbunden geblieben.

Jetzt spürte Hughes auf einmal eine Übelkeit. *Bitte lass es nicht Charlie sein.*

Hank Hughes war 48, zweimal geschieden, stammte aus einer Kleinstadt in Pennsylvania, nahe am Susquehanna River. Sein Leben war fast von Beginn an von Gewalt, Krieg und menschlichem Leid geprägt gewesen. Er hatte sich nicht dagegen gewehrt, sondern sich innerlich abgeschottet und damit abgefunden. Sein Vater war bei Kämpfen im Pazifik von einem Panzer heruntergeschossen worden und hatte den Rest seines Lebens zum größeren Teil in Armeekrankenhäusern verbracht. Er starb, als Hughes sieben war. 1969 war Hughes mit 19 Jahren selbst Soldat und vernahm gefangen genommene Vietkong-Kämpfer. Er tat alles, was nötig war, um Informationen aus ihnen herauszukriegen. Auf die dabei angewandten Methoden war er nicht stolz, aber das, was er tat, war nach seiner Überzeugung notwendig, um das Leben amerikanischer GIs zu retten. Von der Kriegserfahrung desillusioniert, kehrte er 1970 heim und wurde Polizist in Faifax für insgesamt vierzehn Jahre.

Bei der Verkehrssicherheitsbehörde hatte er Unfälle in allen fünf Bereichen untersucht, für die die Behörde zuständig war: Straßenverkehr, Eisenbahn, Rohrleitungen, Seefahrt und Luftfahrt. Er hatte ein 14-jähriges Mädchen befragt, das von einem Feuer in einem Kirchenbus entstellt war, in den ein betrunkener Autofahrer hineingefahren war. Das Mädchen hatte geweint, und Hughes hatte Mühe, nicht ebenfalls zu weinen. Er starrte auf seine Notizen und blinzelte seine Tränen weg.

Nach dem Absturz eines Düsenflugzeugs in der Nähe von Charlotte hatte Hughes mit Hilfe von Spürhunden über einen Tag lang in den Trümmern nach einem Kleinkind gesucht, das ohne Begleitung in dem abgestürzten Flugzeug saß. Schließlich fand er die Leiche des kleinen Jungen und trug sie auf den Armen heraus.

Den Zweck seiner Arbeit vergaß er nie: Seine Untersuchungen konnten dazu beitragen, andere vor dem Tod zu bewahren.

An einer Absturzstelle nahm Hughes sorgfältige Messungen vor, er dokumentierte Mechanismen und Systeme, die Verletzungen verursacht hatten. Er prüfte die Innenraumgestaltung, die Sicherheitsvorkehrungen und die Notausgangsoptionen eines Flugzeugs. Wenn es Überlebende gab, befragte er sie, um festzuhalten, was ihr Überleben ermöglicht hatte.

Als Polizist hatte er jeweils nur einen Todesfall zu untersuchen. Bei der Verkehrssicherheitsbehörde hatte er es mit Dutzenden oder gar Hunderten von Toten zu tun. So kam es, dass ihm Gespenster im Kopf herumspukten. Um sie freundlich zu stimmen, beschloss er, seine Arbeit gewissenhaft und mit restloser Hingabe zu tun.

Gute Geister nannte er sie.

Etwa um die Zeit, als bei Hughes im Norden Virginias der Piepser summte, erkundigte Charlie Barton sich bei den Ärzten des Tanner Medical Center nach Tod Thompson. Er wollte seinen jungen Kollegen sehen.

Die Ärzte gestatteten Thompson lediglich, langsam an der offenen Tür von Bartons Zimmer vorbeizugehen.

Am Spätnachmittag wurde Barton in die Spezialabteilung für Brandverletzungen des Grady Hospital in Atlanta verlegt, und Thompson folgte später in einem Streifenwagen des Sheriff's Department des Carroll County.

Im Grady Hospital verlangte Thompson Barton zu besuchen. Dieses Recht stehe nur Angehörigen zu, erklärte man ihm. Thompson beschlich das Gefühl, er habe das ungeschriebene Gesetz des Polizisten gebrochen: »Komm nicht ohne deinen Kollegen zurück.« Er würde Charlie nicht im Stich lassen, nicht jetzt.

»Ich bin der einzige Verwandte, den er hier hat«, sagte Thompson. Die Angestellten ließen ihn hinein.

Thompson legte Kittel und Mundschutz an, hinter denen Spuren von Wiesenerde an den Armen und im Gesicht verschwanden. Beim Betreten von Charlies Zimmer sah er Ärzte und Schwestern um seinen Kollegen herumstehen und eine Menge Schläuche, die Flüssigkeiten in ihn hineinpumpten. So etwas wie sein verkohltes und geschwollenes Gesicht hatte Thompson noch nicht gesehen.

Er war bewusstlos. Es war Thompson klar, dass der Tod nicht mehr fern war. Der junge Hilfssheriff sollte seinerseits bis zum nächsten Tag zur Beobachtung im Krankenhaus bleiben. Er wollte und musste, bevor er fortging, etwas tun, und so rief Tod Thompson dem Kollegen Charlie in Gedanken ein letztes Mal zu: *Ich bin bei dir, Kumpel.*

»Haben Sie eine Passagierliste?«

Dringlichkeit und Nervosität schwangen in der Frage von Hank Hughes mit. Als er bei Dunkelheit in einem Motel von Carrollton eintraf, wo das NSTB-Einsatzteam seine provisorische Leitstelle einrichtete, traf Hughes auf einen Hauptmann des örtlichen Sheriff's Department. Der Hauptmann hatte eine Liste.

»Wer waren die für den Gesetzesvollzug zuständigen Personen an Bord?«, fragte Hughes.

Der Hauptmann schaute nach.

Bond Rhue, vom Justizministerium, sagte er.

Und zwei Hilfssheriffs aus Virginia: Tod Thompson und Charles Barton.

Charlie.

Der Hauptmann sagte, Barton sei im Grady Hospital in Atlanta, lebend, aber mit schweren Verbrennungen.

Hank Hughes musste sofort zum Grady.

Die Einsatzbesprechung des Teams war für 21.30 Uhr angesetzt, aber Hughes wollte weg.

Er verfiel auf Bob MacIntosh. MacIntosh war ein gründlich arbeitender, altgedienter NSTB-Mann, und er könnte an seiner Stelle das Einsatzteam der Verkehrssicherheitsbehörde leiten. Bei der Air Force hatte er 22 Jahre lang Schwertransporte geflogen, und in den sieben Jahren bei der NSTB hatte er mehrere bedeutende Untersuchungen geleitet, darunter den Absturz einer United-Airlines-Maschine bei Sioux City und vorher, 1988, das Strukturversagen einer Boeing 737 der Aloha Air lines, der während des Fluges infolge von Metallermüdung das Dach fortgeflogen war; dabei war eine Flugbegleiterin umgekommen.

»Mac, einer meiner besten Freunde war in der Maschine«, sagte Hughes zu MacIntosh. »Er ist in Atlanta, in schlimmer Verfassung.« Hughes sagte, er müsse unbedingt zu Barton.

MacIntosh brauchte nur zu hören, dass Hughes jemanden kannte, der in der Maschine gewesen war, Verbrennungen erlitten hatte und jetzt im Krankenhaus lag, um an ein ähnliches Erlebnis erinnert zu werden. Er hatte den Absturz der T-38 der Air Force untersucht, bei dem sein unmittelbarer Nachbar umgekommen war. Unfalluntersuchungen können einem manchmal sehr nahe gehen, das wusste MacIntosh. Die Verkehrssicherheitsbehörde forderte nach einem Absturz in der Regel, dass die Fluggesellschaft jemanden bereitstellte, der die Piloten und ihre Stimmen gekannt hatte, um die Aufzeichnungen des Sprachaufzeichnungsgeräts zu transkribieren. Es war manchmal quälend, den letzten Worten seiner Kollegen zu lauschen, aber das gehörte nun einmal dazu, fand MacIntosh.

MacIntosh bat Hughes, zu der Besprechung zu bleiben. Hughes war überrascht, konnte aber keinen klaren Gedanken fassen, geschweige denn etwas erwidern. Noch nie war ihm eine Untersuchung so nahe gegangen. Hughes blieb.

Bei der Besprechung erläuterte MacIntosh als verantwortlicher Ermittlungsleiter die Regeln und Verfahrensvorschriften für die Untersuchung. Mittlerweile seien, teilte er mit, Flugkapitän Ed Gannaway und drei Passagiere (Jim Kennedy sowie Lonnie und Ludie Burton) gestorben. Die Untersuchung werde sich auf verschiedene Teilbereiche erstrecken, darunter die Leistungswerte des Flugzeugs, der Flugdatenschreiber, das Sprachaufzeichnungsgerät, die Überlebensfaktoren, die Flugsicherung, die Wartungsunterlagen und die Wetterdaten.

Die NSTB war eine bedeutende, überlastete Behörde mit 400 Mitarbeitern und einem fünfköpfigen Direktorium, dessen Mitglieder vom Präsidenten der Vereinigten Staaten ernannt wurden. 1967 vom Kongress geschaffen, untersuchte und ermittelte die Behörde die wahrscheinlichen Unfallursachen in sämtlichen Transportmitteln und gab amtlichen Stellen Sicherheitsempfehlungen, um ähnlichen Unfällen vorzubeugen. Die Behörde bezog die Beteiligten in die Untersuchung ein, so dass jede Gruppe, die eventuell für einen Absturz verantwortlich war, an der Ermittlung seiner Ursachen mitwirken konnte, in diesem Fall also die ASA, Embraer und Hamilton Standard. Meistens stellten die beteiligten Parteien im Hinblick auf und aus Furcht vor drohenden Prozessen konkurrierende Theorien über die Absturzursache auf und fochten vor der Behörde für ihre Sicht der Dinge.

Die Einsatzbesprechung dauerte über eine Stunde. Hughes hatte Mühe, der Besprechung zu folgen. Der örtliche Ermittler von der NSTB-Zweigstelle in Atlanta hatte die Flugschreiber noch nicht geborgen; sie steckten noch in dem Wrack. MacIntosh erhielt von der Zentrale die Anweisung, die Schreiber unverzüglich herauszuholen. Er verließ die Besprechung und begab sich auf die Wiese, um sie bei Flutlicht zu bergen – es war mittlerweile nach elf.

Nach der Einsatzbesprechung traf sich Hughes mit mehreren Mitgliedern seiner Survival-Factors-Gruppe, zu der noch weitere hinzukommen sollten: ein Vertreter der Luftfahrtbehörde, je zwei von der ASA und der Pilotenvereinigung und drei vom Verband der Flugbegleiter. Hughes wies darauf hin, dass ihre Aufgabe sehr heikel und bisweilen emotional auslaugend sei. Man konnte vorher nie wissen, ob alle dem Ausmaß menschlichen Leidens gewachsen sein würden. Er hatte schon erlebt, dass Mechaniker von 110 Kilo umgekippt waren, während zierliche Flugbegleiterinnen durchgehalten hatten. »Wenn Sie es vorziehen, hier nicht mitzumachen, ist es in Ordnung«, erklärte Hughes seinen düster dreinblicken Gruppenmitgliedern.

Mitternacht war schon vorüber, als er nach Atlanta aufbrach. Unterwegs verfuhr er sich, wollte sich aber um keinen Preis nach dem Weg erkundigen. Er wollte das Grady Hospital alleine finden. So wurde aus einer Fahrt von 75 Minuten eine zweistündige Odyssee.

Ständig malte er sich aus, wie Charlie mit seinen Verbrennungen aussehen mochte,

Er dachte an ihre Essensverabredung nächste Woche. Er war wütend auf MacIntosh, einen Ermittler, vor dem er hohen Respekt hatte, auch wütend auf sich selbst, weil er nicht den

Schneid gehabt hatte, aufzustehen und die Besprechung in Carrollton zu verlassen.

Es war kurz vor drei, als er das Grady Hospital betrat und sich als NSTB-Ermittler auswies. Seine Vorahnung bestätigte sich.

Vor weniger als einer Stunde war Charlie Barton gestorben.

Hughes erwog, ob er um die Erlaubnis bitten sollte, die Leiche Charlies zu sehen. Schließlich gehörte es zu seinen Pflichten, den Tod eines Passagiers zu registrieren. Doch diesmal tat er es nicht. Es wäre für ihn unerträglich gewesen, zu sehen, was die Flammen bei Charlie angerichtet hatten.

Im Dunkeln fuhr Hank Hughes die lange Strecke nach Carrollton zurück. Seit zehn Jahren untersuchte er Überlebensfaktoren, doch zum ersten Mal empfand er eine innere Zerrüttung.

Er wollte von dieser Untersuchung weg.

26

Ohne geschlafen zu haben, führte Hank Hughes sein Survival-Factors-Team um sechs Uhr auf die Wiese. Fernsehteams, die die ganze Nacht an der Burwell Road kampiert und Paul Butler in Wut versetzt hatten, weil sie wiederholt bei ihm anklopften und darum baten, seine Toilette benutzen zu dürfen, wurden wach. Die NSTB-Ermittler anderer Gruppen stocherten bei Tageslicht in den Trümmern herum, untersuchten verstreute Flugzeugteile und Spuren im Boden und machten unzählige Messungen, die ihnen helfen sollten, den Absturz des ASA-Flugs 529 zu rekonstruieren.

Hughes ging über die Wiese und folgte dabei der Bahn, die das Flugzeug genommen hatte. Er blickte zurück zu dem V, das die Brasilia in die Kiefern gerissen hatte. Er sah das ausgebrannte Cockpit, das Gras, das in einem Umkreis von etwa zehn Metern vom Feuer gebräunt war, winzige verbogene Metallteile, Steine mit Kratzspuren und einen toten Eichelhäher.

Er dachte an Charlie. Er fragte sich, was Charlie gedacht haben mochte, als das Flugzeug abstürzte.

Ihm wurde eine traurige Ironie bewusst: Er würde die Ursache von Charlie Bartons Tod ermitteln, indem er die Unfallfolgen aufnahm, Beteiligte und Zeugen befragte und sich so von hinten heranarbeitete, bis das Ganze rekonstruiert war. Es gab keinen, der Charlie selbst bei einer solchen Rekonstruktion übertroffen hätte.

In seinem Notizbuch für Außenermittlungen hielt Hughes die vierprozentige Steigung des Geländes fest. Er machte Notizen über die linke Tragfläche und das Triebwerk sowie über die verbrannten Grasflächen. Er zog sein 100-Fuß-Stahlmaßband heraus und maß die Entfernung zwischen dem Aufsetzpunkt und dem Haltepunkt des Flugzeugs (490 Fuß). Er ermittelte das Ausmaß der Zertrümmerung und die Lage der Trümmer und überprüfte das Sauerstoffsystem des Flugzeugs daraufhin, ob es zum Brand im Cockpitbereich nach dem Absturz beigetragen hatte (das war der Fall). Er fand einen kleinen, halb offenen Utensilienbeutel inmitten des verbogenen Metalls. Darin steckte ein Ausweis, auf dem er den Namen und das Foto eines lächelnden Mannes im mittleren Alter mit Schnurrbart entdeckte: ›Bond Rhue‹. Der Kerl vom Justizministerium, dachte er. Jedes Mal, wenn ein Mann des Gesetzes umkam, empfand Hughes eine Trauer wie bei einem Verwandten. Mittlerweile hielten Fernsehkameras von hinten fest, wie Hughes bei der Arbeit war, halb heruntergebeugt, das Notizbuch am Rücken hinter den Gürtel geklemmt. (Seine Mutter, die in Pennsylvania wohnte, würde ihm später sagen: »Heute habe ich *deine bessere* Hälfte wieder im Fernsehen gesehen, Hank.«)

Seit den sechziger Jahren war die Unfallhäufigkeit der amerikanischen Luftfahrt um 85 Prozent gesunken, obwohl die Zahl der Flüge sich verdoppelt hatte. Außerdem war Hughes bekannt, dass in über 80 Prozent der Unfälle (bei denen ein

Strukturschaden auftrat oder jemand an Bord eine schwere Verletzung erlitt) die Menschen an Bord überlebten. Das lag zum Teil an verbesserten Ausbildungsmethoden für Notfälle und an der auf ein erhöhtes Aufprallenergie-Aufnahmevermögen ausgelegten Konstruktion der Flugzeuge sowie an der Verwendung von Feuer hemmenden Materialien in den Passagierkabinen. Hughes hielt sich eine bewährte Liste von drei Kriterien, um zu bestimmen, ob ein Unfall, gleichgültig in welchem Transportmittel, ›potenziell nicht überlebbar‹ war:

1. die G-Belastung, also die Schwerkraft, übersteigt das, was Menschen aushalten können;
2. das Insassenabteil des Fahrzeugs wird um über 15 Prozent verformt;
3. die Unfallstelle wird durch Wasser, giftige Gase oder Feuer verändert.

Ihm war klar, dass sich auf Paul Butlers Wiese das grausigste aller Szenarien abgespielt hatte: Passagiere und Besatzung hatten das Trauma des Aufpralls überlebt und waren dann vom Feuer überwältigt worden.

Hughes untersuchte das Innere des geschwärzten Cockpits. Die Flugzeugbesatzungen waren darin ausgebildet worden, den Passagieren in Notfällen bei der Evakuierung zu helfen. Als er jedoch das kleine Loch im rechten Seitenfenster des Ersten Offiziers sah, wusste Hughes, dass dieser Erste Offizier niemandem geholfen hatte.

Hier hatte jemand unglaubliche Anstrengungen unternommen, um sein Fenster aufzuschlagen, dachte Hughes.

Er dachte darüber nach, was für einen Albtraum Matt Warmerdam erlebt haben musste. *Das arme Schwein.*

Hughes wies andere Mitglieder seiner Survival-Factors-Gruppe an, die Überlebenden in den umliegenden Krankenhäusern zu befragen, während es nach der Vorschrift ihm vorbehalten war, alle Mitglieder der Flugzeugbesatzung, die überhaupt nur sprechen konnten, zu befragen.

Mehrere Überlebende gaben bei der Befragung an, sie hätten draußen an der linken Tragfläche ein lautes Geräusch gehört. Sie schilderten zerrissene Metallteile, die an der Vorderkante der Tragfläche hingen. John Hammerschmidt vom NSTB-Direktorium erklärte auf einer Pressekonferenz am Dienstagabend, Teile der Propellerbaugruppe seien möglicherweise an der Tragfläche hängen geblieben. »So etwas ist uns bei der NSTB noch nicht begegnet, wenn es sich tatsächlich so abgespielt haben sollte«, sagte er.

Unter Anleitung von Ed Gray zeichnete ein Mitglied des Einsatzteams eine Skizze des Schaltgehäuses und der Baugruppe, die vor der Vorderkante der linken Tragfläche des Fluges 529 hingen. Der Skizze zufolge fehlte eines der vier Propellerblätter. Chuck Pfisterer gab eine Beschreibung, die mit der von Gray beinahe übereinstimmte.

Ins Zentrum des Interesses des Einsatzteams rückten das Triebwerk PW 118 von Pratt & Whitney of Canada und die Propellerblätter 1-RF-9 von Hamilton Standard an der linken Tragfläche.

Ermittler Gordon ›Jim‹ Hookey, ein Raumfahrtingenieur, war erst vor vier Monaten in den Dienst der Verkehrssicherheitsbehörde getreten. Er hatte schon bei mehreren Untersuchungen mitgewirkt, aber jetzt war er zum ersten Mal am Unfallort. Hookey saß am Montagnachmittag in seinem Dienstzimmer in Washington, als ein Kollege den Kopf zur Tür hereinsteckte und sagte: »Es ist eine runtergekommen.« Als Mitglied des Einsatzteams sollte Hookey als Ersatzmann bei einer Untersuchung einspringen. Doch dieser Plan wurde sofort umgestoßen, und Hookey bekam eine wichtige Aufgabe übertragen.

Dienstag früh fanden Hookey und andere Mitglieder des

Teams am Unfallort zwölf Meter von den Bäumen entfernt die linke Propellerbaugruppe. Sie umfasste drei intakte Blätter und den abgebrochenen Stumpf des vierten Blattes. Der fehlende 1,20 Meter lange Teil des zerbrochenen Blattes war nirgends zu finden, für die Ermittler ein erster Hinweis darauf, dass es vor dem Aufprall abgebrochen sein könnte. (Überlebende bestätigten den Verlust.) Die NSTB würde mit Hilfe eines Computerprogramms die mutmaßliche Flugbahn des fehlenden Teils des Blattes errechnen und dann in dem anvisierten Bereich eine Suchaktion aufziehen.

Jetzt war Hookey auf der Wiese damit beschäftigt, den Blattstumpf genauer zu betrachten. Die Oberfläche der Bruchstelle war zwar mit Erde eingestaubt, ließ aber die typischen Anzeichen eines Ermüdungsrisses erkennen, parallel verlaufende Wellenlinien, die von Materialforschern als ›beachmarks‹ bezeichnet werden, wegen der Ähnlichkeit mit den Reihen von Strandgut, die auf dem Strand zurückbleiben, wenn die Flut zurückweicht. Der Stumpf lieferte darüber hinaus einen wichtigen Hinweis: Am unteren Ende des Blattes war eine Fabrikationsnummer eingeprägt: 861398. Ein Vertreter von Hamilton Standard war zugegen, als Hookey den Stumpf von der Baugruppe abmontieren ließ.

Hookey nahm den Blattstumpf zu einem Postverpackungsladen in Carrollton mit. Dort wies er sich als Mitarbeiter der Verkehrssicherheitsbehörde aus, was allerdings schon auf Grund seines blauen Overalls mit dem NSTB-Aufnäher unübersehbar war. Hookey holte den Propellerstumpf hervor und sagte, er müsse für den sofortigen Versand in eine Blisterverpackung gewickelt und in eine Schachtel gepackt werden. Der Mann hinter dem Ladentisch bekam große Augen. Er packte das Blatt ein. »Wie viel macht das?«, fragte Hookey und zückte seine Brieftasche. Der Mann sagte kopfschüttelnd, dafür nehme er nichts. Das sei das Mindeste, was er tun könne.

Hookey brachte den verpackten Blattstumpf zum Flughafen Atlanta. Von dort ging er per Luftfracht an das NSTB-Labor in Washington, wo er am späten Dienstagnachmittag eintraf.

Noch bevor man ihn gesäubert hatte, wurde der Stumpf von Blatt 861398 am Mittwochmorgen im NSTB-Labor mit einem Raster-Elektronenmikroskop untersucht. Auf der Bruchfläche fand man eine starke Schicht von Oxydablagerungen. Die nähere Untersuchung der Ablagerungen ergab einen Hinweis auf das Vorhandensein von Chlor.

In den letzten achtzehn Monaten waren drei weitere Hamilton-Standard-Blätter während des Fluges gebrochen, und in zwei Fällen (in Brasilien und in Kanada) machte man dafür durch Chlor verursachte Korrosionsnarben in der Aluminiumausbohrung verantwortlich. Diese Blätter waren 47 bzw. 37 Zentimeter von der Nabe entfernt abgebrochen.

Auch bei dem ASA-Blatt lag die Bruchstelle in diesem Bereich – 33,5 Zentimeter von der Nabe entfernt. Die Materialforscher der NSTB entdeckten unter starker Vergrößerung an benachbarten Stellen zwei mikroskopische Risse in der Innenwand des Blattes, die sich fortgesetzt und zu einem einzigen Riss vereinigt hatten. Dieser Riss war zunächst zur Vorderseite des Blattes gewandert und hatte sich dann fächerförmig rings um den Hohlraum ausgebreitet und damit den Bruch verursacht.

Etwa 3,8 Zentimeter von der Bruchstelle entfernt, bemerkten die NSTB-Forscher außerdem eine Reihe von Schleifspuren auf der Innenwand.

MacIntosh berief Jim Hookey zum Leiter der Gruppe, die sich um die Wartungsunterlagen kümmern sollte, und kurz darauf machte Jim sich auf die Jagd nach den Papieren. Er fuhr mit Kollegen nach Atlanta und Macon, um die Wartungsunterlagen der Brasilia (N256AS), ihrer zwei Pratt-&-Whitney-of-Canada-Triebwerke und ihrer Hamilton-Standard-Propellerblätter einzusehen.

Hookey interessierte sich besonders für die Geschichte des Blattes 861398. Aus den Wartungsunterlagen ging hervor, dass dieses Blatt vor dreizehn Monaten abgeschmirgelt worden war; dabei wurden zwei Tausendstel eines Zolls an Material entfernt. Gemäß Vorschrift hätte die abgeschmirgelte Fläche anschließend wieder ihre ursprüngliche Oberflächenbeschaffenheit bekommen sollen, aber unter dem Mikroskop sah es so aus, als habe ein Techniker genau dies versäumt. Aus dem Blattstumpf entnommene Proben wurden im NSTB-Labor außerdem auf ihre Zugfestigkeit, Leitfähigkeit und Zusammensetzung hin überprüft. Alle Werte stimmten mit der für die Aluminiumlegierung geforderten Zusammensetzung überein.

Die NSTB empfahl der Luftfahrtbehörde, eine unverzügliche Ultraschallprüfung aller Hamilton-Standard-Blätter anzuordnen, die seit der letzten Inspektion mehr als 1250 Flüge absolviert hatten. Genau das tat die Luftfahrtbehörde.

Jede Unfalluntersuchung der NSTB verläuft anders, hat mit eigenen Schwierigkeiten zu kämpfen. Einige ziehen sich über Jahre hin. Bei anderen kommt man schneller zum Ergebnis. In diesem Fall hatten die Ermittler schon innerhalb von 72 Stunden die wissenschaftliche Erklärung dafür, dass das ASA-Blatt gebrochen und der Flug 529 abgestürzt war. Nachdem der Propeller entzweigebrochen war und das Triebwerk zerstört hatte, hatte die so entstandene Metallmasse einen schädlichen Luftwiderstand erzeugt und die linke Tragfläche der Brasilia zu einer tödlichen Belastung werden lassen.

Die entscheidende Frage war: Wie konnte Hamilton Standard das zulassen, nachdem es noch im Vorjahr Warnungen gegeben hatte?

Hookey entdeckte in der Dokumentation, dass die Schmirgelarbeit von einem Hamilton-Standard-Techniker ausgeführt worden war, der seinen Namen mit dem Kürzel ›CSB‹ angab.

Während die Ermittler eine lange Liste von Möglichkeiten und eine noch längere Liste von Fragen aufstellten, setzte Hookey von Anfang an eine Frage an die erste Stelle seiner eigenen Liste: »Wer ist CSB?«

27

Für Chris Bender begann dieser Dienstag im August 1995 wie jeder andere. Er stand vor Tagesanbruch auf, zog sich seine Jeans und das Hemd mit dem Firmenschriftzug von Hamilton Standard an und fuhr zum Reparaturwerk in Rock Hill. Er erledigte seine mühselige technische Aufgabe lieber früh am Tag, solange seine Konzentrationsfähigkeit am stärksten war. An den meisten Tagen hatte er schon vor der Morgenbesprechung um halb acht eine Menge weggeschafft.

In den vierzehn Monaten, seit Bender das Blatt 861398 in seinen Händen gehabt hatte, hatte sich vieles für ihn und *in ihm* verändert. Er hatte so etwas wie eine persönliche Wandlung durchgemacht, genauer gesagt, zwei Wandlungen. Die eine betraf seine Statur. Er war bei Ham Standard kein Anfänger mehr, sondern vollauf in seine Aufgabe hineingewachsen, und er hatte sich bei Kollegen und Vorgesetzten Achtung erworben. Er hatte so viele Propellerblatt-Bohrungen bearbeitet, dass er sie schon nicht mehr zählen konnte. Waren es tausend? Über tausend? Eine hübsche Lohnerhöhung auf 12,50 Dollar pro Stunde gestattete ihm, sich Dinge zu kaufen, von denen er früher nur geträumt hatte, darunter sogar ein Haus mit drei Schlafzimmern, ein Haus, an dem viel zu tun war, im Zentrum von Fort Mill, fünf Minuten von seinen Eltern entfernt. Er polierte es auf und strich es neu an. Darauf bedacht, die Hypothek abzutragen (er hatte nicht gern Schulden), kassierte er in manchen Monaten den doppelten Lohn.

Es ging Bender gut, besonders nach einer Entscheidung, die er im Frühling getroffen hatte. Er hatte seine langjährige Freundin besucht, die an eine internationale christliche Missionsschule in Tyler, Texas, gegangen war, im Rahmen der Aktion *Youth With A Mission* (YWAM). Die Beziehung der beiden löste sich auf, doch was er bei YWAM sah und empfand, gefiel ihm. Er erwog, selbst Missionar zu werden. Eines Sonntags wurde er in der Kirche zum Altar gerufen. Seit seiner Kindheit war Bender nicht mehr an den Altar der charismatischen Kirche getreten, der seine Familie angehörte. Aber er stand auf und ging nach vorn, irgendwie ein anderer Mensch. Kurz darauf beschloss er, seine Arbeit aufzugeben und zu YWAM zu gehen; er wollte die Bibelschule besuchen und danach das Wort Gottes verbreiten. Im Juli sagte er seinen Vorgesetzten in Rock Hill, er sei allerdings bereit, bis zum Dezember zu bleiben, um einen neuen Techniker einzuarbeiten.

Chris Benders Leben befand sich im Aufschwung, war von Hoffnung und Zielstrebigkeit erfüllt, als er sich am Dienstag zur Morgenbesprechung um halb acht in die Kantine von Ham Standard begab.

Er stand hinten. »Einige haben die Nachricht vielleicht schon gehört«, begann ein Manager. Ein Mechaniker hob die Hand und bestätigte das. Chris Bender wusste von nichts. Ein Flugzeug war abgestürzt, eine Embraer EMB-120 der ASA. Mehrere Menschen waren umgekommen, andere lagen im Krankenhaus. Genaueres wusste man nicht, auch die Absturzursache war unbekannt, es komme aber, sagte der Manager, ein Triebwerkdefekt in Betracht. Dann hörte Bender den Manager sagen: »Ein Blattdefekt kommt ebenfalls in Betracht.«

Bender wusste, dass die ASA Blätter von Hamilton Standard

verwendete. Einmal war er sogar nach Macon gefahren, um den ASA-Technikern zu demonstrieren, wie er die Inspektion durchführte. Er wusste, dass die Wartung der in Nordamerika benutzten Hamilton-Standard-Blätter überwiegend in Rock Hill abgewickelt wurde. Und er wusste: *Jedes Blatt, das hier von innen inspiziert wurde, habe ich angefertigt. Was, wenn es nun eines von meinen Blättern war?*

Während der Besprechung sagte Bender kein Wort. Er bekam einen trockenen Mund. Er merkte, dass er zitterte. Er spürte, dass keiner dem anderen in die Augen schauen wollte. Ein Flugzeug voller Menschen war vom Himmel gestürzt, und es lag möglicherweise am Defekt eines Hamilton-Standard-Blattes. Die Betriebsleiter bestätigten zwar ein weiteres Mal, dass nichts Genaues bekannt sei, aber bei Chris Bender wuchs die Furcht, es könnte ein Blattdefekt – und das Blatt von ihm bearbeitet sein.

Nach der Besprechung hörte Bender einen Kollegen sagen, er habe gehört, dass ein Triebwerksschaden die Zerstörung des Blattes beschleunigt habe, dass die Piloten, weil sie mit einem Triebwerk weiterflogen, das Blatt überlastet hätten.

Später erfuhr Bender von einem Kollegen, dass ein 14-RF-9 gebrochen sei und die NSTB die Fabrikationsnummer des Blattes herausbekommen habe und die Unterlagen verlange.

Am Nachmittag wurden Bender und ein weiterer Kollege von einem Vorgesetzten aufgefordert, in die betrieblichen Unterlagen über das gebrochene Blatt zu schauen. Zusammen machten sie das Paket auf, das die Aufschrift ›861398‹ trug.

Mit pochendem Herzen griff Bender nach dem Protokoll über die Inspektion der konischen Bohrung des Blattes.

Aus dem Formular ging hervor, dass das Blatt, nachdem eine erste Ultraschalluntersuchung nichts ergeben hatte, geglättet worden war.

Chris Benders Augen wanderten ans Ende des Formulars.

Er sah drei kleine Buchstaben, dicht beieinander, und ein Datum: ›CSB, 6/7/94‹.

Seine Handschrift.

Sein Blatt.

Die Nachricht machte rasch die Runde. Ein Vorgesetzter erkundigte sich bei Bender: »Geht es Ihnen gut?«

Bender nickte, obwohl es ihm gar nicht gut ging.

»Wenn Sie nach Hause gehen oder sich für den Rest des Tages freinehmen wollen …«

Bender schüttelte den Kopf. Er sagte, er müsse nur einmal kurz an die frische Luft.

Er ging nach draußen, um allein zu sein. Er dachte an die Menschen in dem Flugzeug, fragte sich, wer sie wohl waren und was sie beim Absturz empfunden haben mussten, und er befürchtete, dass er möglicherweise an dem Absturz schuld war. *Aber vielleicht war es das Triebwerk*, rief er sich ins Gedächtnis. Er musste mit den Tränen kämpfen.

Mechaniker trösteten ihn. Einige versuchten von dem Absturz abzulenken. Andere berichteten, bei der Air Force hätten sie erlebt, dass Mechaniker über den Absturz von Düsenflugzeugen geweint hatten. Dann habe sich jedoch herausgestellt, dass diese Mechaniker gar nicht daran schuld gewesen seien.

Am Abend kehrte Bender in die Einsamkeit seines Hauses zurück. Er rief seine Mutter und seine jüngere Schwester an und berichtete, was passiert war. Er sagte, Hamilton Standard habe alle aufgefordert, sich nicht über Einzelheiten auszulassen, aber einige Menschen seien bei dem Absturz umgekommen, und wenn es nun an seinem Blatt gelegen hatte, was dann? Er weinte am Telefon.

Im späteren Verlauf des Abends wandte er sich an Gott. Im Gebet stellte er die Frage: *Warum ist das passiert?* Er betete um Kraft. *Bitte hilf mir, da hindurchzukommen.*

Chris Bender konnte sich nicht vorstellen, was er verkehrt gemacht hatte. Aber er sagte sich, dass er, sollte es sein Fehler gewesen sein, die volle Verantwortung übernehmen würde.

28

Am Morgen nach dem Absturz brauchte Anne Gulia Milch und Zigaretten.

Für Jim Kennedys jüngste Tochter war es eine lange, entsetzliche Nacht gewesen. Ihre Schwestern Meg, Monica und Maddy waren mit ihren Ehemännern nach Mitternacht gegangen, alle in Tränen. Jetzt war ihre Mutter, Nancy Kennedy, am Telefon in der Küche und rief Tanten und Onkels an, um sie zu informieren, und bei jedem Anruf weinte sie.

Am Montagnachmittag gegen 15.30 Uhr war Nancy Kennedy in die Auffahrt von Annes Haus bei Newtown, Connecticut, eingebogen. Sie kam mit den Worten herein: »Papa ist mit dem Flugzeug abgestürzt.«

»Red keinen Unsinn, Mama«, sagte Anne.

Nancy Kennedy war auf der Interstate 684 in Richtung Connecticut unterwegs, um ihre Töchter und Enkelkinder zu besuchen, als sie eine Radiomeldung hörte. Ein Regionalverkehrsflugzeug war auf dem Weg von Atlanta nach Gulfport abgestürzt, und es hatte mindestens zwei Tote gegeben. Ihr war sofort alles klar. Wenn man 37 Jahre mit einem Mann verheiratet war und acht Kinder mit ihm hatte, dann wusste man einfach: Einer von den beiden war Jim Kennedy.

Meistens raste Nancy Kennedy von Germantown, Maryland, wo sie eine Eigentumswohnung hatten, mit hohem Tempo nach Newtown, aber nachdem sie diese Meldung gehört hatte, nahm sie das Gas weg, ging von 110 herunter auf 96, wechselte auf die langsame Spur und ging herunter auf 80. Am Morgen hatte sie Jim Kennedy an der U-Bahn-Station in Rockville, Maryland, mit einem Kuss verabschiedet. Sie waren in

Eile wie immer: Tschüss, Küsschen, und weg war er. Er sagte, er werde gegen halb vier Ostküstenzeit in seinem Büro in Gulfport sein, und fügte hinzu: »Ruf mich dann an.« Nancy Kennedy wollte nicht bei Anne ankommen, bevor sie nicht um halb vier angerufen hatte.

Das Entsetzen, das ihrer Mutter ins Gesicht geschrieben stand, war so ansteckend, dass Anne bei ihrer Schwester anrief, die in der Nähe wohnte: »Maddy, Mama dreht durch. Sie glaubt, Papa ist bei einem Flugzeugabsturz umgekommen.« Maddy eilte herbei.

Sie schaltete den Fernseher an und sahen Bilder von dem ausgebrannten Flugzeug. Sie riefen bei Krankenhäusern in Westgeorgia an: Kein Jim Kennedy. Meg kam herüber. Am Computer ihres Vaters lasen Jim Kennedys Töchter die neuesten Nachrichten, in denen Sheriffs und Rettungsdienste aus Westgeorgia zitiert wurden. Sie riefen auch diese Stellen an: Keine Meldung über Jim Kennedy.

Maddy sagte: »Mama, wahrscheinlich haben sie Papas Namen nicht. Vielleicht ist er am Kopf getroffen worden und kann sich nicht ausweisen. Oder er hilft vermutlich älteren Leuten, die im Flugzeug eingeklemmt sind.

Papa ist stark, Mama.«

Um halb vier rief Nancy Kennedy das Büro ihres Mannes in Gulfport an. Sie hoffte und betete, er würde abnehmen. Er nahm nicht ab. Sie hinterließ eine Nachricht auf seinem Anrufbeantworter: »Ich bin bei Anne. Es hat einen Flugzeugabsturz gegeben, und ich dachte, es könnte dein Flugzeug gewesen sein. Ruf mich bitte so schnell wie möglich an.«

Kurz darauf rief Millie, seine Sekretärin, an.

»Millie, ich weiß nicht einmal, ob er in diesem Flugzeug war«, sagte Nancy Kennedy.

Aber Millie erwiderte: »Doch, Nancy, er war drin. Gerade rief David Schneider an und sagte, er habe ihn in dem Flugzeug getroffen.« Schneider sagte noch, er wisse nicht, was aus ihm geworden sei.

Irgendwann nach acht Uhr, sieben Stunden nach dem Absturz, erreichte Jim, Maddys Mann, einen Vertreter der ASA in Atlanta, der ihm sagte, die Leiche eines Passagiers sei am Unfallort belassen worden, bis zum Eintreffen der NSTB-Ermittler, und es sei nahezu sicher, dass es sich dabei um Jim Kennedy handelte.

Mitten in der Nacht hörte Anne, wie ihre Mutter ihre übrigen Geschwister in New York, Oklahoma und Kalifornien anrief und jedes Mal sagte: »Ich muss euch etwas ganz Schreckliches mitteilen.« Von Mal zu Mal fiel ihr der Anruf schwerer. Jim Kennedy hatte mit unverbesserlicher Selbstironie gescherzt: »Ich bin allwissend, ich bin allmächtig, und ich bin allgegenwärtig.« Jetzt erst begriffen seine Frau und seine acht Kinder, dass sie das für bare Münze genommen hatten.

Auf dem Weg zu einem Laden, in dem sie Milch und Zigaretten besorgen wollte, hielt Anne am Briefkasten an, kurbelte das Fenster herunter und zog aus dem Stapel Briefe einen heraus, der eine vertraute Handschrift trug – die ihres Vaters. Es lief ihr kalt über den Rücken, ein unheimliches Gefühl, als habe der Brief sie aus dem Jenseits erreicht.

Anne setzte das Auto wieder zurück und lief ins Haus. »Mama!«, rief sie. »Schau mal!« Die Hand, in der sie den Brief hielt, zitterte. Sie deutete auf den Poststempel Germantown, Md.

»Oje!«, sagte Nancy Kennedy.

Jim Kennedy schickte seinen Kindern öfter Briefe. Manchmal fügte er Zeitungsausschnitte bei, manchmal kleine Schecks.

Zögernd öffnete Anne den Umschlag und fand Seiten, die aus einem Magazin, aus dem ›Delta's Sky Magazine‹, ausgeschnitten waren, mit Bildern von Labradorhunden und anderen Hunderassen, denen man hübsche Kleider angezogen hatte und die darin entzückend und lächerlich aussahen. Ihrem Vater war bekannt, dass sie, ihr Mann Steve und die 14 Monate alte Gina (»Gina Beena Thumbalina« nannte Jim Kennedy sie) Hundeliebhaber waren und selbst zwei Labradorhunde hatten, Koala und Kelly.

Anne hatte die ganze Nacht an ihren Vater gedacht, der sie, wenn es ihr ganz dreckig ging, über ihren Kummer hinweggetröstet hatte. Er hatte sie einfach an sich gedrückt, sie auf den Scheitel geküsst und gesagt: »Ist schon gut, Dummchen.«

Jetzt hatte Jim Kennedys jüngste Tochter das Gefühl, als wolle er es noch einmal machen. Hemmungslos schluchzte sie, während sie seinen handschriftlichen Brief vorlas:

8/18/95
Gerade heimgekommen

Liebe Anne,
hier sind ein paar Freunde, mit denen ich in Delta's Dog Pound Special aus Gulfport heimgeflogen bin.
Kennst du sie? Wenn nicht, werden Koala und Kelly sie vielleicht erkennen ...
Die Hundewelt wird uns wohl alle demnächst auf allen vieren ins ›Gelobte Land‹ führen!
Ihr habt doch einen großen Garten. Weshalb kriege ich nie Gemüse? Was bin ich, gehackte Leber?
Ihr fehlt mir, du und Gina Beena und Steve. Sei nett zu ihm, er arbeitet hart für euch!

Herzliche Grüße,
Papa

Das war mehr, als eine Tochter ertragen konnte. Am Freitag hatte ihr Vater das geschrieben, drei Tage vor dem Absturz.

Anne las es ein zweites Mal und dann noch einmal. Jedes Wort prüfte sie, ob es nicht eine besondere oder versteckte Bedeutung enthielte. Für seine Kinder war Jim Kennedy zu allem fähig gewesen. Er schaffte es, dass ihre dunklen Wolken verschwanden und ihre Sorgen sich legten. Auf einmal bekam Anne beim Lesen seines Briefchens die Gewissheit, dass er oder seine Seele gewusst hatte, dass er sterben würde. Weshalb sprach er sonst vom Gelobten Land? *Ja, Papa sprach immer von den Heiligen und vom zukünftigen Leben, und er sagte, er sei bereit, wenn es für ihn Zeit sei zu gehen*. Der Brief, voller Witzelei, Albernheit und Liebe, war für eine liebende, trauernde Tochter der Beweis, dass ihr Vater zumindest in geistlicher Hinsicht bis zum Schluss souverän gewesen war.

29

Von ihrem Krankenhausbett schwebte Robin Fech im Morphiumtraum zur Absturzstelle. Während sie den Passagieren zurief: »Entfernen Sie sich von dem Flugzeug«, bemerkte sie am Ende der Wiese einen Mann. Er trug einen Cowboyhut und Stiefel. Er sah zu, wie das Flugzeug brannte. Fech starrte ihn an. Sie sah, wie er eine Zigarette und ein Streichholz hervorholte. »Bitte nicht rauchen, Sir«, flehte Fech. »BITTE ZÜNDEN SIE DIESE ZIGARETTE NICHT AN.« Zu spät. Er zündete die Zigarette an. Ein anderer Mann wälzte sich zu ihren Füßen, ein Passagier, dessen Namen sie nicht wusste, ein Mann in Flammen. Während sie sich das rechte Handgelenk hielt und Blut aus ihrer linken Schläfe strömte, schrie Fech: »Er brennt, oh, er brennt.«

Claudette Underwood hörte die Stimme ihrer Tochter und sprang von ihrem Feldbett im Krankenzimmer des Tanner Medical Center auf. Sie sah, wie Fech sich im Bett hin und her warf und an einem Infusionsschlauch zerrte. Sie schüttelte sie: »Robin, Robin.«

Die Flugbegleiterin erwachte. »Mama, ich sah ihn an, und er war grün. ER WAR GRÜN, MAMA.«

Hank Hughes traf im Laufe des Dienstags ein, um Fech zu befragen. Er hatte gebeten, von der Untersuchung beurlaubt zu werden, um mit den sterblichen Überresten von Charlie Barton nach Virginia heimzukehren und am Trauergottesdienst für seinen Freund teilzunehmen; sein Gesuch, sagt er, wurde jedoch abgelehnt. Voll Trauer und Zorn dachte er daran, sich unentschuldigt von seiner Arbeit zu entfernen. Stattdessen stürzte er sich in die Arbeit.

Als Hughes beim Tanner ankam, trug Fech ein Krankenhauskleid. Am Kopf und am Arm war sie bandagiert. Die Lippe war durch einen Bluterguss geschwollen. Er plauderte eine Viertelstunde mit ihr und ihrer Mutter, um ihr die Befangenheit zu nehmen.

Fech gestand, dass sie sich schuldig fühle, weil sie auf der Wiese nicht mehr getan hatte, um Menschenleben zu retten. Fünf waren bereits tot: Gannaway, die Burtons, Jim Kennedy und Charles Barton. In anderen Fällen hatte Hughes von Flugbegleiterinnen schon ähnliche Empfindungen äußern hören.

Er stellte Mitglieder seines Survival-Factors-Teams vor. Er fragte Fech, ob ein Mitglied des Verbandes der Flugbegleiter bei der Befragung anwesend sein dürfe. Fech war zwar nicht Mitglied – Gewerkschaftsbeiträge waren für sie nur ein zusätzlicher Ausgabenposten –, aber sie ließ die Gewerkschaftsvertreterin in das beengte Zimmer ein.

Die Befragung durch die NSTB war weitgehend standardisiert; gegebenenfalls kamen noch Fragen bezüglich Rauch und Feuer nach dem Absturz hinzu. Bei jeder Befragung eines Überlebenden waren mindestens zwei Mitarbeiter der Survival-Factors-Gruppe anwesend, einer stellte die Fragen, der andere hielt die Antworten fest. Es ging darum, an Informationen über

Tatsachen zu kommen. Hughes instruierte seine Leute, den Befragten auf keinen Fall zu unterbrechen. Die Befragung begann mit dem Satz: »Erzählen Sie uns mit eigenen Worten und so detailliert, wie Sie sich erinnern können, was passiert ist.« Was dann zu geschehen hatte, fasste Hughes in die Anweisung: »Halten Sie den Mund, und lassen Sie die Leute reden.«

Fech berichtete, sie habe zunächst gedacht, das Flugzeug sei mit einem anderen Flugzeug kollidiert. Sie sprach von dem zerfetzten Haufen Metall auf der linken Tragfläche, davon, dass sie die Rouleaus auf der linken Seite heruntergezogen, zwei Passagiere umgesetzt und von allen die Demonstration der Sitzposition für Notlandungen verlangt hatte. Hughes konnte sich ziemlich genau vorstellen, was Fech sagen würde; er hatte schon die Beschreibungen anderer Überlebender gehört. Fechs Schilderung endete mit der Ankunft der Rettungsmannschaften.

Fech war besorgt, dass sie beim Absturz etwas verkehrt gemacht hatte, aber das verriet sie Hughes nicht. Ihr war bewusst, dass sie die Einzige von der Besatzung war, die befragt werden konnte, und das machte sie verwundbar und nervös. Hughes fiel ihre Traurigkeit und Bescheidenheit auf. Um Warmerdam empfand sie Sorge, wegen Gannaway Verzweiflung. »Machen wir eine Pause«, schlug Hughes mehrmals während der Befragung vor. »Nein, bringen wir's hinter uns«, entgegnete Fech. Das Gespräch dauerte über eine Stunde.

In Hughes' Augen war Fech eine der heldenhaftesten Flugbegleiterinnen, die er jemals befragt hatte. Er sagte ihr: »Sie und Ihre Kollegen haben bewundernswert gearbeitet, und dank dessen, was Sie getan haben, haben so viele überlebt.« Er berichtete ihr, Passagiere hätten das, was sie getan hatte, als ›imponierend‹ und als ›vorbildliches Verhalten‹ gerühmt; sie hätten geäußert: »Sie war wie ein Feldwebel«, und: »Mehr, als sie getan hat, konnte man nicht tun«.

Robin Fech weinte.

Einen Tag später diagnostizierte ein Arzt bei Fech eine »akute posttraumatische Belastungsstörung«. Als Fech mit dem Arzt über den Absturz sprach, musste sie an ihren verstorbenen Vater denken. »Obendrein«, schrieb der Arzt in seinem Bericht, »liegt bei dieser Frau meines Erachtens ein ungelöster Schmerz über den Tod ihres Vaters im Mai vor.«

Um die ununterbrochene Aufregung der Flugbegleiterin zu dämpfen, verschrieb er Beruhigungsmittel in hoher Dosierung.

Am Donnerstag, drei Tage nach dem Absturz, wurde Fech aus dem Tanner entlassen, als eine der ersten Überlebenden, die man nach Hause schickte. *Ein Grund mehr für ein schlechtes Gewissen, dachte sie.* Ein Psychiater riet ihr, zur Einleitung ihrer emotionalen Genesung auf dem Heimweg die Absturzstelle aufzusuchen.

Bevor sie das Krankenhaus verließ, wollte Fech andere Passagiere sehen. Claudette Underwood hatte schon mit einigen gesprochen. Als sie sich als ›Robins Mama‹ vorstellte, erhob sich Alan Barrington, der seinen Arm in einer Schlinge trug, aus dem Rollstuhl und umarmte sie. Im Zimmer von Kevin Bubier wurde ihre Tochter von allen Anwesenden gefeiert.

Fech wurde in den örtlichen Zeitungen gerühmt. Der überlebende Chuck Lemay wurde zu Hause in Omaha von einem NBC-Fernsehteam besucht. Zwei Stunden drehten sie ein Gespräch mit ihm. Er berichtete von Fechs Heroismus, davon, dass sie vor dem Aufprall eine Panik unter den Passagieren verhindert habe. Teile davon wurden in den Abendnachrichten des Senders und später in einer Magazinsendung ausgestrahlt. Die Aufmerksamkeit galt der von Schuldgefühlen geplagten Fech, die befürchtete, irgendjemand könne ihr etwas übel nehmen.

Jetzt schob Underwood den Rollstuhl ihrer Tochter zum Zimmer von Dawn Dumm.

Fech wollte ihr dafür danken, dass sie ihre Mutter, Mary Jean Adair, dazu gebracht hatte, von dem brennenden Rumpf wegzukriechen.

Als sie das Zimmer erreichten, wurde Dumm gerade behandelt. Die Flugbegleiterin und ihre Mutter warteten auf dem Korridor.

Mit Stiften und Stäben versuchten die Ärzte, den fast abgetrennten Fuß wieder mit dem Bein zu verbinden. Das hatte anhaltende heftige Schmerzen zur Folge. Hinzu kam die Verbrühung am Rücken durch die Hydraulikflüssigkeit.

Dumms Mutter hatte man in die Spezialabteilung für Brandverletzungen des Grady Hospital gebracht. Als Dumm ihre Mutter zum letzten Mal sah, lag sie in der Nähe des brennenden Rumpfes, zu erschöpft, um auch nur einen Schritt weiterzugehen. Larry Dumm, ihr Mann, hatte ihre beiden Söhne bei seinen Eltern gelassen und war von Baltimore in vierzehn Stunden heruntergefahren, mit einem Zwischenstopp beim Grady, um die Schwiegermutter zu besuchen.

Mary Jean Adair war trotz gegenteiliger Beteuerungen von Verwandten nicht davon überzeugt, dass ihre Tochter überlebt hatte. Zu einer Verwandten sagte sie: »Du sagst mir bestimmt die Wahrheit. *Also, wo ist Dawn?*« Sie wollte den Beweis. Sie wollte die Stimme ihrer Tochter hören.

Julia Eason war schon am Abend nach dem Absturz gekommen, um Dumm am Krankenbett zu besuchen. Auf der Wiese hatte sie Dumms Hand gehalten – sie war aus ihrem nahe gelegenen Haus herbeigeeilt. Während ihr Mann, Elbert Eason, sich um ihre Verletzung gekümmert hatte, hatte sie den Schmerz auf dem Gesicht der jungen Frau gesehen. Julia Eason hatte Dumm versprochen, sie im Krankenhaus zu besuchen, und als sie nach dem Abendbrot fortging, hatte sie zu ihrem Mann gesagt: »Elbert, ich weiß noch nicht, wann ich zurück sein werde.«

Dawn Dumm war gerade aus dem OP gekommen, als sie von ihrem Bett aufblickte und Eason erblickte, die mit leiser Stimme fragte: »Erinnern Sie sich an mich?« Dumm lächelte unter Schmerzen. »Ja, Sie waren bei mir auf der Wiese.«

Eason verbrachte die folgende Nacht in Dumms Zimmer. Sie las ihr aus dem Neuen Testament vor und sprach mit ihr Gebete. Mit ihrer gleich bleibenden heilsamen Ausstrahlung wurde sie zu einem Licht, das in die Dunkelheit von Dawn Dumm hineinstrahlte.

Claudette Underwood schob Robin Fech in Dawn Dumms Zimmer. Fech war beeindruckt gewesen von Dumms attraktiver Erscheinung, von den schönen dunkelbraunen Haaren, die von ihrer sanften weißen Haut abstachen.

Doch nun fand Fech, dass Dumm sie abweisend behandelte. Dumm berichtete, sie habe, hinter sich ihre Mutter, aus einem Loch in dem brennenden Rumpf hinausgespäht und um Hilfe geschrien. Fech habe mit zwei Männern, der eine mit einer Aktentasche, der andere nur in Unterwäsche, auf der anderen Seite der Tragfläche gestanden. Sie sagte, sie habe Blickkontakt mit Fech gehabt.

Dumm wollte eines wissen: »Warum sind Sie nicht zurückgekommen, um uns zu helfen?«

Fech konnte sich nicht erinnern, sie gesehen zu haben. Sie wusste nicht, was sie sagen sollte.

»Robin«, sagte Underwood schließlich, »konntest du sie nicht schreien hören?«

»Nein«, antwortete Fech. »Ich habe so viele Schreie gehört.« Dann, zu Dumm gewandt: »Ich glaube, ich habe Sie nicht gehört.«

Fech war verblüfft, verwirrt. Sie verstand nicht, was ihr da zu Ohren kam. Sie wusste nicht, was sie davon halten oder dazu sagen sollte. Nach so viel Lob jetzt dies – eine Bestätigung ihrer Selbstzweifel. Sie wollte fort von hier. Ihre Mutter brachte sie aus dem Zimmer.

Mehrere Stunden später wurde Kevin Bubier im Rollstuhl zur Vordertür des Tanner herausgeschoben. Draußen warteten die Medien. Während sie durch Bubiers Erscheinen abgelenkt waren, wurden Fech und Underwood von Krankenhausvertretern zu einem Nebenausgang begleitet. Die Flugbegleiterin und ihre Mutter bestiegen einen schwarzen Suburban, der sie zur Absturzstelle brachte.

Auf der Burwell Road befanden sich noch immer einige Medienvertreter, hinter gelb-orangefarbenen Polizeiabsperrungen. Ihre Kameras fingen Fech ein, die, den rechten Arm in einer Schlinge, an einer Krücke humpelte. Sie trug eine dunkle Brille, eine Baseballmütze und einen weißen Frottiermantel.

Fech ging am Cockpit vorbei. Sie betrachtete das, was von dem Rumpf noch übrig geblieben war. Das Flugzeug sah ganz anders aus, als sie es in Erinnerung hatte. Das Entsetzen war so riesig gewesen, und das heruntergebrannte Flugzeug wirkte jetzt so klein.

Fech sprach mit niemandem auf der Wiese und blieb nicht lange. Underwood hatte um einen Krankenwagen gebeten, der ihre Tochter nach Athens bringen sollte. (Robin bat darum, ihn abzubestellen, weil ihre letzte Fahrt mit einem Krankenwagen ihr noch in schlimmer Erinnerung war.) Davon abgesehen, wünschte Underwood, dass die ASA eine Limousine bereitstellte, etwas Bequemes, damit Fech sich ausstrecken konnte, und es sollte groß genug sein, damit sie die vielen Blumen, die ins Krankenhaus geschickt worden waren, mitnehmen konnte. Ihre Tochter benötigte Ruhe, und im Übrigen fand Underwood, dies sei das Geringste, was die Regionalfluggesellschaft angesichts dessen tun konnte, was ihre Tochter getan hatte.

Die ASA stellte eine schwarze Stretchlimousine bereit, und Fernsehkameras hielten fest, wie Mutter und Tochter darin die Wiese verließen.

Die schwarze Limousine machte bei einer kleinen Apotheke außerhalb von Atlanta Halt. Underwood ging hinein, um die Medikamente für ihre Tochter zu besorgen, während Fech sich auf dem Rücksitz ausruhte.

Drinnen wurde Underwood Zeugin, wie ein Kunde von dem ASA-Absturz und dem heldenhaften Bemühen der Flugbegleiterin sprach.

Strahlend sagte die Mutter: »Ja, Sie sprechen von meiner Tochter. *Und sie sitzt da draußen in der Limousine.*«

Der Kunde bat darum, Fech auf der Stelle kennen zu lernen. Underwood begleitete ihn zu der Limousine. Als er die Flugbegleiterin zusammengesunken auf dem Rücksitz sah, streckte er ihr seine Hand entgegen und sagte: »Wir sind so stolz auf das, was Sie getan haben. Gott sei gelobt für Sie.« Er fragte, ob er sie berühren dürfe.

Robin Fech lächelte mühsam und gab dem Mann die Hand. Als die Limousine abfuhr, blickte die Flugbegleiterin kopfschüttelnd ihre Mutter an, verdrehte ihre Augen und sagte: »Mein PR-Agent Nr. 1 …«

30

Auf einer einsamen Landstraße im Norden Virginias folgte dem Leichenwagen, in dem Charles Barton lag, eine lange Reihe blinkender blauer Lichter. Aus Tod Thompsons Sicht war die Reihe endlos, von einer Hügelkuppe zur nächsten, von Purcellville bis Leesburg, so weit sein Auge reichte.

Das hat Charlie verdient, dachte Thompson. Neunundzwanzig Polizeimotorräder und neunzig Polizeiautos gaben ihm das Ehrengeleit. Barton war der erste Beamte in der 238-jährigen Geschichte des County Loudoun, der im Dienst gestorben war.

Die Aula einer Mittelschule war zu klein für die 500 Menschen, die am Gedenkgottesdienst teilnahmen. Bartons Witwe Macil sagte zu Freunden, ihr sei immer bewusst gewesen, dass Charlie, wenn er aus der Tür ging, möglicherweise nicht wiederkommen würde. Sie sagte, er sei als der gestorben, der er immer am liebsten gewesen war, als Gesetzeshüter.

Thompson fühlte alle Blicke auf sich gerichtet, als stünde er in einem abgedunkelten Raum im hellsten Rampenlicht. Der junge Hilfssheriff war überzeugt, dass seine Freunde und Kollegen ihn für Charlies Tod verantwortlich machten. Das Getuschel, das er beim Gottesdienst vernahm, bezog er auf sich: *Wie konnte Tod nur ohne Charlie zurückkommen?*

Eigentlich hatte Thompson beim Gottesdienst über das sprechen wollen, was Charlie und er erlebt hatten, und dass er auf der Wiese alles getan hatte, was in seinen Kräften stand, um zu helfen. Weil er aber zu nervös und zu schüchtern war, um vor der Trauergemeinde zu sprechen, erklärte er einem Kollegen, der die Trauerrede auf Charlie halten würde, was nach dem Absturz geschehen war, wie Charlie im hinteren Teil des Rumpfes die Führung übernommen und die anderen Passagiere überzeugt hatte, dass sie durch das Feuer hindurch müssten.

Auch Thompsons Ehefrau Pam hatte das Gefühl, dass die Leute ihren Mann anstarrten. Sie glaubte aber, es sei nicht deshalb, weil er allein zurückgekommen war, sondern weil er überhaupt zurückgekommen war. Sein Überleben kam einem Wunder gleich, und das war allen bewusst.

Dem jungen Hilfssheriff schlug das alles aufs Gemüt.

Die bloße Teilnahme am Gedenkgottesdienst für Charlie erfüllte ihn mit Scham.

Auch Hank Hughes schlug es aufs Gemüt. Er sagt, er habe nicht zum Gedenkgottesdienst für Charlie kommen können, weil seine Vorgesetzten das Gesuch, ihn von seinen dienstlichen Pflichten zu befreien, abgelehnt hätten. Mit den Ermittlungen vor Ort war er am Freitagmorgen fertig, und er schickte sein Survival-Factors-Team heim. Ihm wurde klar, dass er an einen Wendepunkt in seinem beruflichen Leben gekommen war: Er hatte keinen Respekt mehr vor der Leitung der Verkehrssicherheitsbehörde.

Hughes musste allein sein, und deshalb blieb er eine weitere Nacht in Carrollton, in seinem Motelzimmer, noch immer trauernd, noch immer zornig. Er hatte Charlies persönliche Habe sichergestellt, darunter seine Waffe und sein Abzeichen. Er wollte sie und die von ihnen repräsentierte Ehre John Isom aushändigen, dem Sheriff von Loudoun.

Hank Hughes' privater Gedenkgottesdienst für Charlie Barton sah so aus: Er stand im Motel am Badezimmerwaschbecken und ließ warmes Wasser über Charlies silbernes Abzeichen laufen. Er zupfte an dem Nylon und Leder, das auf das Abzeichen geschmolzen war.

Für diesen Anlass kaufte Hughes sich eine Flasche Old Crow. Charlie war immer für ihn da gewesen. Hughes war dagegen nicht für Charlie da gewesen. Er hatte es nicht geschafft, rechtzeitig zu seiner Sterbestunde bei Charlie zu sein, und jetzt hatte er seinen Gedenkgottesdienst versäumt.

Er machte den Fernseher an, schaute aber nicht hin, und drehte ihn auf volle Lautstärke, damit keiner ihn fluchen und heulen hörte. Er machte die Whiskeyflasche leer und nahm seine Zahnbürste, um Charlies Waffe und Abzeichen zu reinigen, und er hörte erst auf zu schrubben, als beide glänzten.

31

In Maine, Georgia und Virginia ging der Gedanke an Jim Kennedy drei Männern, die ihn zurückgelassen hatten, nicht mehr aus dem Sinn. Freunde und Verwandte sagten zwar, sie seien von Gott dazu ausersehen gewesen, zu überleben, aber Kevin Bubier, Alan Barrington und David Schneider dachten an eine dunklere Wahrheit. Sie sahen Jim Kennedy rücklings in dem brennenden Flugzeug liegen, halb ohnmächtig und eingeklemmt. Für diese Männer wurde Jim Kennedy zu einem Symbol, einem Symbol ihres Versagens, womöglich ihrer Feigheit.

Zu Hause in Waterboro, Maine, fühlte Kevin Bubier noch immer Kennedys schlaffe Hand in der seinen. Noch immer wusste er nicht, ob der Mann, über den andere hinweggetrampelt waren, es geschafft hatte, aus dem Flugzeug herauszukommen. Er konnte sich nicht erinnern, seine Hand losgelassen zu haben. *Habe ich ihn hinausgetragen?* In Albträumen sah er sich von Feuer umgeben, das immer näher auf ihn zukam.

Eines Nachts, als er im Dunkeln erwachte, hörte er seine Frau Christine, spürte er ihre zärtliche Berührung, und doch sah er noch immer das Feuer vor sich. Auch im Wachzustand kehrten seine Gedanken immer wieder zu dem ohnmächtig daliegenden Mann zurück.

Bevor ihn die Sanitäter von der Wiese mitnahmen, hatte Bubier in dem verbrannten Gras vor dem Flugzeug ein weißes Laken bemerkt, das über den Körper eines toten Mannes gebreitet war.

War es der Mann, dessen Hand er gehalten hatte? Das befürchtete er, nun da er zu Hause in Sicherheit war.

In Roswell, Georgia, saß Alan Barrington zwei Tage nach dem Absturz am Küchentisch und ließ sein Abendessen kalt werden, während seine Frau Beverly am anderen Ende der Küche am Telefon ein weiteres Mal bestätigte: Ja, es ist ein Wunder, dass Alan überlebt hat.

Barrington dachte an diejenigen, die umgekommen waren, Menschen, die er nicht kannte, die er aber vielleicht hätte retten können, darunter Jim Kennedy. Er sah sich in Gedanken an Gräbern stehen, und er stellte sich die trauernden Familien vor, die an ihn die Frage richteten: *Haben Sie alles getan, was in Ihren Kräften stand, um meinen Vater / meine Mutter / meinen Sohn zu retten?* Er vergegenwärtigte sich, was geschehen war: Er hatte Jim Kennedy wachzurütteln versucht, war dann aber von einem anderen Passagier abgelenkt worden, der um Hilfe rief. Auf der Wiese hatte er Sonya Fetterman die brennenden Shorts ausgezogen, und mit bloßen Händen hatte er Erde und Gras auf einen anderen brennenden Passagier geworfen, um die Flammen zu ersticken. *Du hast dich nicht genug bemüht, sonst wärest du dabei umgekommen*, dachte Barrington. Laut sagte er: »Ich bin noch am Leben.« Deshalb musste die Antwort auf die Frage lauten: *Nein, ich habe nicht alles getan, was in meinen Kräften stand.*

Er weinte. Während des Sinkflugs hatte er seinen Tod akzeptiert, und er hatte darum gebetet, dass Beverly die Kraft haben möge, vier kleine Kinder allein aufzuziehen. Jetzt aber erkannte er, dass er selbst schwach war. Er sank vom Stuhl auf den Boden.

Barringtons Kinder schliefen oben, dankbar für sein Dasein, und er weinte, eine Stunde lang. Beverly strich ihm übers Haar und umarmte ihn. So hatte sie ihn noch nie gesehen. Ihr Mann zeigte seine Gefühle nicht. Er war stark, unabhängig. Sie rief seine Mutter in Texas an und hielt ihm den Hörer ans Ohr. Auf dem Küchenfußboden liegend, wurde Barrington ruhig, als er die Gebete seiner Mutter hörte.

Als David Schneider am Freitag in Newtown, Connecticut, bei der Leichenhalle an der Main Street eintraf, hatte er eine Mission. Ihm war, als er erfuhr, dass sein Kollege tot war, eingefallen, dass er als Letzter mit Kennedy gesprochen hatte, auch wenn Kennedy nicht geantwortet hatte. Er glaubte in seiner Verzweiflung, eine Verpflichtung zu haben. Schneider wollte mit dem Besuch an Kennedys Grab seine Pflicht erfüllen, »seine Seele heimzubringen«, zu seiner Familie.

Er stellte sich in die Schlange, um Nancy Kennedy sein Beileid auszusprechen. Neben ihr standen, in der Reihenfolge ihrer Geburt, ihre acht Kinder: Kate, Gene, Clare, Meg, Monica, Maddy, Anne und Tom. Was für eine große und reizende Familie, dachte Schneider, dessen rechte Hand verbunden war. Mehrere Kollegen standen bei ihm, und Schneider war dankbar dafür, dass sie da waren, auch wenn er sich noch immer sehr verlassen vorkam.

Schließlich stand er vor Jim Kennedys Witwe. »Ich bin David Schneider«, sagte er mit gesenktem Kopf. Dann stotterte er hervor: »Ich weiß nicht, ob Sie wissen, dass ich bei dem Flugzeugabsturz dabei war?« Nancy Kennedy nickte.

»Wünschen Sie, dass ich Ihnen davon berichte?«, sagte Schneider.

»Ja«, sagte Nancy Kennedy mit zitternder Stimme.

»Ich habe Jim gesehen«, sagte Schneider. »Ich habe versucht, ihn aufzuheben.« Er konnte vor innerer Erregung kaum weitersprechen. Die Kennedy-Kinder reckten die Hälse, um etwas zu hören. »›Jim. Jim Kennedy. Los, wir müssen hier raus.‹« sagte Schneider. Er hörte eine kleine Explosion und Schreie. Das Feuer hatte sich verstärkt.

»Vielleicht hätte ich versuchen sollen, ihn hinauszutragen.« Schneider schüttelte den Kopf, weil er Tränen aufsteigen fühlte. »Es tut mir Leid. Ich hoffe, er ist nicht durch meine Schuld gestorben.«

Nancy Kennedy und David Schneider konnten nicht alle Tatsachen und Augenzeugenberichte kennen, und erst recht konnten sie nicht wissen, dass Jim Kennedy sich aus eigener Kraft erhoben hatte und aus dem Rumpf herausgekommen war.

Nancy Kennedy legte Schneider die Hand auf die Schulter. Sie erwähnte den Autopsiebericht, der als Todesursache ›thermische Verbrennungen‹ angab und außerdem davon sprach, dass in den Luftwegen ihres Mannes kein Ruß gefunden wurde. »Er hat«, sagte sie zu Schneider, »möglicherweise nicht geatmet, als ihn die Flammen ereilten.«

Als er das hörte, fiel Schneider wieder ein, was sich in dem brennenden Rumpf ereignet hatte: *Jim hat mich nicht angesehen. Sein Blick war starr. Deshalb ist er nicht aufgestanden! Er war bereits tot!*

Schneider fühlte sich erleichtert. Er war dankbar dafür, dass Kennedy nicht unter Qualen gestorben war und dass nicht sein eigenes Unvermögen, ihm zu helfen, an seinem Tod schuld war.

Er war überzeugt, Jim Kennedys Seele sei heimgekehrt. David Schneider fiel in der Leichenhalle an der Main Street ein Stein vom Herzen.

32

Chris Bender versuchte seine Aufregung zu verbergen. Neun Tage nach dem Absturz kam die Propellerwartungsgruppe der NSTB nach Rock Hill. Er gab jedem Mitglied der Gruppe die Hand: zweien von der Verkehrssicherheitsbehörde und je einem von der ASA, der Luftfahrtbehörde, der Pilotenvereinigung und Embraer.

Die Gruppe war gekommen, um sich die Bearbeitung von Blatt 861398 genau erklären zu lassen. Die Betriebsleitung führte ihr den gesamten Bearbeitungsgang vor.

Jim Hookey von der NSTB, der die Wartungsunterlagen-Gruppe leitete, bat Bender, der Gruppe zu zeigen, was er mit den konischen Bohrungen machte – die Inspektions- und Reparaturschritte, die er bei dem ASA-Blatt vorgenommen hatte, und neue Methoden, die dabei eventuell angewandt worden waren.

Benders Demonstration dauerte über fünf Stunden.

Er zeigte vier unterschiedliche Verfahren, die Bleiwolle aus einer konischen Bohrung herauszuholen.

Er inspizierte die Bohrung von ausrangierten Blättern (wie er es bei dem ASA-Blatt gemacht hatte) mit einem Weißlichtendoskop. Er benutzte außerdem die Fluoreszenzprüfung und ultraviolettes Licht (eine neuere Methode). Mehrere Gruppenmitglieder nahmen das Endoskop in die Hand, um selbst zu sehen, was Chris Bender gesehen hatte.

Bender führte sein Schleifverfahren vor. Zunächst, sagte er, vergleiche er immer die Fabrikationsnummer in den Unterlagen mit der Nummer auf dem Blatt. Danach schlug er im Handbuch für Komponentenwartung den entsprechenden Reparaturschritt nach und benutzte es als Arbeitsunterlage.

Während der Demonstration wurde Bender mit Fragen bombardiert. Hookey schilderte ihm verschiedene Problemsituationen und fragte: »Was würden Sie in diesem Fall tun, Chris?« Falls er Fragen oder Zweifel habe, wende er sich stets an seine Vorgesetzten, sagte Bender.

Auf keinen Fall, sagte Bender, würde er selbst eine Entscheidung treffen.

Danach wurde Bender ausführlich befragt, ebenso wie zwei Verantwortliche von Rock Hill. Bender sprach bei seiner Befragung vom Beginn seiner Ausbildung bei Hamilton Standard. Die Inspektion mit dem Endoskop habe er mindestens sechs Wochen lang geübt, ehe er sich sicher war, dass ihm nichts Verdächtiges entgehen würde, sagte er. Er sagte auch, er habe nie einen Riss in einer konischen Bohrung gesehen – er habe noch nicht einmal ein Bild von einem Riss gesehen.

Nanu, dachte Hookey. Wie konnte ein Techniker nach etwas suchen, das er noch nie gesehen hatte?

Wenn er in einer konischen Bohrung einen Schaden feststellte, habe er ihn weggeschliffen, sagte Bender; so lauteten seine Anweisungen.

Als im Frühling 1994 in Rock Hill viel zu tun war, habe er manchmal 60 oder mehr Stunden in der Woche gearbeitet, sagte Chris Bender, doch seine Vorgesetzten hätten nie von ihm verlangt, schneller zu arbeiten.

Hookey verbrachte zwei Tage in Rock Hill, beeindruckt von Benders Kenntnissen und seiner Offenheit. Als er am zweiten Tag mit dem Techniker allein war, fragte Hookey: »Haben Sie irgendwelche Fragen an mich, Chris?«

Bender fragte nach den Menschen in dem Flugzeug.

Ein paar seien umgekommen, sagte Hookey, andere lägen mit schweren Verbrennungen im Krankenhaus. Manche seien mit geringfügigen Verletzungen davongekommen.

Bender senkte den Kopf. »War es meine Schuld?«

Hookey sagte, einige Fragen seien noch ungeklärt, er glaube aber, dass der ASA-Flug 529 abgestürzt war wegen des Versagens des Blattes, das Chris Bender bearbeitet hatte.

Bender starrte wortlos zu Boden.

Zum Abschied dankte Hookey Bender für seine Geduld und Offenheit. Er reichte ihm eine Visitenkarte und seine Piepsernummer.

»Rufen Sie mich an, Chris«, sagte Hookey, »wenn Sie das Bedürfnis haben, mit jemandem zu sprechen.«

Zwei Wochen später war ein Hühnerfarmer namens W. F. Stillwell in der Nähe von Pine Hill, Alabama, 35 Meilen westlich von der Absturzstelle, mit seinem Traktor unterwegs, als er im hohen Gras neben seinem Stacheldrahtzaun ein silbriges Stück Metall entdeckte.

Er stieg ab, um sich das Ding näher anzusehen.

Was er fand, war ein ungefähr 1,20 Meter langes Teilstück eines Flugzeugpropeller-Blattes.

Er wusste sofort, um was es sich handelte.

Eine massive Suchaktion der NSTB nach dem fehlenden Blatt in der Nordostecke des Randolph County, das längs der Grenze zwischen Alabama und Georgia an das Carroll County grenzt, war erst einen Tag vorher abgebrochen worden.

Das Blattsegment hatte, nachdem es aus 18 000 Fuß Höhe gefallen war, den Hauptast eines kleinen Wacholderbaums abgehauen und war weich gelandet, so weich, dass es keine Vertiefung im Boden hinterließ. Es lag nicht einmal hundert Meter vom Hauptsuchgebiet entfernt, das die NSTB festgelegt hatte, einem Gebiet, das vorher von einem Hubschrauber abgeflogen worden war.

Stillwell hatte die Warnung noch im Ohr: »Falls Sie das Blatt finden, rühren Sie es nicht an!« Er rief sofort den Sheriff an. Das Blattsegment wurde an das NSTB-Labor geschickt und unters Mikroskop gelegt.

Was die NSTB-Forscher an der Innenwand der Ausbohrung fanden, war ihnen schon bekannt: starke Oxydablagerungen, Spuren von Chlor und Schleifspuren.

33

Es dauerte Tage, bis das Telefongespräch zustande kam. Doch endlich hörte Mary Jean Adair die Stimme ihrer Tochter, die auf der Intensivstation der Spezialabteilung für Brandverletzungen des Grady Hospital in Atlanta lag.

Adair dankte unter Tränen.

Sie sagte ihrer Tochter, sie habe nur sichergehen wollen, dass sie noch am Leben war. Nun habe sie den Beweis.

Man hatte Adair vom Leiden ihrer Tochter unterrichtet. »Warum hast du mir nichts von deinem Fuß gesagt?«

»Ich wollte dir zusätzliche Aufregungen ersparen«, sagte Dumm, und sie versicherte ihrer Mutter, dass sie am Tanner Medical Center wunderbar versorgt werde.

Sie dankte ihrer Mutter dafür, dass sie sie im brennenden Flugzeug von der umgestürzten Küchenanrichte befreit hatte.

Adair dankte wiederum ihrer Tochter dafür, dass sie ihr geholfen hatte, von der Tragfläche und von den Flammen, die sie versengt hatten, wegzukommen.

Mutter und Tochter sprachen gemeinsam ein Gebet und versicherten sich noch einmal ihrer innigen Zuneigung. Sie verabredeten sich, bald wieder miteinander zu telefonieren.

In Milstadt, Illinois, hatten Mitglieder der Gateway Baptist Church mit Bestürzung erfahren, dass Reverend Steve Wilkinson, nachdem er vor ihrer Gemeinde Probepredigten gehalten hatte, auf dem Heimflug mit dem Flugzeug abgestürzt war. Mit Verbrennungen, die zwei Drittel seiner Körperoberfläche erfassten, war Wilkinson in der Spezialabteilung für Brandverletzungen des Grady Hospital ins Koma gefallen.

T. M. Thompson, der Schriftführer des Pastoren-Findungsausschusses, schrieb dem 35-jährigen Geistlichen einen Brief:

10. September 1995

Lieber Bruder Steve,
nach langen Gebeten, Diskussionen und Bemühungen um die Anleitung des Heiligen Geistes ist unser Ausschuss zu dem Schluss gekommen, Sie unserer Gemeinde als denjenigen vorzuschlagen, der unser nächster Pastor werden soll. Darin sind wir uns alle einig ... Wir sind alle der Meinung, dass die vier Predigten, die wir von Ihnen gehört haben, allesamt eindrucksvoll und echte Botschaften sind ... Steve,

uns ist klar, dass der Weg zur Genesung, auf dem Sie sich befinden, lang und unvorhersehbar ist und dass er in Ihrem Leben jetzt Vorrang haben muss. Unser Ausschuss ist zu der einhelligen Ansicht gelangt, unsere Gemeinde davon zu informieren, dass wir auf Sie warten möchten ...

Am 14. September, vierundzwanzig Tage nach dem Absturz, starb Michael Hendrix im Grady Hospital. Bond Rhue, der die Überlebenswahrscheinlichkeit von Brandverletzten zu berechnen wusste, starb vier Tage später, ebenfalls dort. Der sechste und der siebte durch den ASA-Absturz verursachte Todesfall trafen Dr. Bobby Mitchell schwer. Er hatte oft an die Männer gedacht, nachdem sie seine Notaufnahme am Tanner Medical Center verlassen hatten. *Rhue wusste, was ihm bevorstand*, dachte Mitchell, *Hendrix nicht*. Er empfand ebenso wie Schwester Nell Ashmore eine persönliche Zuneigung zu Hendrix. Sie hatten seine Selbstlosigkeit und seine innere Gelassenheit bewundert. Als sie von seinem Tod erfuhr, weinte Ashmore so heftig, dass sie nicht mehr dienstfähig war und nach Hause ging.

Auch Reverend Steve Wilkinson, der im Grady lag, war dem Tode nahe. Vor Jahren hatte er in einer Predigt davon gesprochen, dass wir nach Unglücksfällen oft mit der Frage ringen, ob sie das Werk Gottes oder Satans seien. »Damit tun wir dem Satan zu viel Ehre an«, hatte Wilkinson von der Kanzel verkündet. »Gott ist der Herrscher auf dem Thron der Welt, und er kann noch das Schlimmste, das uns widerfährt, zum Werkzeug seines königlichen Ratschlusses machen. Gott allein hat die Macht.« Und über die Züchtigungen Gottes fügte Wilkinson hinzu: »Dieses vergängliche Leid wird uns einen ewigen Sieg bringen, wenn wir lernen, es zu akzeptieren ...«

Nur einmal war Steve Wilkinson im Grady kurz zu Bewusstsein gelangt. Er erkannte seine Mutter, die an seiner Seite wachte. Er drückte ihr die Hand und lächelte. Allene Wilkinson las ihm einen Brief des Familiengeistlichen vor, der geschrieben hatte, er habe schon immer gewusst, dass Steve einmal eine wichtige Rolle in der Baptistenkirche spielen werde. Steve konnte, als sie den Brief vorlas, wegen einer Intubation nicht sprechen, aber dass er es gehört hatte, sah Allene Wilkinson an einer Träne, die ihm über die Wange rollte.

Jeden Tag sprach sie zu ihm und las ihm vor, aber sie erhielt kein Zeichen mehr dafür, dass er es verstehen konnte. Am 18. September, wenige Stunden nach dem Tode Rhues, starb Steve Wilkinson im Beisein seiner Mutter und seiner Schwester.

Durch Zufall fiel die Entlassung von Dawn Dumm aus dem Tanner- und die von Mary Jean Adair aus dem Grady-Krankenhaus auf denselben Tag, den 20. September. Adair kehrte heim in ihr Haus bei Pittsburgh, Dumm nach Abingdon, Maryland, in der Nähe von Baltimore. Die Familie bemühte sich, für beide einen Abflug vom selben Flughafen zu arrangieren, um ein erstes Wiedersehen seit dem Absturz zu ermöglichen.

Es klappte nicht. Begleitet von Verwandten, flogen die beiden mit verschiedenen Flugambulanzen heim. Adair flog von Atlanta ab, Dumm von West Georgia Regional, dem kleinen Flugplatz, den Gannaway und Warmerdam hatten erreichen wollen.

Beide wollten nicht wieder in ein Flugzeug steigen; ihre Angst wurde medikamentös gedämpft. Dumm war mehrmals am linken Fuß operiert worden. Ein Stück Knochen aus dem Rücken wurde in die Knöchelgegend versetzt, und zur besseren Blutversorgung des Fußes wurde ein Muskel verlegt. Beim Einstieg in die Flugambulanz sagte Dumm zu dem Piloten: »Um dieses Flugzeug zu besteigen, muss ich Ihnen wirklich Vertrauen entgegenbringen.«

Julia und Elbert Eason standen vor der Maschine und nahmen Abschied. »Ein Sitz ist noch frei«, sagte Dumm zu Julia Eason.

Julia Eason hatte Dumm während der 31 Tage im Tanner-Krankenhaus täglich besucht und des Öfteren die Nacht in ihrem Zimmer verbracht. Dumm war praktisch genauso alt wie Easons Kinder, und zwischen den beiden war so etwas wie eine Mutter-Tochter-Beziehung entstanden.

Mit gemischten Gefühlen sah Eason den Ambulanz-Jet über dem Carroll County aufsteigen und in der Ferne verschwinden. Bei aller Trauer, dass Dumm nun fort war, freute sie sich doch, dass die junge Frau, der sie auf der Wiese geholfen hatte, alles überstanden hatte und nun heimkehrte.

In den folgenden Wochen sprachen Dumm und Adair täglich miteinander. Sie sprachen über die Familie und vor allem über Dumms Söhne Zeke und Lucas, die ihre Großmutter ›Mom-Mom‹ nannten. Sie sprachen über ihren Genesungsfortschritt und über das Absturzerlebnis. Adair wollte Genaueres wissen. Von den Geschehnissen auf der Wiese hatte sie kein klares Bild. »Was hast du gemacht?«, fragte sie immer wieder, und stets schloss sich daran die Frage an: »Und wie hast du *das* gemacht?«

Es war fast, als hätten sie die Rollen vertauscht: Dumm wurde die Mutter, die Antworten, Hilfe und Trost gab. »Du hast dich um mich gekümmert und wolltest mich nicht allein lassen, egal was passiert, und wenn das Flugzeug explodiert wäre«, berichtete Dumm. »Ich bin wirklich stolz auf dich.«

Dumm litt unter Albträumen, in denen es immer wieder darum ging, dass sie irgendwo unter den Sitzen eingezwängt war, mal in einer Kirche, mal in einer Halle mit einer Bühne. Auch um ihren Fuß drehten sich die Träume. In einem erklärte ihr ein Arzt, er wolle ihre Zehen abtrennen und an der Seite ihres

Fußes anbringen, damit sie das Gleichgewicht besser halten könne.

Der September verging, es wurde Oktober. Dumm und Adair sprachen über ein Treffen. Noch waren sie nicht reisefähig.

An Thanksgiving würden sie zusammenkommen.

Spätestens zu Weihnachten.

Am 14. Oktober, einem Samstag, 54 Tage nach dem Absturz, rief Dumm abends bei Adair an. Sie hatten schon im Laufe des Tages miteinander gesprochen.

Zwei Schwestern von Dumm waren zu Besuch bei ihrer Mutter. Sie waren gerade mit dem Abendessen fertig. Während sie mit ihrer Schwester sprach, hörte Dumm im Hintergrund einen dumpfen Schlag. Adair, 64 Jahre alt, war zusammengebrochen. Eine Krankenpflegerin eilte ihr zu Hilfe, desgleichen Dumms Schwestern. Ein Rettungswagen brachte Adair in ein nahes Krankenhaus.

Mary Jean Adair war an einem Herzanfall gestorben. Der Coroner von Westmoreland County, Pennsylvania, stellte anschließend fest, dass Adairs Herzversagen auf die körperliche Belastung infolge des Absturzes zurückzuführen war. »Wir können zwar nicht direkt sagen, dass die Verbrennungen ihren Tod verursacht haben, aber man muss alles im Zusammenhang sehen«, erklärte der erste stellvertretende Coroner. »Am Anfang stand der Flugzeugabsturz.«

Dawn Dumm flog zur Beerdigung ihrer Mutter wieder mit einer Flugambulanz nach Pennsylvania. Sie blieb eine Woche in Adairs Haus, von denselben Pflegerinnen versorgt und in demselben Krankenhausbett schlafend, das Adair in den zurückliegenden Wochen benutzt hatte.

Dumm kam im Rollstuhl zur Beerdigung, um ihrer Mutter

das letzte Geleit zu geben. Es war über ein Jahr her, dass sie ihren Vater zur letzten Ruhe begleitet hatte. Sie betete darum, dass ihre Eltern wieder beieinander waren, glücklich und zufrieden.

»Wenn wir in Bedrängnis sind, sollten wir zu ihnen beten und um ihre Hilfe bitten«, sagte Dumm.

»Meine Mama war für mich eine große Heldin«, sagte sie und fuhr fort: »Sonst wäre ich heute nicht hier bei euch.«

34

Es gab, wie Jim Hookey bei seinen Ermittlungen feststellte, keinen Grund, die konische Bohrung von Blatt 861398 zu schmirgeln. Eine raue Oberfläche, wie sie beim Kugelschrotstrahlen entsteht, lag nicht vor, und Chris Bender hatte selbst vermerkt, dass er keinen Bearbeitungsschaden gefunden hatte. Dennoch hatte der junge Techniker das Blatt abgeschliffen, das in einer Höhe von 18 000 Fuß zerbrochen war und 29 Menschenleben in Gefahr gebracht hatte.

In Benders Betrieb gehörte es zur Routine, Blätter zu schmirgeln, und meistens geschah es bei Blättern, bei denen die Metalloberfläche der konischen Bohrung im Zuge des Kugelschrotstrahlens mit Stahlkugeln oder Glasperlen beschossen worden war, um ihre Festigkeit zu erhöhen. Dabei entstand als ärgerliches Nebenprodukt eine unebene Oberfläche, die dazu führte, dass bei der Ultraschalluntersuchung Mängel gemeldet wurden. Es handelte sich fast immer um oberflächliche Unregelmäßigkeiten, die sich durch ein routinemäßiges Abschleifen der fraglichen Stelle beseitigen ließen.

Mochte das Schleifen aber auch eine Routineangelegenheit gewesen sein – die Materialforscher der NSTB kamen zu der Ansicht, dass Benders Schleifspuren die Antwort auf die Frage gaben, warum das ASA-Blatt zerbrochen war. Die von Benders Bearbeitung zurückgebliebenen Schleifspuren hatten möglicherweise einen Metallermüdungsriss verdeckt, indem sie eine Oberfläche erzeugt hatten, die diesen maskierte.

Bei der Ultraschalluntersuchung wird die Schallwelle des Wandlers reflektiert: Sie dringt bis zur glatten Innenfläche des Blattes vor und muss genauso stark zurückkommen, wie sie beim Eintritt in das Blatt gewesen war. Trifft die Welle jedoch auf eine angeraute Oberfläche, wird sie gestreut und kommt weniger klar zurück. Es ist wie beim Licht: ein glatter Spiegel wirft es zurück, die raue Oberfläche eines arg zerschrammten Spiegels nicht.

Im Oktober, sechs Wochen nach seinem ersten Besuch, tauchte Hookey wieder in Rock Hill auf, zusammen mit Mitgliedern der Propellerwartungsgruppe. Sie befragten Bender und seine Vorgesetzten vor allem nach der Arbeitsweise von Hamilton Standard im Frühling 1994, der Krisenzeit der Firma, als Hunderte von Propellerblättern unverzüglich inspiziert und repariert werden mussten.

Bender beantwortete die Fragen der Gruppe ohne Umschweife. Ja, sagte er, er sei instruiert worden, dass Schmirgeln die geeignete Maßnahme zur Fehlerbehebung sei, wenn ein Mechaniker auf der Oberfläche der konischen Bohrung von Blättern, die kugelschrotgestrahlt worden waren, Rauheit oder Erhebungen feststellte. Diese Rauheit, sagte er, könne bei der Ultraschalluntersuchung zu einer Beanstandung führen, auch wenn sie nicht mehr sei als eine harmlose Unebenheit der Oberfläche.

Doch Blatt 861398 war nicht kugelschrotgestrahlt worden. Hookey wusste das. Er wusste auch, dass die Mechaniker ein solches Blatt nicht schmirgeln oder »glätten« durften, es sei denn, es wäre ein Schaden durch Bearbeitungsspuren zu erkennen gewesen. Dennoch hatte er, in Benders eigener Handschrift, gelesen: »Keine sichtbaren Fehler gefunden, beanstandete Fläche geglättet.«

Deshalb stellte Hookey Bender die Frage: »Warum haben Sie dieses Blatt geschmirgelt, Chris?«

Bender sagte, so habe er es in seiner Ausbildung gelernt. Er sagte, die Frage, ob ein nicht kugelschrotgestrahltes Blattes geschmirgelt werden sollte, sei im Betrieb angeschnitten worden, und so, wie er es verstanden habe, sei die Antwort die gleiche gewesen: Es war zulässig, das Blatt zu schmirgeln.

Er gab zu, es sei ungewöhnlich, dass ein nicht kugelschrotgestrahltes Blatt ohne sichtbaren Schaden bei der Ultraschalluntersuchung beanstandet wurde. Das sei vielleicht zehnmal vorgekommen, und in allen Fällen habe er genau das getan, was er bei 861398 getan hatte. Er war hingegangen und hatte die konische Bohrung geschmirgelt.

Einer von Benders Vorgesetzten erklärte der NSTB bei einer Befragung, ihm sei im Frühling 1994 nichts davon bekannt gewesen, dass nicht kugelschrotgestrahlte Blätter ohne sichtbaren Schaden bei der Ultraschalluntersuchung beanstandet worden waren, und dieses Thema sei »nicht erörtert oder bezweifelt« worden. Rock Hill, sagte der Vorgesetzte, habe in jener Zeit jedoch Hunderte von Blättern im Monat herausgepumpt, und er habe nicht immer von allem, was geschah, Kenntnis gehabt, und nicht alles sei an ihn herangetragen worden, obwohl er die Techniker ermutigt habe, ihn laufend von allem in Kenntnis zu setzen.

Ab Anfang April 1994, sagte der Manager, habe die Zentrale von Hamilton Standard vier bis fünf Monate lang täglich mit ihren Reparaturbetrieben telefonisch über die Verfahrensweisen bei der Reparatur von Blättern gesprochen. Er habe die Zentrale in dieser Zeit gefragt, ob Schmirgeln zulässig sei, um einen Ultraschallhinweis in kugelschrotgestrahlten und nicht kugelschrotgestrahlten Blättern zu beseitigen. Es sei zulässig, habe man ihm gesagt, und damit bestätigte er Benders Verständnis. Gleichwohl, erklärte der Manager der NSTB, habe er seinen Technikern in Rock Hill niemals gesagt, sie könnten nicht kugelschrotgestrahlte Blätter ohne sichtbare Schäden schmirgeln. Hookey und seiner Gruppe sagte er, er wisse nicht, warum Bender das getan habe.

Heute haben die Befragungen etwas gebracht, dachte Hank Hughes. Jetzt war klar, dass Chris Bender nicht ein abtrünniger Mechaniker war, der Propellerblätter auf eigene Faust reparierte. Bender war im Gegenteil äußerst sorgfältig und gewissenhaft, das bestätigten auch seine Vorgesetzten.

Dass das Schmirgelverfahren, das Bender bei Blatt 861398 angewandt hatte, ungeeignet war, war ebenfalls klar. Aber in dieser Hinsicht waren seine Instruktionen, um es milde auszudrücken, ungenau und verwirrend gewesen. Einen tief im Inneren des Blattes entstandenen Ermüdungsriss konnte er nicht gesehen haben, nicht mit den ihm zur Verfügung stehenden Mitteln und nicht mit seiner Ausbildung. Er sagte sogar, bei einigen nicht kugelschrotgestrahlten Bohrungen ohne sichtbare Schäden habe er mehr als einmal glätten müssen, damit der ›Anhaltspunkt‹ verschwindet.

Er wusste nicht, dass Kratzspuren, die von einem Schleifgerät zurückblieben, eventuell verhinderten, dass bei einer anschließenden Inspektion ein vorhandener Ermüdungsriss entdeckt wurde.

Jim Hookey und seine Gruppe hatten keine weiteren Fragen an Chris Bender.

Sie hatten eine Fülle von Fragen an Hamilton Standard.

35 Am Abend nach dem Absturz fragten die Ärzte in der Spezialabteilung für Brandverletzungen in Chattanooga Bob Grunbeck, ob er wünsche, dass seine Frau im äußersten Fall durch ›extreme Maßnahmen‹ wie Herz-Lungen-Wiederbelebung oder Schockbehandlung des Herzens am Leben erhalten werde.

Er wollte Jennifer fragen.

Jennifer Grunbeck hatte einen Schlauch im Hals, die geschwollenen Augen waren geschlossen, und ihr Körper lag unter sterilen Verbrennungsfolien und Verbänden – sie konnte weder sehen noch sprechen. Da sie unter Morphium stand, konnte sie nicht einmal etwas empfinden.

Aber sie konnte ihren Mann hören, der neben ihrem Bett stand und sagte: »Du bist schwer verletzt, Jen. Dein Leben steht auf der Kippe. Sollen die Ärzte bis zum Äußersten gehen?«

Sie hörte diese Worte, aber sie gingen an ihr vorbei. Sie dachte an Johnny, ihren Vierjährigen, und fragte sich, wo er wohl sein mochte.

»Möchtest du, dass die Ärzte alles tun, was in ihren Kräften steht?«, fragte Bob. »Möchtest du, dass sie extreme Maßnahmen ergreifen? Möchtest du dies durchkämpfen, Jen, ja oder nein?«

Wer Jennifer Grunbeck kannte, wusste, dass sie sich auf die Hinterbeine stellen und sich behaupten konnte. So viel war klar, als sie zum letzten Mal ihren Vater gesehen hatte. Sie lebte als Einzelkind bei ihrer Mutter in Florida. Ihre Eltern hatten sich zerstritten, bevor Jennifer zwei Jahre alt wurde. Zehn Jahre später sagte ihre Mutter eines Tages zu ihr, dass ihr Vater geschäftlich in der Stadt sei. »Er kommt vorbei.« Ein großer Mann, der die ganze Türöffnung ausfüllte. »Das ist also mein kleines Mädchen«, sagte er lächelnd. Jennifer blickte zu einem Vater auf, den sie kaum kannte, und sagte schroff: »Das war ich einmal.« Sie stand auf und ging zur Hintertür hinaus; ihr Vater blieb mit einem gefrorenen Lächeln und einem unmissverständlichen Eindruck von der Entschiedenheit seines kleinen Mädchens zurück. Sie war jedenfalls eine Kämpfernatur, und jetzt, als Erwachsene, hörte sie ihren Mann fragen: »Möchtest du dies durchkämpfen, Jen, ja oder nein?«

In dem Moment sah Bob eine kaum merkliche Bewegung. Jennifer bewegte ihren rechten Zeigefinger ganz leicht auf und ab, auf und ab. *Nicht zu fassen, unglaublich!*

Mit Verbrennungen an 92 Prozent ihrer Körperoberfläche – nach Bond Rhues Formel eine sichere Todeskandidatin – wollte Jennifer Grunbeck kämpfen.

Im Wartezimmer der Erlanger-Spezialabteilung für Brandverletzungen sagte eine Schwester zu Bob Grunbeck: »Mister Reeder möchte Sie sprechen. Er leitet dieses Krankenhaus.« Eine Minute später war Bob bei Skip Reeder, dem Präsidenten und verantwortlichen Geschäftsführer des Erlanger, der sich, von Mitarbeitern umgeben, vorstellte. Er sei betrübt über den Absturz, sagte er, und er betonte, dass er alle Mittel des Krankenhauses für Bob Grunbeck und seine Familie einsetzen werde. Dann wurde Reeder von Gefühlen überwältigt, verlor seine Fassung. Er sagte, zwei Verwandte von ihm, die Burtons, ›Onkel Lonnie und Tante Ludie‹, seien in dem Flugzeug gewesen und inzwischen gestorben. Er äußerte sich jedoch nicht über sonstige persönliche Einzelheiten, etwa darüber, wie er von ihrem Ableben erfahren hatte. Am Nachmittag nach dem Absturz hatte man ihn, während er auf Nachrichten über das Schicksal der Burtons wartete, darüber informiert, dass Tante Ludie von der Absturzstelle ausgeflogen worden war und in diesem Augenblick mit dem Hubschrauber auf dem Dach des Erlanger landete. (»Wo bringt ihr mich hin?«, hatte Ludie Burton im Hubschrauber einen Sanitäter gefragt. »Chattanooga«, antwortete dieser. »Chattanooga?«, fragte sie. »Erlanger«, sagte er. Unmittelbar bevor Sanitäter ihr eine Sauerstoffmaske anlegten, sagte Ludie Burton: »Skip?«) Als Reeder in die Notaufnahme ging, fand er das ganze Personal vor der Tür, auf ihn wartend. Tante Ludie sei beim Eintreffen tot gewesen, sagte man ihm. Er verlangte sie zu sehen. Ein Arzt riet ihm davon ab. Ihre Verbrennungen seien entstellend. Aber Reeder bestand darauf: »Es ist das letzte Mal. Ich muss sie sehen.« Als er mit Tränen in den Augen herauskam, wünschte er, er hätte den Rat befolgt. Im weiteren Verlauf der Nacht hatte Reeder noch einmal einen schweren Moment durchzustehen, mit Onkel Lonnie im Grady Hospital in Atlanta. Reeder hatte geglaubt, Onkel Lonnie werde bestimmt überleben. Er war zwar schon 69, aber mit seiner großen, imposanten Erscheinung wirkte er so gesund, dass Reeder glaubte, er werde ewig leben. Aber er war genauso schlimm zugerichtet wie Tante Ludie. An seinem Bett flüsterte Adrienne, Reeders Frau: »Er hält nur wegen Tante Ludie durch, Skip. Du musst ihm sagen, dass sie tot ist, sonst aber alles okay ist.« Skip Reeder sprach leise. »Onkel Lonnie, Tante Ludie ist tot. Sie wurde in unser Krankenhaus gebracht.« Vor Ergriffenheit konnte Reeder kaum weitersprechen. »Du brauchst dir wegen ihr keine Sorgen zu machen. Sie wartet auf dich auf der anderen Seite.« Minuten später sahen Skip und Adrienne Reeder weinend zu, wie Onkel Lonnie starb.

Den Grunbecks sagte Reeder nichts davon. Er sagte nur, er empfinde eine innige Verbundenheit mit Jennifer Grunbeck und allen, die im Flugzeug waren, einschließlich des Kopiloten Matt Warmerdam, der am selben Flur in einem anderen Raum der Intensivstation lag. Reeder sagte, er werde in den nächsten zwei Wochen abwesend sein, um an der Beerdigung der Burtons teilzunehmen und sich um die Angelegenheiten der Familie zu kümmern. Er bot Bob Grunbeck an, in seinem Haus auf dem nahe gelegenen Signal Mountain zu wohnen.

Bevor er ging, forderte Reeder alle im Wartezimmer Anwesenden, Familie und Mitarbeiter, auf, sich an den Händen zu fassen und den Kopf zu senken. Sie bildeten einen Kreis, und Reeder sprach für alle ein Gebet.

Als der Mittwoch anbrach, hatte Bob Grunbeck fast zwei Nächte nicht geschlafen. Seine Fingerspitzen waren von Marlboro Lights gelb geworden. Auf dem Flur vor Jennifers Zimmer war er so oft auf und ab gewandert, dass er angefangen hatte, die Fußbodenfliesen zu zählen – es waren 13, unveränderlich 13.

Bob Grunbeck stammte aus einer katholischen Arbeiterfamilie, als fünftes von neun Kindern. Die Familie hielt durch dick und dünn zusammen, ganz anders als Jennifers Familie während ihrer Entwicklungsjahre. Seine drei älteren Brüder waren schon im Erlanger eingetroffen. Seine Schwester Ann hielt in einem Kalender fest, wer von den Geschwistern wann im Krankenhaus wachen würde, und seine Eltern kümmerten sich zu Hause in Connecticut um Johnny.

In den frühen Morgenstunden des Mittwochs sanken Jennifers Sauerstoffspiegel und Blutdruck ins Bodenlose. Die Schwestern hatten Bob gestattet, in ihrem Zimmer zu bleiben, aber nun baten sie ihn zu gehen. Eine Schwester sagte ihm, die Lage sei ernst.

Bob tigerte im Flur auf und ab, zählte die Fliesen, rauchte, holte sich immer wieder neuen Kaffee aus dem Automaten, betete. Einige Stunden später weckte er seine Brüder. »Es sieht nicht gut aus«, sagte er.

»Was sollen wir machen, Bobby?«

Er holte tief Luft und sagte, sie sollten sich auf das Schlimmste gefasst machen.

Sie begannen, Vorkehrungen für Jennifers Beerdigung zu treffen.

Bob hatte sich noch nie Gedanken darüber gemacht, wo seine Frau begraben werden sollte. Er ging ins Wartezimmer, um es mit Jennifers Mutter zu besprechen, und sie sagte, das solle er entscheiden. Er entschied sich für Northford, Connecticut, seine Heimatstadt. Seine Brüder Danny, John und David kümmerten sich um die Einzelheiten. Sie bestellten Flüge und sorgten für eine Grabstelle auf dem Friedhof.

Da stürzte am frühen Nachmittag eine Schwester aus Jennifers Zimmer. »Jennifer kommt wieder auf die Beine«, rief sie aufgeregt.

Bob schlug sich die Hände vors Gesicht und weinte. Die nächste Stunde verbrachte er an Jennifers Seite. Ihm war klar, dass er sich jetzt näher über Brandverletzungen informieren musste, und die Schwestern gaben ihm Informationsmaterial. Ein Brandverletzter muss, wenn nicht größere Komplikationen auftreten, für jeden Prozentpunkt verbrannter Körperoberfläche mit durchschnittlich einem Tag Krankenhausaufenthalt rechnen. Es würde sich also ganz schön hinziehen.

Zusammen mit seinen Brüdern bezog Bob an diesem Nachmittag ein nahe gelegenes Hotel, duschte sich und legte sich ein wenig hin.

Sie konnte zwar nicht sprechen, aber alle Verwandten wussten, was Jennifer dachte – sie dachte an Johnny. Er war noch in Connecticut und hatte von dem Absturz keine Ahnung, was seinem Vater immer mehr zu schaffen machte.

Seiner Schwägerin Berta Grunbeck fiel ein, dass sie erst vor zwei Tagen zusammen mit ihrem Mann David ein Foto von Johnny gemacht hatten, wie er auf dem 500 Meter hohen Cadillac Mountain auf einer Felswand sitzt. Mit seinem Blondschopf, in kurzen Hosen und Turnschuhen ein echter Junge, war Johnny von einem Felsen auf den nächsten gehüpft und nicht zu bremsen gewesen. Schließlich schafften es Berta und David, dass er sich auf die Wand setzte, und da saß er wie ein vierjähriger König auf seinem Thron. Den Hintergrund bildete die felsige Küste von Maine, ein himmlisches Bild: ein strahlend blauer Augusthimmel umschmeichelte den Cadillac Mountain, den ersten Ort, an dem Tag für Tag die Sonne über Amerika aufgeht. Schon beim Surren des Kameraverschlusses war Berta und David klar, dass ihr Bild ein Gedicht war, die Küste von Maine und Johnny, wie sie schöner nicht zu treffen waren, ein tolles Bild, das Bob und Jennifer für eine Weihnachtskarte oder eine andere besondere Gelegenheit verwenden konnten. Berta entwickelte den Film, und tatsächlich sah Johnny genauso wunderbar aus, wie sie es in Erinnerung hatte. Sie vergrößerte das Foto auf Postergröße und verschickte es per Eilboten ins Erlanger.

Bob hängte das Poster in Jennifers Zimmer auf. Einige Tage später schlug sie die Augen auf, und das Erste, was sie sah, war Johnny.

Wenn die Schwestern Jennifer umdrehten, hängte Bob das Poster um, damit sie es immer sehen konnte.

Brandverletzte erhalten in den ersten Tagen Unmengen von Flüssigkeit, um die Verdunstungsverluste von ihrer verbrannten Hautoberfläche wettzumachen. Jennifer Grunbeck, die normalerweise 60 Kilo wog, nahm sprunghaft auf 90 Kilo zu. Jennifers Brandverletzungen wurden täglich gereinigt, ihre salinischen Verbände gewechselt. Jennifer war 28, und ihre Jugend kam ihr zu Hilfe. Dr. Andrew Munster, ein führender Fachmann vom regionalen Verbrennungszentrum Baltimore, hat einmal geschrieben, das Altern beginne, was Brandverletzte betrifft, mit 35; eine 30-prozentige Verbrennung sei für einen 80-Jährigen ebenso lebensgefährlich wie eine 80-prozentige Verbrennung für einen 30-Jährigen.

Eine Woche nach dem Absturz überwachte Dr. Craft die Hauttransplantation bei Grunbeck und bei Warmerdam, der 42-prozentige Verbrennungen hatte. Die verbrannten Flächen müssen wieder mit Haut bedeckt werden, um Infektionen vorzubeugen und die Narbenbildung zu begrenzen. In einem ersten Schritt trugen Ärzte gesunde, unverbrannte Haut von Jennifers Kopf ab und befestigten sie mit Klammern auf brandverletzten Stellen.

Da sie zu 92 Prozent verbrannt war, überwiegend mit Verbrennungen dritten Grades, hatte Jennifer Grunbeck nicht genügend eigene Haut für die Übertragung. Deshalb entnahmen die Ärzte am Erlanger ihr kleine Teile gesunder Haut und schickten sie an ein Labor in Cambridge, Massachusetts, wo man in Petrischalen Hautkulturen züchtete. Solche Hautkulturen sind anfällig und teuer, und ihre Züchtung dauert drei Wochen. Sie haben einen klaren Vorteil: Da sie aus der Haut des Patienten gezüchtet werden, stößt sie der Körper nicht ab.

Die Behandlung von Brandverletzungen ist langwierig und manchmal quälend: das Beseitigen der Klammern, der entsetzliche Schmerz beim Baden und die zweimal täglich vorgenommenen Abtragungen von toter Haut, Salbenrückständen und Absonderungen von den Brandwunden, das scheinbar unausrottbare Wundsein und das Jucken, die Belastung der Physiotherapie, das Versagen der Schmerzmittel, die Einsamkeit des Kampfes. Das nagt am Überlebenswillen der Brandverletzten; so schreibt etwa Mary Ellen Ton in *The Flames Shall Not Consume You*: »Als Ausweg aus dem Schmerz erschien der Tod sehr verlockend, ja geradezu schön.«

Während bei Jennifer Grunbeck die erste Hauttransplantation vorgenommen wurde, war Johnny unterwegs nach Chattanooga. Bob wusste nicht, wie er es einem Vierjährigen beibringen sollte. Er fragte einen Kinderpsychiater am Krankenhaus, der ihm riet, Johnny nicht zu viel zu sagen, ihm einen Freiraum zu lassen, so dass er sich selbst eine Meinung über das Geschehene bilden konnte, ihn Fragen stellen zu lassen und gegebenenfalls nachzufragen, warum er bestimmte Fragen gestellt hatte. Vor allem sollte Bob Grunbeck ihn beruhigen.

Bob Grunbeck war nervös, als er sich mit seinem Sohn im Hotelzimmer in Chattanooga hinsetzte, um mit ihm zu reden.

»Mamas Flugzeug hatte einen Unfall«, fing er an. »Und Mama hat sich ganz schlimm wehgetan.«

»Wie schlimm«, wollte Johnny wissen.

»Es hat gebrannt, und sie hat Verbrennungen«, sagte er.

Johnny erinnerte sich, was er in der Vorschule von Feuerwehrleuten gelernt hatte, und fragte: »Hat Mama daran gedacht, dass sie sich fallen lassen und wälzen muss?«

Bob lächelte: »Ja, das hat sie. Und dass du ihr das gesagt hast, hat ihr wahrscheinlich das Leben gerettet.«

»Darf ich Mama besuchen?«

»Nein.«

»Warum nicht?«

»Hat das Krankenhaus verboten.«

Eine Zeit lang saßen Vater und Sohn schweigend da.

»Du musst stark sein, Johnny. Und ich auch. Und ich bin für dich da«, verstanden?

Für Bob stand mittlerweile fest: Sie würden sich als Familie auf diesen Kampf einlassen, und er, Jennifer und Johnny würden ihn gewinnen. Das wurde für ihn allerdings nicht einfacher, als er am nächsten Morgen in einer Zeitung aus Chattanooga einen Artikel las, in dem Dr. Craft über Jennifers Zustand mit den Worten zitiert wurde: »Wir bitten um Gottes Hilfe, und wir sind auf sie angewiesen.«

Bob brachte Johnny in einer Vorschule in Chattanooga unter. Seine Schwester Ann schrieb Tag für Tag auf, was Johnny gesagt und getan hatte, und ihre Berichte wurden Jennifer vorgelesen. Die Grunbecks waren inzwischen zu einem echten Team geworden. Ann hatte einen Plan aufgestellt, damit jederzeit zwei Mitglieder der Familie zugegen waren, um Bob zu helfen. Seine Eltern, Geschwister, Schwägerinnen und Schwäger nutzten ihre Urlaubszeit, um ins Erlanger zu kommen.

Zwei Wochen nach dem Absturz kam Reverend Gus Koch nach Chattanooga. In Jeans und Lederjacke machte er den Weg von Carrollton auf seinem Motorrad. Jennifer konnte er im Krankenhaus nicht sehen, aber er aß zusammen mit den Grunbecks. Er schilderte seine Erlebnisse auf der Wiese und berichtete, Jennifer habe von Johnny und seiner Vorliebe für Hot Dogs und Makkaroni und Käse gesprochen. Er sprach von Jennifers Mut, die sich mit einem Fußtritt den Weg aus dem Flugzeug gebahnt habe. Allen am Tisch standen die Tränen in den Augen.

Im Wartezimmer der Spezialabteilung für Brandverletzungen machte Bob Grunbeck die Bekanntschaft von Amy Warmerdam. Sie sahen sich täglich, und manchmal lasen sie gemeinsam die ärztlichen Berichte. Bob versuchte ihr sogar beizubringen, wie man mit dem Gameboy spielt.

Robin Fech und ihr Freund, der ASA-Mechaniker Chris Price, kamen sechs Wochen nach dem Absturz ins Erlanger. Amy Warmerdam ließ sie in Matts Zimmer ein. Sie erkannten ihn kaum. Durch die Wasserzurückhaltung war sein Gesicht geschwollen; seine Hände waren bandagiert; seine ganze linke Seite war bis zum Scheitel verbrannt; das linke Ohr war fast weggebrannt.

Fech setzte sich an sein Bett und bat, ihn berühren zu dürfen. Warmerdam erlaubte es ihr. Sie legte ihren Arm auf seinen.

Warmerdam, der unter Morphium stand, fragte Price nach der Ursache des Absturzes. Price merkte, dass es dem Ersten Offizier darum ging, ob er selbst vielleicht an dem Absturz schuld war und ob er und Gannaway alles richtig gemacht hatten. Price versicherte ihm, die beiden hätten ausgezeichnete Arbeit geleistet, und das sei allgemein bekannt.

Als Jennifer Grunbeck Ende Oktober ihre ersten Worte sprach – »ich möchte John sehen«, sagte sie –, war Skip Reeder im Handumdrehen davon informiert. Er eilte hinunter in die Spezialabteilung für Brandverletzungen, deren Belegschaft in Hochstimmung war und von einem ›Wunder‹ sprach.

Die Ärzte erlaubten ihr jedoch nicht, Johnny zu sehen, wegen der Infektionsgefahr.

Auch Johnny hatte nach Jennifer verlangt. Einmal konnte er abends nicht schlafen. »Ich möchte das Lied hören, das mir einschlafen hilft«, sagte er zu seinem Vater. Bob sah ihn fragend an. »Ich meine das Lied«, sagte Johnny, »das Mama mir zum Einschlafen vorsingt.« Er hatte keine Ahnung, wovon Johnny sprach, und das brachte ihn zu einer tieferen Einsicht: Er hatte zu viel gearbeitet; er musste seiner Familie mehr Zeit widmen.

Am nächsten Tag erkundigte er sich bei Jennifer danach.

»›Keep on Singin‹ von Helen Reddy«, sagte sie. »Es ist im CD-Spieler. Es ist Nummer 9. Setz ihm einfach den Kopfhörer auf.«

Jennifer fand, dass es ein trauriges Lied sei, und verstand nicht, was Johnny so daran gefiel.

»Keep on Singin', Don't Stop Singin',
You're gonna be a star someday,
You're gonna make a lot of people happy,
When they come to hear you play.«

Der dritte Vers des Liedes war von schauriger Symbolik:

»I don't remember Momma,
She died when I was born.
We lived in a one-room shanty,
But Daddy tried to make it a home.«

Nur Jennifer konnte die Frage ihres Sohnes beantworten und seinen Zweifeln ein Ende machen.

Johnnys Verlangen brachte Bob zu der Überzeugung, dass sein Sohn nicht sicher war, ob seine Mutter lebte.

Jennifer hatte Albträume von dem Absturz. ›Extreme Träume‹ nannte sie Bob. Sie traten gewöhnlich in der ersten Stunde ihres Schlafes auf, und eine Zeit lang knüpften sie aneinander an, so dass der jeweilige Traum genau an der Stelle einsetzte, an der der Traum der vorigen Nacht geendet hatte, und wie ein Film ein paar Bilder weiterlief. Die Intensität der Träume machte ihrem Mann Angst: Wenn Jennifer von Rauch träumte, hustete sie stark; wenn sie von der Flucht aus dem brennenden Flugzeug träumte, schlug sie mit Händen und Füßen um sich.

Er versuchte sie zu beruhigen, indem er Fragen stellte, die in ihren Schlaf vordrangen.

»Was ist los, Jen?«

Halb im Traum, erzählte sie ihm, eine Frau habe ihre Flammen gelöscht und sei dabei, sie in Sicherheit zu bringen. Die Frau trage sie aus dem Rumpf heraus, an der Tragfläche vorbei, und lege sie dann behutsam in das weiche Gras.

»Wer ist sie?«

Jennifer sah eine ältere Frau, grauhaarig, stark, fromm und liebevoll.

»Wer ist sie, Jen?«, fragte Bob.

»Nana«, sagte Jennifer.

Nana! Noch nie hatte Bob von seiner Frau diesen Namen gehört. Später fragte er Jennifers Mutter: »Wer ist Nana?«

Die Frage überraschte sie: »Was meint du damit: ›Wer ist Nana?‹« Jennifers Mutter erklärte, Nana sei ihre eigene Großmutter, Jennifers Urgroßmutter. Als Jennifer in die zweite Klasse ging, war Nana für kurze Zeit bei ihnen auf Besuch gewesen. Als sie nicht mehr für sich selbst sorgen konnte, war Nana in ein Pflegeheim gebracht worden und irgendwann gestorben.

Während Jennifers Kindheit hatte im Wohnzimmer ein altes restauriertes Bild von Nana an der Wand gehangen.

Sehr interessant, fanden sie, dass Nana jetzt zu Jennifer zurückkehrte, und auf so bedeutungsvolle Weise.

Immer häufiger verlangten Mutter und Sohn einander zu sehen, und als sie sich über zwei Monate lang nicht gesehen hatten, wurde der Wunsch übermächtig. Das Bild von Johnny auf dem Cadillac Mountain genügte nicht mehr. Dennoch blieben die Ärzte dabei und betonten, dass Jennifers Genesungsfortschritt zu groß sei, um einen Rückschlag zu riskieren. Jennifer bekam alle zehn Tage neue Hauttransplantate. Inzwischen produzierte ihr Körper aber zu viel Kalzium, was bei ihr eine Krankheit hervorrief, die heterotope Verknöcherung, durch die ihre Ellenbogen steif wurden.

Im November verfiel Bob auf einen Plan. Zu Thanksgiving hatte Johnnys Vorschule an die 60 Dollar für wohltätige Zwecke gesammelt. Mehrere Schüler sollten bei einer im Fernsehen übertragenen Feier in einem örtlichen Supermarkt das Geld einer wohltätigen Einrichtung übergeben. Bob wandte sich an den Leiter der Vorschule und fragte, ob Johnny nicht einer der Überbringer sein könne. Er wünsche nicht, dass Johnnys Name erwähnt werde, sagte er. Jennifer sollte nur eine Gelegenheit erhalten, ihren Sohn zu sehen. In diesem Fall würde er 500 Dollar beisteuern, sagte Bob. Der Leiter der Vorschule war einverstanden.

Als es so weit war, ging Bob in Jennifers Zimmer. »Mach schnell den Fernseher an«, sagte er, »da kannst du Johnny sehen.«

»WAS???«

»Keine Sorge«, sagte Bob lächelnd. »Schau's dir einfach an.«

Schwestern drängten sich ins Zimmer. Kurz darauf erschien Johnny in der Spezialabteilung für Brandverletzungen auf dem Bildschirm, neben ihm zwei Klassenkameraden. Er war als Indianer verkleidet, mit einer Weste aus Papier und einer Feder im Haar.

Tränen traten in die Augen seiner Mutter. Jennifer sagte: »Er wirkt so anders und so … alt!«

Aus einem Bild an der Wand war Johnny zu einem wandelnden Bild geworden. Er war auf dem Bildschirm zu sehen, wie er mit seinen kleinen Freunden kicherte und tuschelte. Bobs Plan hatte geklappt, aber nur bis zu einem gewissen Grad. Denn anders als erwartet sagte Jennifer: »Ich muss ihn sehen, sofort.«

»Das geht nicht«, antwortete eine Schwester.

»Das nehme ich nicht mehr hin«, erwiderte Jennifer mit Nachdruck.

»Aber er könnte eine Erkältung haben …«

»Dann vermummen Sie ihn von oben bis unten«, sagte sie. »Oder legen Sie mich in ein fahrbares Bett und rollen Sie mich hinaus. Sorgen Sie dafür, dass er hier reinkommt oder dass ich rauskomme. Ich *muss* ihn sehen.«

Am Thanksgiving Day trat eine Schwester in Jennifers Zimmer und sagte, Matt Warmerdam werde auf dem Flur vorbeigerollt und habe gebeten, ihr kurz Guten Tag zu sagen.

»Wenn er gerade da ist, natürlich«, sagte sie.

Schwestern schoben Warmerdams Bett in ihr Zimmer, so dass er mit dem Kopf möglichst nah bei ihr war.

»Hi, ich bin Matt, Ihr Kopilot«, sagte er mit einem mühsam bewerkstelligten Lächeln.

Als sie seine Stimme zum letzten Mal gehört hatte, war Flug 529 auf 13 000 Fuß Höhe geklettert, und er hatte gesagt: »Guten Tag, meine Damen und Herren. Willkommen an Bord der Atlantic Southeast Airlines ...«

Warmerdam entsprach ganz und gar nicht ihren Vorstellungen. In den ersten Wochen im Erlanger-Krankenhaus wäre er beinahe an potenziell tödlichen Infektionen gestorben. Sein Gewicht fiel von 94 auf 63 Kilo. Als er eine Woche vom Beatmungsgerät los war, kollabierte in der Woche darauf seine Lunge, und so musste er wieder ans Beatmungsgerät. Seiner Frau Amy kam es damals so vor, als mache er überhaupt keine Genesungsfortschritte. Inzwischen hatte sich sein Zustand stabilisiert, Warmerdams Gesicht wirkte voll und schwer, zweifellos von der ihm zugeführten Flüssigkeit, und er schien so jung zu sein. Grunbeck hatte sich einen Piloten sehr viel älter vorgestellt.

»Nach dem, was man mir erzählt hat, habt ihr Kerle eure Sache verdammt gut gemacht, gemessen an dem, was euch möglich war«, sagte Jennifer. »Ich danke Ihnen.«

»Tut mir Leid, dass ich nicht mehr tun konnte«, sagte Warmerdam.

»Dafür konnten Sie ja nichts«, erwiderte Jennifer.

»Wir haben wohl beide eine Menge, wofür wir dankbar sein dürfen«, fügte sie hinzu.

Warmerdam nickte und sagte: »Ja, klar.«

Kurz darauf schoben die Schwestern ihn wieder auf den Flur hinaus.

Bob traf Vorbereitungen für Johnnys Besuch bei Jennifer. Zunächst beriet er sich mit einem Erlanger-Psychologen über die möglichen Folgen. Sie waren jetzt fast 90 Tage im Erlanger, und es hieß, dass Jennifer eventuell bald entlassen werden könnte. Ihm war bewusst, dass ein größerer Rückschlag für Jennifer und für Johnny verheerend sein würde. Der Psychologe bestätigte, dass die Begegnung riskant sei. »Es könnte passieren«, sagte der Psychologe, »dass Johnny aus dem Zimmer rennt und Jennifers Werte in den Keller gehen.«

Bob räumte Jennifers Zimmer aus, einschließlich ihres Bettes. Er setzte seine Frau in einen Sessel mit verstellbarer Rücklehne und stellte einen Stuhl daneben für Johnny. Jennifer konnte ihre Arme nicht bewegen, da die Ellenbogen steif geblieben waren. Über 500 Karten mit Genesungswünschen und mehrere Bilder von Johnny wurden an die Wände geklebt. Jemand hatte Jennifer einen blauen Teddybär geschickt, und Bob schlug ihr vor, ihn Johnny zu schenken.

Bob hatte Johnny gesagt: »Mama ist in schlimmer Verfassung, aber sie möchte dich so gerne sehen. Mama sieht anders aus als früher. Vielleicht wirst du sie nicht wiedererkennen. Sie hat keine Haare mehr, überall hat sie Verbände, und sie kann sich kaum bewegen. Sie kann gerade wieder ein bisschen sprechen. Du kannst mir aber glauben, es ist Mama, und sie möchte dich so gerne sehen.«

Er half Johnny in einen OP-Kittel für Erwachsene, der ihm viel zu groß war, und legte ihm einen Mundschutz an. Nur seine Augen waren zu sehen.

Bob begleitete ihn in das Zimmer. Johnny stellte keinen Blickkontakt mit seiner Mutter her. Er ging auf sie zu, dann an ihr vorbei zum Fenster.

Jennifer weinte. So froh sie war, ihn zu sehen, fürchtete sie zugleich, dass ihr Sohn sie nicht ansehen würde.

»Johnny, komm her und setz dich auf meinen Schoß«, sagte Bob. »Wir müssen mit Mama reden.«

Johnny rührte sich nicht. »Komm schon her«, sagte Bob. Der Junge setzte sich auf den Schoß seines Vaters.

Jennifer zeigte, dass sie (dank der Notizen von Ann Grunbeck) darüber im Bilde war, was er in der Schule machte. »Hast du in den letzten drei Monaten Gemüse gegessen?« fragte Jennifer.

»Nein, eigentlich nicht. Bei Granny musste ich gegrillten Käse essen«, sagte Johnny, der noch immer den Blickkontakt mied.

Sie sagte: »Tante Berta hat mir was anderes erzählt.« Da nickte er und sagte: »Stimmt, bei Tante Berta muss ich Gemüse essen.«

Sie gab Johnny den Teddybär, und der Junge schaute sie an. Plötzlich tat es einen Klick. Er starrte in ihre tränenfeuchten Augen und sagte: »Du bist es wirklich, Mama. Ich sehe es an deinen Augen.«

Sie wollte Johnnys Gesicht sehen. Sie forderte ihn auf, sich den Mundschutz und dann die Kappe abzunehmen. Bob half ihm beim Ablegen. Noch nie hatte Johnny so prachtvoll, so vollkommen ausgesehen.

Jennifer wollte ihn an sich drücken, konnte es wegen ihrer steifen Ellenbogen aber nicht. Johnny ging auf sie zu. Er streckte seine Hand aus und berührte sie sanft an der Hand. Er streichelte ihre Finger, über die Knöchel bis zu den Fingerspitzen. Jennifer Grunbeck betrachtete ihren Jungen. Für diesen Augenblick hatte sie gelebt.

Teil VII

Juristische Folgen

36 In Mississippi rief Vivian Rigby, Renee Chapmans Patentante, wenige Stunden nach dem Absturz einen befreundeten Rechtsanwalt an. Sie erzählte ihm, was geschehen war, und sagte, Chapman liege in einem Krankenhaus in Westgeorgia. »Rufen Sie das Krankenhaus an, finden Sie das Kind, und bringen Sie sie sofort nach Hause«, riet ihr der Anwalt dringlich. »Und sagen Sie ihr, sie soll sich von Geistlichen fern halten. Es sind keine Geistlichen. Es sind Leute, die sie für einen Anwalt anwerben sollen.« Das kam Rigby aberwitzig vor, aber es hatte einen Präzedenzfall gegeben, der die Sorge des befreundeten Anwalts begründet erscheinen ließ. 1987 war der Flug 255 der Northwest Airlines in Detroit abgestürzt und hatte 156 Menschen in den Tod gerissen. Dort hatte sich ein Mann mit dem Kragenbund eines Geistlichen und einer (freilich protestantischen) Bibel in der Hand als katholischer Priester ausgegeben und den trauernden Angehörigen der Opfer Trost gespendet. Nachdem er ihr Vertrauen gewonnen hatte, warb er sie als Mandanten für einen Anwalt in Florida. Rigby rief im Tanner Medical Center an und riet Chapman, sie solle sich von Geistlichen fern halten. Chapman sagte, zwei Geistliche befänden sich bereits in ihrem Krankenzimmer. Sie hätten ihr angeboten, sie nach Mississippi heimzufahren, eine Fahrt von sechs Stunden. »Fahr nicht mit ihnen«, warnte Rigby und sagte, ihre Mutter sei bereits nach Carrollton unterwegs.

Nancy Kennedy traf einen Tag nach dem Absturz aus Washington ein, um die sterblichen Überreste ihres Mannes heimzuholen. Auf dem Flughafen Atlanta wurde sie in einen Raum geführt. Ein Mann trat ein, der sich als Vertreter der AIG Aviation ausgab, einer Tochter der American International Group, Inc. (AIG), dem weltweiten Versicherungskonzern. Er drückte ihr sein Beileid aus. Nancy Kennedy empfand ihn als mitfühlend und aufrichtig. Dann hörte sie ihn fragen: »Wie viel hat Mr. Kennedy jährlich verdient?« Sie antwortete arglos, wie gegenüber einem Freund: »Er hat sechsstellig verdient.« Er stellte noch weitere Fragen, die Mrs. Kennedy als unverschämt und aufdringlich empfand. Sie war gerade seit 24 Stunden Witwe, nach 37-jähriger Ehe mit einem Mann, der gerade durch Feuer umgekommen war. Sie fühlte sich belästigt. Das stinkt doch, dachte sie. Nancy Kennedy war belesen, Absolventin von Fordham, gute Katholikin, Mutter von acht Kindern und Großmutter von acht Enkeln, und der Mann und das, was er da trieb, gefielen ihr nicht. Sie ließ das alles an sich abprallen, nahm seine Visitenkarte entgegen und hielt ihre Gefühle im Zaum.

Linda Agar-Hendrix traf ebenfalls am Dienstag in Atlanta ein. Ihr Mann Mike lag mit Verbrennungen – fast am ganzen Körper – auf der Intensivstation der Spezialabteilung für Brandverletzungen des Grady Hospital, und es war fraglich, ob er überleben würde. Auf dem Weg zum Grady hatte ihr Auto einen Platten. Nervös und durcheinander erreichte sie schließlich das Krankenhaus, wo sie ihren Mann sah, aufgeschwemmt von flüssigen Wiederbelebungsmitteln. Man geleitete sie in ein Besprechungszimmer, wo sie sich von fremden Menschen umringt fand, die alle gleichzeitig auf sie einredeten, ein Stimmengewirr. Sie fragte einen ASA-Vertreter: »Warum ist das Flugzeug abgestürzt? Was ist passiert?« Das wisse man noch nicht, bekam sie zur Antwort. Das Stimmengewirr setzte sich fort. Agar-Hendrix sagte: »Wer sind Sie? Wen vertreten Sie?« Ein Mann sagte: »AIG«, eine Abkürzung, die ihr nichts sagte. Auf Nachfrage erfuhr sie, dass AIG Aviation die Versicherung der Fluggesellschaft war. Er wollte mit ihr allein sprechen. Sie bat alle anderen im Raum: »Geben Sie mir bitte Ihre Karte.« Eine Frau zog sie zur Seite, aus dem Zimmer heraus, fort von dem Stimmengewirr, und führte sie in einen stillen Raum. Dort sagte die Frau, eine Krankenhausgeistliche, zu Linda Agar-Hendrix: »Hier können Sie schreien, wenn Ihnen danach ist.«

Innerhalb von zwei Stunden nach dem Absturz hatte David McCorkell auf der Veranda des Bowdon Hospital die Bekanntschaft eines Vertreters von AIG Aviation gemacht. Er fand es verletzend, dass der Mann so schnell aufkreuzte, obwohl er noch einigermaßen taktvoll auftrat. McCorkell kehrte mit dem festen Entschluss nach Minnesota zurück, sein Leben wie gewohnt fortzusetzen. Am 3. September trat er seine zuvor geplante Geschäftsreise an und flog nach Montreal. Dort rief ihn ein anderer Vertreter von AIG Aviation an und schlug vor, mit dem Flugzeug nach Kanada zu kommen, um sich mit ihm zu treffen. McCorkell hielt ihn hin, doch der Mann war hartnäckig. McCorkell war bereit, sich beim Rückflug auf dem Flughafen Minneapolis-St. Paul mit ihm zu treffen. Auf dem Flughafen bot ihm der Vertreter von AIG Aviation 35 000 Dollar an, wenn er ein Papier unterschriebe, mit dem er auf eine Klage wegen des Absturzes verzichtete. McCorkell fragte sich: *Ist das normal? Ist das richtig?* 35 000 Dollar nur dafür, dass er bei einem Flugzeugabsturz dabei gewesen war, das schien ihm eine Menge Geld zu sein. Außerdem war McCorkell keiner, der die Schuld anderer bewertete. So war er nicht veranlagt. Unfälle passierten nun mal. Doch für einen Computerausbilder einer Lebensmittelkette waren 35 000 Dollar fast ein Jahresnettoeinkommen. Er dachte schon daran, zu unterschreiben, war aber unschlüssig. Alles, was er in seinem Leben bekommen hatte, hatte er sich verdient, dachte McCorkell. Plötzlich stieg das Angebot auf 40 000 Dollar. Solche Beträge waren McCorkell bisher unbekannt. Ihm wurde klar, dass AIG Aviation bereit war, eine Menge Geld zu zahlen. Das Gespräch der beiden Männer dauerte eine Stunde. McCorkell unterschrieb nicht. Später sprach er mit Jason Aleshire, der ihm von einem Anwalt erzählte, den er sich in L. A. genommen hatte. McCorkell nahm ihn ebenfalls.

Die erste Klage wegen ASA 529 wurde zehn Tage nach dem Absturz beim US-Bezirksgericht in Houston eingereicht, im Namen von Sonya Fetterman, die mit einer Intubation in der Spezialabteilung für Brandverletzungen des Grady Hospital lag. Fettermans Klage gegen ASA, Delta, Embraer, Hamilton Standard und deren Muttergesellschaft, die United Technologies Corporation, erhob den Vorwurf grober Fahrlässigkeit und forderte 135 Millionen Dollar Schadenersatz. Als er eine Zeitungsmeldung über die Klage las, erinnerte sich Dr. Bobby Mitchell an Fettermans Wehklagen in der Notaufnahme, und er dachte: »Mein Gott, wenn irgendjemand gelitten hat, dann war es Sonya Fetterman.« Als Nebenkläger wurden Fettermans Ehemann und ihre drei Kinder genannt.

Die eigentlichen Beklagten bei Flugzeugabstürzen sind die Versicherer der Fluggesellschaft. Nach einem Absturz treten die Versicherer von sich aus an die Opfer und ihre Angehörigen heran und bieten in vielen Fällen Geld für deren dringendsten Bedarf an, beispielsweise Reise- und Unterbringungskosten. Bei früheren Flugzeugunglücken hatten Versicherer aber auch versucht, Überlebende eines Absturzes, die unversehrt davongekommen waren, anzusprechen, um etwaige Ansprüche rasch zu regeln und dadurch mögliche Haftungsfolgen zu begrenzen. Kaum ist ein Absturz bekannt, legen die Versicherer für jeden, der sich an Bord des abgestürzten Flugzeugs befand, eine eigene Akte an. Nach dem Absturz des Northwest-Fluges 255 in Detroit setzten Anwälte der Kläger Anzeigen in örtliche Zeitungen, in denen sie die Angehörigen der Opfer baten, sich vor den Versicherern der Fluggesellschaft in Acht zu nehmen: »Wenn es auch so aussehen mag, als könnten sie Ihnen Trost oder Hilfe anbieten, so müssen Sie doch bedenken, dass sie es aus egoistischen Gründen tun – und nicht in Ihrem Interesse.«

Kläger-Anwälte stürzen sich oft genauso schnell auf Flugzeugabstürze, und manchmal auch schneller. (Nachdem 1985 der Delta-Flug 191 abgestürzt war, wurden sie in einer Zeitungskarikatur dargestellt als Geier von der Anwaltsfirma ›Pickem, Pickem, Scavage and Bones‹.) Bei der Vertretung der Absturzopfer und ihrer Angehörigen sind die Kläger-Anwälte bestrebt, die Klage bei einem Gericht einzureichen, dessen Gesetze bezüglich des erzielbaren Schadenersatzes und der Haftpflichtleistungen ihnen für ihren Mandanten am günstigsten erscheinen. Danach benennen sie Tatzeugen (die die Umstände des Absturzes schildern) und Gutachter (die sich über mechanische Aspekte äußern, aus denen sich die Haftpflicht ergibt, oder über gesundheitliche Folgen, für die ein Kläger Schadenersatz begehrt). Sie erstellen Schadensaufstellungen, also Forderungen, in denen dem Leben ihres Mandanten ein bestimmter Geldwert zugeordnet wird. Dazu ziehen sie einen Wirtschaftssachverständigen oder einen Versicherungsstatistiker heran, der den aktuellen Wert der entgangenen künftigen Einnahmen ihres Mandanten beziffert. Darüber hinaus verlangen sie Schadenersatz für das zerstörte Familienleben, den Schmerz und das Leid ihres Mandanten. In manchen Fällen nehmen die Forderungen gegen den Versicherer mehrere Seiten ein, in anderen mehrere hundert Seiten. Ein Überlebender, der Verkrüppelungen oder schwere Verbrennungen davonträgt, kann eine höhere Zahlung erwarten als die Angehörigen eines beim Absturz Getöteten, weil sich das Leiden und die Arztrechnungen beim Überlebenden fortsetzen werden. Den Versicherern ist außerdem bekannt, dass es einen tiefen Eindruck auf die Geschworenen macht, wenn ein verkrüppelter oder verbrannter Überlebender vor Gericht auftritt.

Der Kläger-Anwalt John Greaves, dessen Firma fünf ASA-Überlebende (Aleshire, Barrington, Bubier, Brumfield und McCorkell) vertrat, sagt: »Es ist alles sehr unfein, aber wir können den Leuten nicht das Leben wiedergeben. Das Gesetz sieht nur eine Möglichkeit vor, nämlich Geldzahlungen, und darum kümmern wir uns.«

Dass einem Menschenleben ein Geldwert zugeordnet wird, ist ein Drama für sich. Greaves sagt: »Nehmen wir einen Mann von 40, der leidlich verdient, ein 35 000-Dollar-pro-Jahr-Mann, der eine Frau und drei Kinder hat. Er verbringt seine ganze Freizeit mit ihnen. Er nimmt sie mit zum Jagen und Angeln, vermittelt ihnen Fähigkeiten fürs Leben und gibt ihnen praktische Ratschläge. Nehmen wir als Gegenbeispiel den Manager, der nie zu Hause ist und eine Million Dollar im Jahr verdient, aber für die Frau und die Kinder keine Zeit hat. Bei dem Ersten wird man in der Schadensaufstellung den nichtökonomischen Verlust und seinen Wert für die Familie in den Vordergrund stellen, beim Zweiten den wirtschaftlichen Verlust. Aber wer kann sagen, dass der Verlust für den Mann, der weniger verdient, geringer ist? Was bedeutet es für seine Kinder, wenn er umkommt?«

Es gibt kaum eine Klage nach einem Flugzeugabsturz, die vor Gericht verhandelt wird. Nach intensiven Ermittlungen ist die Verantwortung für den Absturz gewöhnlich unstreitig. Zum Streitfall werden die Schadenersatzforderungen. Die Beklagten bei Flugzeugabstürzen sind in der Regel risikoscheu. Fluggesellschaften haben es nicht gern, wenn ihr Name in einen langwierigen, Aufsehen erregenden Prozess hineingezogen wird. Außerdem stellen Prozesse um Flugzeugabstürze die Anwälte der Beklagten vor riesige Aufgaben, denn sie müssen die Jurymitglieder dazu bringen, sich über das natürliche Mitgefühl für die Opfer hinwegzusetzen, um den Haftungsfragen gebührende Beachtung zu schenken. Die Anwälte der Beklagten werden bestrebt sein, das von ihnen vertretene Unternehmen zu ›personalisieren‹ und die Jurymitglieder daran zu erinnern, dass ein Unternehmen letztlich nichts anderes ist als eine Ansammlung von Einzelpersonen und daher ein Recht auf unparteiische Würdigung hat.

In der Sache ASA 529 ließen sich United Technologies/Hamilton Standard von Mark Dombroff von der Sozietät Dombroff & Gilmore vertreten. Gewandt, talentiert und unbeeindruckbar, hatte Dombroff fünfzehn Jahre lang (1970-1985) eine Abteilung des US-Justizministeriums geleitet, die in Zivilprozessen den Staat vertrat, und war dann in den Privatsektor gewechselt. Zu seinen Mandanten gehörten einige große amerikanische Fluggesellschaften. Sollte der Fall ASA 529 vor Gericht kommen, würde Dombroff ihn übernehmen. Einstweilen würde Jonathan Stern, ein in der Sozietät wirkender Anwalt, die Sache betreuen. Stern, 36, Pilot mit Flugschein und ehemals in der Flugsicherung am Washington National Airport tätig, hatte kurze Zeit unter Dombroff im Justizministerium gearbeitet und war dann zu ihm in die Privatpraxis gewechselt. 1994 hatte Stern Dombroff verlassen und sich selbstständig gemacht, aber Dombroff holte ihn im Oktober 1995 eigens für den ASA-Fall zurück.

Stern kümmerte sich um mehr als zwei Dutzend Aussagen zur Frage der Haftpflicht. Im ersten Jahr legte er 65 000 Flugmeilen zurück, um Angestellte und ehemalige Angestellte von Hamilton Standard zu befragen, von Connecticut über Kalifornien bis Rock Hill. Er verfolgte die Papierspur und die Spur von Hamilton-Standard-Leuten, um alles und jeden zu verstehen, der etwas mit dem 14-RF-9-Blatt mit der Nummer 861398 zu tun gehabt hatte.

Jennifer Grunbeck hatte Mitte November 1995 kein Interesse, sich einen Anwalt zu nehmen. Sie wollte niemanden sehen und mit niemandem sprechen. Doch ihre Schwägerin Ann Grunbeck, die selbst Anwältin war, war unerbittlich: »Du musst das machen.« Ann hielt es für unbedingt erforderlich, einen Anwalt zu nehmen, bevor Jennifer aus dem Erlanger entlassen wurde. Das, meinte sie, werde es dem Anwalt erleichtern, an Jennifers Krankenhausunterlagen heranzukommen.

»Es geht hier ausschließlich um Jennifer und das, was ihr passiert ist, und um nichts anderes«, meinte Bob zu seiner Schwester, als sie begann, sich nach einem Anwalt umzusehen.

Ann Grunbeck machte sich auf die Suche und rief bei bekannten Kläger-Anwälten an. Sie kam auf eine Liste von zehn möglichen Kandidaten, die sie anschließend auf drei zusammenstrich. Sie bestellte alle drei nach Chattanooga, jeweils einzeln an drei aufeinander folgenden drei Tagen, mit denen sie und ihr Bruder David sich bei einem Essen treffen wollten. Am nächsten Tag legte sie zusammen mit Bob und Jennifer fest, was beim Treffen mit den Anwälten besprochen werden sollte.

Zwei der Anwälte kreuzten in Anzug und Krawatte zum vereinbarten Termin im Erlanger auf, begleitet von mehreren Kollegen. Jennifer kamen diese Anwälte mit ihrem Anhang wie ein Gefolge vor. Die beiden Anwälte sprachen bei ihrem jeweiligen Vortrag von ihrer Qualifikation, den juristischen Siegen, die sie und ihre Kanzleien erfochten hatten, und der

Strategie, die sie den Grunbecks empfahlen. Beide sprachen sich für eine gütliche Einigung aus. Einer sagte, er kenne die Versicherer persönlich, und sagte eine Abfindung von 30 Millionen Dollar innerhalb von 30 Tagen voraus. Der andere machte keine Vorhersage, sondern sagte nur: »Danach brauchen Sie sich keine Sorgen mehr zu machen.« (Als Jennifer das in ihrem Rollstuhl hörte, dachte sie: Ich bin ziemlich sicher, dass ich mir danach noch Sorgen machen muss.) Bob hatte den Eindruck, dass die beiden mit ihrer Anpreisung vor allem ihn, Ann und David im Auge hatten, nicht jedoch Jennifer. Es fiel Bob auf, dass einer der beiden Jennifer den Rücken zukehrte, und das kränkte ihn.

Der dritte Anwalt war anders. Mich Baumeister war salopp gekleidet. Er kam allein. Von einer Abfindungssumme sprach er nicht, sondern er sagte nur, er werde Jennifers Fall vor Gericht bringen, wenn sie es wünsche. »Aber Sie sind ja gerade erst aus der Intensivstation entlassen worden«, sagte Baumeister. »Das ist nicht der passende Zeitpunkt, um diese Entscheidung zu treffen.« Er sprach Jennifer direkt an.

Mich (gesprochen Mitsch) Baumeister bezeichnete sich gern als »dreister New Yorker Anwalt«, als ein Underdog, der für »den kleinen Mann« kämpft. Er war gebürtiger New Yorker, Sohn eines Feuerwehrmannes, wurde in den sechziger Jahren volljährig und verband das soziale Engagement jenes Jahrzehnts mit typisch newyorkerischem Einfallsreichtum und Mumm. 1969 aus Vietnam heimgekehrt, hatte er in Seton Hall Jura studiert, mit einem Stipendium für gediente Soldaten. Eine Zeit lang arbeitete er bei Kriendler & Kriendler, der Kanzlei von Lee Kriendler, die wohl als Urahn aller Kläger-Kanzleien im Luftfahrtrecht gelten kann. Er machte in jenen frühen Jahren die Schwerarbeit im Hintergrund, bereitete die Klagen vor. Das befriedigte seinen Ehrgeiz nicht. Er wollte als Jurist vor Gericht auftreten, und so nahm er 1976 eine Halbierung seines Einkommens in Kauf, um in der Bezirks-Staatsanwaltschaft Manhattan als Anklagevertreter für Robert Morganthau zu arbeiten. Dort machte Baumeister alles: Er brachte Fälle von schwerer Körperverletzung, Vergewaltigung und Mord vor Gericht, und meistens mit Erfolg. 1978 wechselte er zur New Yorker Bundesanwaltschaft und verfolgte dort Fälle von Wirtschaftskriminalität, darunter Versicherungsbetrug.

1980 ging er zu Kriendler zurück. Als die Firma auseinander fiel, machte Baumeister sich selbstständig. 1988 gestaltete er seine Kanzlei um und machte daraus Baumeister & Samuels, mit Büros in Morristown, New Jersey und New York. (Bob Grunbeck fragte: »Wer ist Samuels?«, und Baumeisters Antwort überraschte ihn: »Meine Frau«, die Steueranwältin Lynn Samuels.)

1992 war Baumeister einer der sechs Anwälte im Pan-Am 103-Prozess, die den Nachweis führten, dass diese Fluggesellschaft sich einer ›vorsätzlichen Verfehlung‹ schuldig gemacht hatte, weil sie es versäumte, eine Bombe zu entdecken, die ein Terrorist im Dezember 1988 an Bord ihrer 747-Linienmaschine von London nach New York geschmuggelt hatte. Pan Am hatte versäumt, die Gepäckstücke auf die Zugehörigkeit zu einzelnen Passagieren zu überprüfen. Die Bombe, die über Lockerbie, Schottland, explodierte und 270 Menschen in den Tod riss, steckte in einem Toshiba-Radio in einer Tasche, die keinem der Passagiere gehörte. In diesem Prozess nahm Baumeister den Pan-Am-Vorsitzenden Thomas Plaskett ins Kreuzverhör, und er ging mit der Begeisterung einer Bulldogge vor, die auf einen Suppenknochen gestoßen war. Er merkte, dass Plaskett im Zeugenstand bockte und es auf einen Kampf mit ihm angelegt hatte. *Okay*, sagte sich Baumeister, *den Kampf kann er kriegen*. Baumeister knallte eines seiner Hilfsmittel, ein Wörterbuch, auf sein Pult. Er wurde laut, stellte in aggressivem Ton aggressive Fragen und schob währenddessen das Pult mit seinem Bein Zentimeter für Zentimeter an Plaskett heran. »Der Anwalt hat das Pult fast bis zur Geschworenenbank vorgeschoben und steht praktisch direkt vor dem Zeugen«, protestierte der Anwalt der Beklagten. Auf Anweisung des Richters schob Baumeister das Pult wieder zurück. Baumeister nahm sich den Zeugen erneut vor, und Minuten später schob er das Pult wieder nach vorn, bis der Anwalt der Beklagten brüllte: »Er macht es schon wieder!« Darauf Baumeister: »Nur eine nervöse Angewohnheit.« Darauf der Richter: »Schieben Sie es zurück.« Das war der echte dreiste New Yorker Mich Baumeister.

Als Baumeister den Grunbecks sagte, er habe im Fall Pan Am 103 Opfer vertreten, erinnerte sich Jennifer an etwas. Bei diesem Absturz hatte eine Freundin von ihr einen Angehörigen verloren. Dass Baumeister mit der betreffenden Familie wie auch mit anderen ehemaligen Mandanten Kontakt hielt, vermerkte sie positiv. Er kam ihr nicht so geschäftsmäßig vor wie die anderen Anwälte, sondern persönlicher.

Baumeister fielen Jennifers große, sympathische Augen auf. Ihr Kopf war rasiert – die Haare fingen erst wieder an nachzuwachsen –, und ihr ganzer Körper steckte in Verbänden. Er staunte über ihre unverwüstliche Kraft und ihren Humor. Bei dieser ersten Besprechung wurde ihm klar, dass es nicht bloß Jennifer war, die der Schadenersatzforderung zum Durchbruch verhelfen würde, sondern *Jennifers Geschichte* und ihre Fähigkeit, sich gegen widrige Bedingungen, unter denen die meisten zusammengebrochen wären, zu behaupten. »In Jennifer«, sagte Baumeister, »waren die schlimmsten körperlichen Verletzungen mit den besten menschlichen Vorzügen vereint.« Er war überzeugt, dass die Geschworenen in ihr die absolute Heldin sehen würden.

Jennifer sagte Baumeister, sie wolle nur dreierlei: 1. die Wahrheit über die Ursache des Absturzes erfahren, 2. dafür sorgen, dass es sich nie wiederholen würde, und 3. wieder ihr früheres Leben erreichen.

Bevor Baumeister das Erlanger-Krankenhaus verließ, sagte er: »Jennifer, ich bin als Anwalt vor Gericht sehr auf Fühlungnahme angewiesen. Man wirft mir vielfach vor, dass ich den Geschworenen direkt auf den Pelz rücke.« Er fragte, ob er sie berühren dürfe. »Aber ich möchte Ihnen nicht wehtun. Gibt es eine Stelle, an der es Ihnen nicht wehtut?«

»Oben auf meinem Kopf«, erwiderte Jennifer.

»Darf ich Sie dort berühren?«, fragte er. Sie nickte. Baumeister berührte sie oben am Kopf, ganz sanft, und sagte dann: »Es würde mir eine Ehre sein, Sie zu vertreten.«

Am 6. Dezember, nach 106 Behandlungstagen, wurde Jennifer aus dem Erlanger entlassen. Schwestern und Ärzte der Spezialabteilung für Brandverletzungen umarmten sie und hatten wegen eines Triumphes, den sie einmal für unvorstellbar gehalten hatten, Tränen in den Augen. Skip Reeder drückte Jennifer und flüsterte: »Wir lieben Sie.« Jennifer und Bob flogen nach Boston, wo sie einige Tage im Massachusetts General Hospital verbrachte, um anschließend in eine Rehabilitationsklinik im nahe gelegenen Woburn zu gehen.

Wie grandios ihr Sieg war, wurde drei Tage vor Weihnachten durch die Tatsache unterstrichen, dass Sonya Fetterman im Grady Hospital starb, in den Armen ihres jüngeren Bruders Nathan Villareal, der zu ihr sagte: »Geh nun zu Gott, Schatz.« Als Letztes der zehn Todesopfer des ASA-Absturzes hatte Fetterman zermürbende 122 Tage überlebt – ein einziger lang gezogener stummer Schrei.

In derselben Woche kam Baumeister nach Woburn, Massachusetts, und wurde von den Grunbecks zu ihrem Anwalt bestellt. Jennifer unterschrieb die Vereinbarung nur mit einem »X«.

Im Juli des nächsten Jahres erhoben Jennifer und Bob Grunbeck vor dem US-Bezirksgericht in Boston formell Klage gegen United Technologies/Hamilton Standard, Embraer, ASA und Delta. Die Klageschrift behauptete, Jennifer seien »an 90 Prozent ihrer Körperoberfläche bleibende und entstellende Narben zugefügt worden; sie sei krank, wund und lahm gemacht, und ihr sei eine dauerhafte Behinderung zugefügt worden; sie habe schwere emotionale Not, einen Schock, Entsetzen, Angst vor dem drohenden Tod und seelische Qual erlitten«. Von jeder der vier beklagten Firmen forderten die Grunbecks 150 Millionen Dollar Schadenersatz, 100 Millionen Dollar zusätzliche Buße und 50 Millionen Dollar für Bob Grunbeck für den Verlust der ehelichen Gemeinschaft. Der Schadenersatz, den die Grunbecks begehrten, belief sich insgesamt auf 1,2 Milliarden Dollar.

6. November 1996. In der Anwaltskanzlei Dombroff & Gilbert in Washington D. C., streckte Mich Baumeister seine Hand aus und sagte: »Endlich mache ich also die Bekanntschaft von Mr. Bender.« Chris Bender, nervös, gab dem Anwalt die Hand.

Bender hatte elf Monate zuvor Hamilton Standard verlassen und war jetzt Bibelschüler bei ›Youth With A Mission‹ in Tyler, Texas. Er war mit Amy Emrich, einer Missionsschülerin, verlobt; unter einem sternschnuppenübersäten texanischen Sommerhimmel hatte er ihr einen Heiratsantrag gemacht und ihr einen würfelförmigen Zirkoniumring überreicht, den er für 20 Dollar bei K-Mart erstanden hatte. Bender war gerade von einer Evangelisationsveranstaltung in Missouri zurück. Er erschien in Hemd, Schlips und Freizeithose, um seine Aussage zu machen. Man hatte ihn gewarnt, Mich Baumeister sei, wie Bender später sagen sollte, »dieser Multimillionen-Anwalt, der mich hart rannehmen würde«. Jon Stern hatte Bender schon vor Monaten vorbereitet und in einer langen Sitzung eine Zeugenvernehmung vorgespielt, wobei ein anderer Anwalt die Rolle von Baumeister gespielt hatte. Bender wurde darüber informiert, dass Baumeister ihn scherzhaft mit der Bemerkung »Bender the Blender« verspottet hatte, eine abschätzige Bezeichnung, die er eventuell noch einmal verwenden könnte.

Zur Beschleunigung der Klageansprüche und effizienteren Abwicklung des Rechtsstreits waren die ASA-Klagen, die bei verschiedenen Bundesgerichten eingereicht worden waren, zu einem einzigen Verfahren, einer so genanten Multi-District Litigation (MDL), in Atlanta zusammengefasst worden, und zwar bei Richterin Orinda Evans am US-Bezirksgericht für den Nördlichen Bezirk von Georgia in Atlanta. Die Anwälte der Kläger bildeten einen Lenkungsausschuss, in dem sie Zeit und Mittel zusammenlegten, gemeinsame Fragen bezüglich des Falles klärten und Rollen sowie Verantwortlichkeiten untereinander verteilten. Baumeister würde die Zeugenvernehmung übernehmen.

Jetzt saß Bender an einem langen Tisch vor neun Anwälten, einer Videokamera und einem Protokollführer, der lautlos die Tasten bediente. Das alles war ihm fremd. Als er in Tyler abgefahren war, hatte seine Verlobte versprochen, für ihn zu beten.

Vor wichtigen Zeugenvernehmungen bekam Baumeister immer einen Adrenalinschub, und jetzt saß der Techniker vor ihm, der das ASA-Blatt in der Hand gehabt hatte. Baumeisters Erregung rührte daher, dass er entdeckt hatte, welche Richtung die Auseinandersetzung nehmen würde: War der Zeuge vielleicht dahingehend beeinflusst worden, es zu leugnen? Würde die Beklagte sich auf Ahnungslosigkeit herausreden? Er hatte in den Aussagen von Hamilton-Standard-Managern Abweichungen und Widersprüche festgestellt. Mehrere Kläger-Anwälte hatten den Eindruck, dass Hamilton Standard versuchte, Bender zum Sündenbock zu machen. Baumeister hatte vorher die zu den Akten genommenen Berichte von Jim Hookey studiert, in denen genau festgehalten war, was Bender und seine Vorgesetzten in Rock Hill der NSTB über den Reparatur- und Inspektionsvorgang gesagt hatten. Der Zweck dieser Vernehmung war nicht, prozessverwertbare Beweise an den Tag zu bringen oder ›rauchende Colts‹ zu finden. Sie sollte bestimmte Annahmen sicherstellen und die Beziehungen in Rock Hill klären helfen, zum Beispiel, wer wem unterstand, und sie sollte Bender Gelegenheit geben, vor Gericht zu erklären, warum er das Blatt am 7. Juni 1994 geschmirgelt hatte.

Baumeister erkannte rasch, dass Bender »ein verängstigter Junge (war), den die Tragödie tief bewegte,« und dass er, was das Beste daran war, »bereit war, restlos auszupacken«.

Die sechsstündige Vernehmung war weit fortgeschritten, als Baumeister Bender fragte – wobei der Anwalt der Beklagten gegen die »suggestive Art der Fragestellung« protestierte –: »Können Sie mir sagen, welche mündliche oder schriftliche Genehmigung Sie am 7. Juni 1994 hatten, das Innere der konischen Bohrung von ASA 529 zu glätten, obwohl kein Schaden und keine Narben zu erkennen waren?«

Bender: »Okay, man hat mir gesagt, wenn man ein beanstandetes Blatt hatte, und es war kein Schaden und keine Korrosion da, aber es gab Grate …, dann konnte man glätten …«

Baumeister: »Wer hat Ihnen das gesagt?«

Bender: »Das haben mir mehrere – einige Leute gesagt.«

Baumeister: »Nennen Sie mir die Namen jeder einzelnen Person, die Ihnen dieses Verfahren genannt hat, das Ihnen, wie Sie sagen, erlaube, die konische Bohrung von ASA 529 zu glätten.«

Bender erwähnte den Namen eines seiner Vorgesetzten.

Baumeister: »Wer noch?«

Bender nannte zwei weitere Namen von Mitarbeitern in Rock Hill.

Baumeister: »Aber es gibt kein Dokument, aus dem hervorgeht, dass Sie das machen können – ein Dokument, das am oder vor dem 7. Juni 1994 existierte, stimmt das?«

Bender: »Das weiß ich nicht.«

Später fragte Baumeister: »Und Sie haben leider erst sehr viel später erfahren, dass Narben und Risse vorhanden sein konnten, die Sie gar nicht sehen konnten, die aber durch eine Ultraschalluntersuchung zu erkennen waren, stimmt das?«

Bender: »Das stimmt.«

Baumeister: »Und Sie haben leider erst sehr viel später erfahren, dass Sie diese schwer erkennbaren Narben und Risse durch Glätten geradezu maskieren konnten, stimmt das?«

Bender: »Das stimmt.«

Was der im Raum anwesende Jon Stern hörte, überraschte ihn nicht. Für ihn und andere Anwälte der Beklagten war klar, dass es schwierig sein würde, die Klage zu bestreiten. Sie waren schon vor Monaten zu dem Schluss gekommen, dass United Technologies, die Muttergesellschaft von Hamilton Standard, für den ASA-Absturz haftbar war und dafür verantwortlich sein würde, die Opfer zu entschädigen. (George David, der Chef von United Technologies, hatte in einer Vorstandskonferenz am 23. Mai 1996 erklärt: »Wir hatten letzten Sommer einen tödlichen Absturz, als Folge eines defekten Hamilton-Propellers. Wir sind schuld. Seit dem Unfall haben wir uns wahrhaft mustergültig verhalten, aber wenn wir das Ganze noch einmal machen müssten, hätten wir sehr viel früher weit mehr Mittel für das Problem eingesetzt.«) Zusammen mit einem Vertreter von Associated Aviation Underwriters, der in New Jersey ansässigen Versicherung von Hamilton Standard/United Technologies, hatte Stern schon Gespräche über eine Einigung mit Kläger-Anwälten aufgenommen, doch einige (darunter Baumeister) hielten sich zurück und warteten den abschließenden Unfallbericht der Verkehrssicherheitsbehörde ab.

Als die Zeugenvernehmung schließlich beendet war, war

Chris Bender erschöpft. Baumeister gratulierte ihm zu seiner bevorstehenden Hochzeit, gab ihm die Hand und ging, zufrieden mit seinem Tagewerk.

Stern erklärte Bender, er habe sich bewundernswert gehalten und dass man, sollte diese Klage je vor Gericht kommen, von ihm nicht mehr benötigen würde als diese auf Video festgehaltene Aussage.

Chris Bender kehrte nach Texas zurück und versenkte sich in die Bibel.

Drei Wochen später legten Ermittler des Einsatzteams in einer öffentlich zugänglichen Vorstandssitzung in Washington den fünf Vorstandsmitgliedern der NSTB einen Entwurf des ASA-529-Unfallberichts vor.

Konkurrierende Anwälte und Vertreter der Firmen Hamilton Standard, Embraer, ASA und Pratt & Whitney saßen Schulter an Schulter auf der schmalen fünfreihigen Empore. Der Raum war überfüllt, die Luft war stickig, und die für das Fernsehen aufgestellten Lampen verstärkten das Gefühl der Beengtheit. Oft sind solche Vorstandssitzungen nicht mehr als ein Ritual, eine für die Medien arrangierte Verkündung von Ermittlungsergebnissen.

Aber diesmal war es anders. Was die Vorstandsmitglieder hörten, versetzte sie in Wallung. Jim Hall, der Vorsitzende der NSTB, fragte die Ermittler aufgebracht: »Ich kann einfach nicht verstehen, warum nach den zwei Unfällen [und] den [von Hamilton Standard] entwickelten Verfahren der dritte Unfall nötig war, um jetzt festzustellen, dass die Verfahren, die man entwickelt hatte, letztlich wirkungslos [waren]?« Dem Kläger-Anwalt Keith Franz fiel auf, dass die Vertreter von Hamilton Standard während der Anhörung mächtig ins Schwitzen gerieten, vor allem, als Bob Francis, der stellvertretende Vorsitzende der NSTB, im endgültigen Unfallbericht härtere

Worte gegen den Propellerhersteller verlangte. Francis sagte: »Was ich hier erreichen möchte, ist etwas mehr Verantwortlichkeit der Leitung von Hamilton Standard bei der vermutlichen Unfallursache.« Er wünschte das Wort ›Firma‹ hinzugefügt zu sehen, um die Verantwortung auf der höchsten Ebene festzumachen. Im endgültigen Bericht hieß es: »Der Bruch wurde hervorgerufen durch einen Ermüdungsriss, der auf mehrere Korrosionsnarben zurückging, die von Hamilton Standard nicht entdeckt wurden, weil die Inspektions- und Reparaturverfahren, die Ausbildung, die Dokumentation und die Kommunikation der Firma mangelhaft und ineffektiv waren.«

Bob MacIntosh und Jim Hookey saßen am vorderen Tisch und leiteten die Präsentation der Ermittlungsgruppe. Ein Overheadprojektor zeigte ein Bild des ausgebrannten Rumpfes, davor die mit einem weißen Laken bedeckte Leiche von Jim Kennedy. »Der Unfallort, wie wir ihn antrafen«, sagte MacIntosh einleitend. Die Ermittler führten außerdem ein Video von vier Minuten vor, auf dem zu sehen war, wie das ASA-Blatt mit einem Endoskop inspiziert und anschließend geschmirgelt wurde.

Während der Sitzung wurde Chris Bender nicht namentlich genannt, sondern nur als »der Techniker«, »der Inspekteur« oder »dieser Herr« bezeichnet.

In ihrem endgültigen Bericht stellte die Verkehrssicherheitsbehörde fest, dass das Schmirgeln ›ungeeignet‹ war und verhindert hatte, dass ein tieferer Riss im Propellerblatt bei einer anschließenden Inspektion entdeckt wurde, dass Chris Bender aber im Wesentlichen nach seinen Instruktionen verfahren war. Der endgültige Bericht bezeichnete die von Bender benutzten Inspektions- und Reparaturhilfsmittel als ›unzureichend‹. Das bezog sich auf das Endoskop, mit dem Bender, obwohl es keine optische Vergrößerung bot, nach mikroskopisch kleinen Korrosionsspuren suchen sollte, und auf den als Komparator verwendeten Holzpflock, mit dem er der geschmirgelten Fläche wieder zu ihrer ursprünglichen glatten Oberflächenbeschaffenheit verhelfen wollte. Sehr viel später sollte MacIntosh in einem Interview über Hamilton Standard sagen: »Sie hätten eine Kombination von Verfahren benutzen können. Natürlich hätten sie bessere optische Instrumente benutzen können. Sie zogen es aber vor, sich visuell davon zu überzeugen, dass die Korrosion aus [der konischen Bohrung] verschwunden war, im Maßstab eins zu eins [das heißt mit bloßem Auge]. Dann zogen sie es vor, für die Herstellung der endgültigen Oberflächenbeschaffenheit einen kleinen Holzpflock zu benutzen. Wie bedenklich das war, haben sie offenbar nicht begriffen.« MacIntosh sollte Benders Polierwerkzeuge als ›primitiv‹ bezeichnen.

Die Verkehrssicherheitsbehörde stellte fest, dass die interne Dokumentation und Kommunikation von Hamilton Standard »Verwirrung schuf«, mit der Folge, dass »die glättende Reparatur fälschlich angewendet wurde«. Ein Ermittler berichtete den Vorstandsmitgliedern in der Anhörung, er habe von Angestellten in Rock Hill unterschiedliche Versionen darüber gehört, warum das Blatt geschmirgelt wurde: »Wir sprachen speziell mit dem Inspekteur, der die Arbeit ausführte [Chris Bender], und er gab zu verstehen, dass er diesbezüglich im Unklaren war und die Betriebsleitung um Anweisung gebeten habe. Wir sprachen mit der Betriebsleitung, um herauszufinden, was für eine Anleitung er bekommen hatte, und wir hatten den Eindruck, dass man ihm möglicherweise nicht die Anweisung gegeben hat, in der Weise fortzufahren, wie er es dann tat. Hier besteht eine Grauzone, in der wir nicht genau klären konnten und möglicherweise nie werden klären können, was geschehen ist.«

Die Behörde stellte des Weiteren fest, dass Benders Ausbildung ›unangemessen‹ und ›wirkungslos‹ war. MacIntosh erklärte den Vorstandsmitgliedern: »Der Herr, der dieses spezielle Blatt bearbeitete, war mit der Automobilindustrie vertraut, wo man ... nach rotem Rost sucht. Man hätte ihn in der Umschulung dazu anleiten müssen, nach der Korrosion und den Narben zu suchen ..., denn die Situation ist in der Tat eine andere.«

Zwar sollte Bender die geschmirgelte Fläche wieder in ihren ursprünglichen Zustand versetzen, doch die NSTB stellte in ihrem endgültigen Unfallbericht fest: »Die Schleifspuren in dem geglätteten Bereich des Unfallblattes waren weit rauer als die ursprüngliche Oberfläche. Allem Anschein nach haben die vom Glätten zurückgebliebenen Schleifspuren einen Teil der korrodierten Fläche verschmiert, was darauf hindeutet, dass das Schmirgeln stattfand, nachdem sich die Korrosion gebildet hatte. Zum Teil erstreckte sich der Bereich der beginnenden Ermüdung zwar längs der Schleifspuren, doch ging die Bildung von Ermüdungsrissen von Korrosionsnarbenschäden aus, die sich unter der Oberfläche des Hohlraums bis in eine weit größere Tiefe erstreckten als die Schleifspuren. Daraus schließt die Sicherheitsbehörde, dass die von der Glättung zurückgebliebenen Schleifspuren nicht zur Entstehung des Ermüdungsrisses in dem Unfallblatt beigetragen haben. Allerdings ... könnten die Schleifspuren es ermöglicht haben, dass das rissige Blatt bei der Ultraschalluntersuchung nach der ... Glättung unbeanstandet blieb.«

Weiter hieß es in dem Bericht: »[Das] Unfallblatt wurde erneut per Ultraschall untersucht, und diesmal wurde weder ein zu beanstandendes noch ein berichtspflichtiges Sympton erzeugt. Damit konnte das Blatt wieder in Dienst gestellt werden, und es wurde an dem Unfallflugzeug angebracht.«

Der endgültige Unfallbericht der NSTB behandelte ein ganzes Bündel von Fragen im Hinblick auf den Absturz von ASA 529. Die Fluglotsen in der Flugleitstelle Atlanta hatten zwar zu lange mit der Übergabe an die Anflugkontrolle Atlanta gewartet, aber das hatte nicht zu dem Unfall beigetragen, entschied die NSTB. Hätten die Lotsen in der Flugleitstelle Atlanta jedoch umgehend Rettungsdienste alarmiert, als Matt Warmerdam sie anforderte – über sechseinhalb Minuten vor dem Absturz –, hätten die Rettungsbemühungen nach Überzeugung der Sicherheitsbehörde »früher und daher wirksamer« sein können.

Darüber hinaus empfahl die NSTB, das Notfallbeil, das der eingeklemmte Warmerdam erfolglos benutzt hatte, durch einen robusteren, zweckmäßigeren Typ zu ersetzen.

Die Ermittler lobten die Leistung der ASA-Flugzeugbesatzung und bezeichneten deren Reaktionen auf die Krise als »vernünftig und angemessen«.

»Mr. Hughes«, sagte Vorstandsmitglied John Hammerschmidt in der Anhörung, »könnten Sie uns beschreiben, was die Flugbegleiterin in der Notsituation tat?«

Hughes, der mit anderen Leitern von Einsatzteams an einem Tisch in der zweiten Reihe saß, schilderte die Bemühungen von Robin Fech während der neun Minuten und zwanzig Sekunden sowie auf der Wiese. Als Hughes endete, sagte Hammerschmidt: »Scheint mir ein wirklich vorbildliches Verhalten zu sein.« Ein anderes Vorstandsmitglied, George W. Black, ging noch einen Schritt weiter: »Ich fühle mich verpflichtet zu sagen, dass diese Flugbegleiterin – so oft haben wir an dem Handeln [eines Mitglieds der Flugzeugbesatzung] etwas auszusetzen. Dies ist ein Fall, in dem jemand weit über seine Pflicht hinausgegangen ist.«

Keith Franz, der auf der Galerie saß, hörte das gerne. Er vertrat den ASA-Überlebenden John Tweedy sowie die Angehörigen von Bond Rhue und Michael Hendrix. Franz hatte auf Abfindungsangebote hinhaltend reagiert. Erst einmal, dachte er, wollte er das Urteil der NSTB hören, »eines unabhängigen Tribunals, dessen Glaubwürdigkeit vor den Geschworenen unanfechtbar ist«. Nun, da die NSTB gesprochen hatte und Hamilton Standard ganz schön aufs Dach gestiegen war, war Franz bereit, über Abfindungen zu verhandeln. Der endgültige Unfallbericht der NSTB sollte den Grundpfeiler für sein Vorgehen und das anderer Kläger-Anwälte werden.

Die Mehrzahl der 29 Fälle war bereits durch Abfindungen geregelt worden, und in den folgenden Monaten wurden vermehrt Gespräche geführt, um auch die übrigen zu regeln.

»Wir sind gezwungen, etwas zu tun, das bestenfalls ungehörig und schlimmstenfalls unmöglich ist – wir müssen den Preis für ein Menschenleben festsetzen«, schrieb Jon Stern, Anwalt von United Technologies/Hamilton Standard, in seinem Artikel ›Defending Damages in Death Actions‹ in der Zeitschrift *Litigation* (Sommer 1997, Bd. 23, Nr. 4) der amerikanischen Anwaltsvereinigung.

Dennoch, schrieb Stern, verlangt das Gesetz, dass die Anwälte beider Seiten sich mit Eifer für ihre Mandanten einsetzen, und er deutete in seinem Artikel an, wie die oft übertriebenen Forderungen der Kläger beschnitten werden könnten: »Ein Tag hat nur vierundzwanzig Stunden. Der Verstorbene kann nicht gleichzeitig ein Workaholic gewesen sein, der von Beförderung zu Beförderung eilt, ein Mensch, der sich den halben Tag um die Pflichten eines Haushälters kümmerte, und ein fürsorglicher Vater, der den Kindern bei den Schulaufgaben und Hobbys half.« Die Ansprüche des Klägers auf eine bestimmte Lebensqualität, schrieb Stern, seien für den Anwalt der Beklagten eine Aufforderung, im Leben des Verstorbenen aufmerksam nach »Anzeichen von Unzufriedenheit und Missfallen« zu forschen, etwa nach beruflicher Unzufriedenheit und »Ehe- oder Familienstreit (zum Beispiel Trennung oder Scheidung der Ehegatten, Kinder mit Drogen- oder Alkoholprobleme[n]«. Stern verwies auf den schmalen Grat, auf dem der Anwalt der Beklagten bei der Suche nach der Wahrheit wandeln muss: »Wenn man gefühllos mit den Empfindungen und Emotionen der Überlebenden umgeht, wird man kaum Punkte machen, weder bei der Tatsachenermittlung im Prozess noch bei Verhandlungen über eine gütliche Regelung.«

Im Rahmen solcher Verhandlungen traf Stern mit Hinterbliebenen derer zusammen, die beim Absturz umgekommen waren. Besonders Jackie Gannaway, die Witwe des Flugkapitäns, machte einen starken Eindruck auf ihn. Sie strahlte Stolz und Würde aus, und Jonathan Stern konnte nicht umhin, die Schwere ihres Verlusts nachzuempfinden.

Die Anwälte von Jennifer Grunbeck und Matt Warmerdam gehörten zu den Letzten, die in Verhandlungen eintraten. Mich Baumeister erklärte dem Versicherer, dass Jennifer Grunbeck, 28 Jahre alt und mit 92 Prozent Verbrennungen, für den Rest ihres Lebens mit Operationen zu rechnen habe. Als Teil seiner Strategie hatte er Videoaufnahmen von ihrem neuen Leben in Woburn machen lassen, in denen zu sehen war, dass sie beim Anziehen, Essen und Duschen Hilfe benötigte. »Hier geht es nicht darum, dass ich X sage, und Sie sagen Y«, erklärte Baumeister dem Vertreter von Associated Aviation Underwriters. »Hier geht es darum, dass Sie und Ihr Unternehmen sagen: ›Wir werden etwas tun, das beispiellos ist.‹« Baumeister forschte landesweit nach Beispielen, was in anderen Fällen von Verbrennungen an Abfindung gezahlt worden war. Er durchforstete die Urteile von Berufungsgerichten, um einen Anhaltspunkt für Forderungen zu gewinnen, die sich auch vor Gericht durchsetzen ließen. Er sprach mit den Anwälten anderer Kläger.

Im Laufe der Verhandlungen fragte ihn Jennifer: »Wird Hamilton Standard öffentlich zugeben, dass sie schuld sind?«

»Nein«, sagte Baumeister.

»Werden sie es überhaupt zugeben?«, fragte Jennifer.

»Schlagen Sie sich das ganz aus dem Kopf«, sagte Baumeister zu ihr. »Darum geht es in diesen Verhandlungen nicht.«

Im Frühling 1997 waren die vertraulichen Verhandlungen abgeschlossen. Insgesamt zahlte der Versicherer von Hamilton Standard rund 125 Millionen Dollar an die Opfer von ASA 529. Die Abfindungen reichten in den einzelnen Fällen von gut 100 000 Dollar bis über 20 Millionen Dollar.

Bald nach der Regelung von Jennifer Grunbecks Anspruch veröffentlichte die Kanzlei Baumeister & Samuels in einer Broschüre den Hinweis, dass Mich Baumeister »die Ehre hatte, kürzlich die größte Entschädigung für Personenschäden vereinbart zu haben, die bisher bei Flugzeugkatastrophen erzielt wurde«.

Später sagte Baumeister zu Jennifer Grunbeck, er hoffe, eines Tages auf Johnnys Hochzeit mit ihr zu tanzen.

Teil VIII

Die Enthüllung: ein Mosaik

37 Hin und wieder hält auf der Straße neben Paul Butlers Haus ein Auto an, und während es dort steht, betrachten seine Insassen die Wiese, auf der der ASA-Flug 529 zum Stehen kam. Fremde haben bei Butler angeklopft und um die Erlaubnis gebeten, in seinen Hof zu gehen. Er hat sie hereingelassen, sich aber gefragt: »Was suchen sie dort nur?«

Während meiner Recherchen für dieses Buch wurde mir klar, warum ich immer wieder zu Butlers Wiese zurückkehrte. Gewiss, es hatte Tote gegeben, und es gab viel zu tun, um die Ursachen aufzuklären. Aber von den 29 Menschen an Bord der ASA-Brasilia hatten 19 überlebt. In ihren Geschichten verbarg sich ein Wunder des Lebens.

Wie durchlebt jemand einen Flugzeugabsturz? So etwas ist ein unwiderstehliches Versuchslabor, in das die Menschen hineingeworfen werden und in dem wir erkennen können, warum sie unter der größten denkbaren Belastung, der Belastung von Panik und Angst, so handeln, wie sie handeln. Wir sehen dort, was die einen zu Heldentaten und andere zu Feigheit und Schande treibt.

Wir mögen aus sicherem Abstand zu wissen glauben, was ein Flugzeugabsturz ist. Doch wissen können wir es erst, wenn solche abstrakten Vorstellungen real werden. Die ASA-Überlebenden haben es mit allen Sinnen erfahren. Sie spürten das Zittern des Flugzeugs, hörten, wie seine Tragflächen

Baumwipfel abbrachen, sahen Feuer und Rauch und rochen brennendes Fleisch.

Sie werden Ihnen sagen, sie seien keine Helden, sie hätten nichts anderes getan als zu leben. Ich verstehe ihre Gedankengänge, doch bei allem Respekt bin ich anderer Meinung. Helden handeln, um Leben zu erhalten und ihm einen Sinn zu geben. Das haben diese Menschen getan. Gannaway, Warmerdam, Fech, Grunbeck, Hendrix, McCorkell, Adair und Dumm und andere, die ich hier nicht namentlich nenne, waren gewöhnliche Menschen, die außergewöhnliche Dinge vollbrachten. Sie hatten das nicht geplant. Es war bloß ihre Reaktion auf die Bedingungen, die sie vorfanden. Das war es, was ASA 529 enthüllte: dass gewöhnliche Menschen die außergewöhnliche Stärke des menschlichen Geistes sichtbar machten.

Kinder begriffen das, und eines Tages versammelten sie sich in der Turnhalle einer Grundschule in Bowdon, vier Meilen von der Absturzstelle entfernt. Ein Schüler steckte eine langstielige Rose in eine gläserne Vase.

»Kapitän Ed Gannaway«, verkündete ein Mitschüler.

Es ertönte das düstere Wehklagen von Dudelsäcken, und dann trat eine andere Schülerin mit einer roten Rose hervor.

»Mary Jean Adair.«

Es war drei Sommer her, dass die Kinder, teils mit dem Fahrrad, zu Butlers Wiese geeilt waren, um das kleine Flugzeug zu sehen, das vom Himmel gefallen war. Jetzt brachten sie zehn Rosen nach vorn, eine für jeden der Toten, und als die Kinder ihre Gedenkstunde beendeten, brachten Robin Fech und Alan Barrington die Rosen auf die Wiese, die ihnen inzwischen in einer Weise vertraut war, die nur sie verstehen konnten.

Sie wussten, wo der zerbrochene Rumpf gelegen hatte. Mehrere Feuerwehrleute gingen mit ihnen nochmals auf die Wiese und deuteten auf die Stellen, an denen sie die Toten vorgefunden hatten. An jeder Stelle legten Fech und Barrington eine Rose nieder, und bei jeder Rose sprachen sie einen Namen aus.

»Bond Rhue«, sagte Fech.

»Sonya Fetterman«, sagte Barrington.

»Lucille Burton«, sagte Fech.

»Charles Barton«, sagte Barrington.

Auf einer Wiese, die einmal in Flammen gestanden hatte, lagen jetzt Blumen.

Zweieinhalb Jahre nach dem Absturz begann ich, Kontakt zu Überlebenden aufzunehmen. Einige gingen sogleich auf meine Interviewwünsche ein, bei den meisten dauerte es Wochen oder Monate, bei einem Ehepaar über ein Jahr, und eine (Jean Brucato, Kevin Bubiers ›Schutzengel‹ im geblümten Kleid) reagierte überhaupt nicht.

Die Interviews fanden gewöhnlich bei den Überlebenden zu Hause statt und dauerten drei Stunden oder länger. Die Abfindungsverhandlungen mit dem Versicherer von Hamilton Standard waren abgeschlossen, so dass die Leute sich freimütiger äußern konnten.

Die meisten Überlebenden hatten sich psychologisch behandeln lassen und klare Vorstellungen von dem Absturz gewonnen. Einige konnten sich nicht an bestimmte Dinge erinnern. Ed Gray wusste nicht mehr, wie er aus dem Flugzeug herausgekommen war, und nahm die Hypnose zu Hilfe. Unter Hypnose sah er durch ein Loch im Rumpf den grauen Himmel, eingefasst von Flammen, aber weiter kam nichts heraus.

Das Gedächtnis ist unvollkommen. Doch wie wissenschaftliche Untersuchungen belegen, sind Erinnerungen an ein lebensgefährliches Erlebnis oft genauer und verlässlicher als die Erinnerung an einen alltäglichen Vorgang, besonders in Bezug auf Informationen, die für dieses Erlebnis von zentraler und nicht bloß nebensächlicher Bedeutung sind. Was die ASA-Überlebenden erzählten, bestätigt diese Untersuchungen; die Erinnerungen widersprachen sich nur selten.

Die ASA-Überlebenden standen nur begrenzt miteinander in Kontakt. Sie haben sich jeder für sich und in einigen Fällen ganz allein erholt. Dennoch fühlen sie sich innig mit jenen verbunden, von denen sie nur den Namen wissen oder sich erinnern, was sie am 21. August 1995 für Kleidung trugen.

Bei den Interviews stellten die Überlebenden viele Fragen, und die häufigste war: »Wie geht es den anderen?« Sie weinten fast ohne Ausnahme. Mehrere fragten, ob die beiden Passagiere, die während des Sinkflugs die Plätze vertauscht hatten, überlebt hätten, weil sie wissen wollten, ob der Tausch sich auf ihr Schicksal ausgewirkt hat. (Er hat es nicht – beide, Ludie Burton und Bond Rhue, sind gestorben.) Viele Überlebende wurden von einem schlechten Gewissen geplagt, weil sie im zerbrochenen Rumpf Entscheidungen getroffen hatten, die nicht auf Ethik oder Moral gründeten, sondern auf dem adrenalingetriebenen Selbsterhaltungsinstinkt. Sie fürchteten, sich ihr eigenes Leben auf Kosten anderer erkauft zu haben. Was immer sie in jenen entscheidenden Sekunden taten – jetzt müssen sie damit leben. Einige sind mit ihrer Handlungsweise ins Reine gekommen, andere nicht. John Tweedy flüchtete aus dem brennenden Rumpf und hielt sich von ihm fern. Eine Zeit lang litt er unter Schuldgefühlen. Aber dann ließ er sich das Geschehen noch einmal durch den Kopf gehen; vielleicht hatte er doch nicht falsch gehandelt. Seine Kleider waren von Treibstoff durchtränkt, und wenn er zu den Flammen zurückgegangen wäre, hätte es ihn das Leben kosten können. Und was war mit seinen Kindern zu Hause? Für sie war er schließlich auch verantwortlich, oder?

Gelegentlich lieferte ich Überlebenden Teile des Puzzles, von deren Existenz sie nichts ahnten. In seiner Eigentumswohnung im Norden Virginias führte David Schneider mir vor, was er getan hatte, nachdem das Flugzeug zum Stehen gekommen war. Er löste einen imaginären Sicherheitsgurt, tat zwei Schritte durch sein Wohnzimmer und beugte sich herunter, um Jim Kennedy zu helfen. Dann hechtete er, Jim Kennedy zurücklassend, auf sein Sofa, womit er seinen Sprung aus dem Flugzeug und in die Flammen simulierte.

Seit er erlebt hatte, wie Kennedy aus der Ohnmacht erwachte, und seit er seiner Witwe begegnet war, hatte Schneider sich an die Überzeugung geklammert, sein Kollege sei in dem Rumpf gestorben, bevor ihn die Flammen ereilten. Er wurde still, als ich ihm sagte, Kennedy habe es irgendwie geschafft, aus dem Rumpf herauszukommen.

Kevin Bubier wollte nicht in einem Restaurant mit mir über Kennedy sprechen, aus Angst, es könnte ihn überfordern. Bei dem Versuch, sich in der Geborgenheit seines Wohnzimmers in Maine an Kennedy zu erinnern, starrte er in die Ferne, und als sein Blick an der Zimmerecke hängen blieb, wurden seine Augen schmal. »Hatte der Kerl Shorts an?«, fragte er. Ja, Kennedy trug Jeans-Shorts. »Da fällt mir auf einmal ein, dass ich unter den [Sitz-]Kissen nackte Beine gesehen habe«, sagte Bubier. »Sonderbar. Bis zu diesem Augenblick habe ich daran nicht eine Sekunde gedacht.«

Er erinnerte sich an Kennedys Turnschuhe. »Und ich weiß noch, dass er weiße Sportsocken trug, mit einem roten Streifen, wenn ich mich nicht täusche.«

»Daran erinnere ich mich klarer als an sein Gesicht«, sagte Bubier kopfschüttelnd. »Manchmal denke ich, dass man versuchen sollte, es unter Hypnose rauszukriegen. Aber dabei stieße man vielleicht auf noch schlimmere Albträume, von denen man lieber nichts wissen will, verstehen Sie, was ich meine?«

Tod Thompson wusste, was Bubier meinte. Neben dem Eingang zum Sheriff's Department des Loudoun County hing ein Bild seines toten Kollegen Charlie Barton, eingerahmt von einer Gedenktafel und Briefen von Präsident Clinton und dem Gouverneur von Virginia. Wegen dieses Bildes, wegen der Freunde, die Barton im Department hatte, und wegen der Schuldgefühle, die ihn als Überlebenden plagten, arbeitete Thompson, wann immer es möglich war, außerhalb des Büros. Keiner der Beamten erwähnte ihm gegenüber Charlies Namen, und er dachte: »Vielleicht scheuen sie sich, die Sprache darauf zu bringen.«

Hin und wieder traf Thompson sich mit Bartons einzigem Sohn Rick, einem schüchternen, schwerfälligen Eisenwarenverkäufer. Mehr als ein gezwungener Austausch von Belanglosigkeiten kam dabei nicht heraus, und jedes Mal fühlte Thompson sich nach solchen Gesprächen noch schuldbeladener und trauriger. Er fragte sich, ob Rick ihm vielleicht die Schuld an Charlies Tod gab. Einmal sah er Charlies Sohn aus der Ferne und schlug eine andere Richtung ein, um ihm nicht zu begegnen.

In der Zeit nach dem Absturz haben Thompson und seine Frau Pam zwei Kinder bekommen. Eine Freundin sagte zu Mrs. Thompson: »Gott hatte eine Absicht, als er Tod am Leben ließ – er sollte Vater werden.«

Außerdem wurden den Überlebenden des Absturzes noch vier Kinder geboren. Dawn Dumm brachte ihr drittes Kind zur Welt, ein Mädchen, dem sie den Namen Adaira Jean Dumm gab, abgekürzt ›Addie‹, in Erinnerung an Dumms Mutter, Mary Jean Adair.

Angela Brumfield fühlte sich Robin Fech zu Dank verpflichtet. Am Morgen vor dem Absturz hatte Brumfield das Angebot der ASA angenommen, Flugbegleiterin zu werden. In den neun Minuten und zwanzig Sekunden beobachtete sie genau, was Fech tat. Kaum war sie auf der Wiese in Sicherheit, war Brumfields erster Gedanke: *Hat die Flugbegleiterin überlebt?*

Als Brumfield an jenem Tag in Atlanta abflog, war sie fest entschlossen, ein neues Leben zu beginnen, ohne ihren Freund Rob Mills. Aber als sie nach dem Absturz in New Orleans landete, wartete Mills auf sie, mit einem Rollstuhl für sie und einem Dutzend roter Rosen. Tränen liefen ihm über die Wangen, als er ihr am Abend sagte: »Um ein Haar hätte ich dich verloren.« 1997 heirateten sie, und zwei Jahre später wurde ihr erstes Kind geboren, ein Mädchen.

Sie gaben ihm den Namen Robin.

Rob Mills sagte: »Eines Tages werde ich meiner Tochter sagen: ›Du bist die Namensschwester der Dame, die deiner Mutter das Leben gerettet hat.‹«

Als Robin Fech Angela und Rob besuchte, schlief das Baby in seinem Bettchen. Sie strich ihm übers Haar und sagte: »Es ist so weich.« Dann fuhr sie mit den Fingerspitzen an den Speckfalten der Kinderbeine entlang und sagte: »Sieh an, sie hat genauso dicke Beine wie ich.«

Sie nahm das Baby auf. »Sie ist schön, so schön.« Dabei schloss Robin Fech ihre Augen.

Es sind unvollkommene Teile, aus denen sich das Mosaik des menschlichen Geistes zusammensetzt, und sie passen nicht vollkommen zueinander, und doch ist es schön – als Ganzes betrachtet. Auf der Suche nach einem Teil, das vom Ehrgefühl spricht, könnte es passieren, dass wir nichts Stichhaltigeres finden als den NSTB-Ermittler Hank Hughes, der die Waffe und das Abzeichen von Charlie Barton blank geputzt beim Loudoun County abliefert.

Wir könnten auch auf Matt Warmerdam stoßen. Im Frühling 1995, ein halbes Jahr nach dem Absturz, fuhr Warmerdam mit seiner Frau Amy nach Dublin, um Jackie Gannaway und die drei Jungen zu besuchen, von denen Ed so oft gesprochen hatte. Matt wollte Fragen von Eds Söhnen beantworten und ihnen bestätigen, dass ihr Vater ein Held war.

Jackie Gannaway hatte als Sozialarbeiterin Psychologie studiert und kannte sich in dem Fach aus. Ihre Söhne sollten die ganze Wahrheit über den Absturz erfahren. Sie war mit ihnen zu der Wiese gefahren. Dort hatte Craig, mit 16 der Älteste, die Terrassen untersucht, an denen der Rumpf zerbrochen war. Wären diese Terrassen nicht gewesen, könnte sein Vater vielleicht noch leben, dachte er.

Jackie flog mit ihren Söhnen in einer Brasilia der ASA von Macon nach Atlanta, damit sie keine Flugangst entwickelten. Sie zeigte ihnen die Aufzeichnungen der Gespräche im Cockpit. Als sie das las, empfand sie Stolz auf Eds Gelassenheit. Angst spürte sie nur in seinen letzten Äußerungen, bei denen er gestottert hatte. »Ed hat sein Leben lang nicht gestottert«, sagte sie. Auch vier Jahre später wusste Jackie die letzten Worte ihres Mannes noch auswendig: »Hilf mir, hilf mir, sie zu halten, hilf mir halten, hilf mir, sie zu halten.«

Ihren Söhnen erklärte sie, der Tod ihres Vaters sei nicht ohne Sinn und Zweck gewesen: Nur weil Ed Gannaway der Flugkapitän war, »konnten viele den Unfallort lebend verlassen«.

Erst als sein Vater nicht mehr da war, wurde Craig Gannaway richtig bewusst, wie sehr seine Eltern sich geliebt hatten. Als er seine Mutter in ihrer Verlassenheit weinen sah, fühlte er sich hilflos.

Jetzt sah er im Wohnzimmer die schlimmen Narben und die verunstalteten Hände von Matt Warmerdam, und sie riefen ihm eindringlich das grauenhafte Geschehen ins Bewusstsein.

Die Gannaway-Jungs stellten Warmerdam Fragen, die ihnen unter den Nägeln brannten: Hatte ihr Vater Angst? War ihm bewusst, dass er sterben würde? Hat er gelitten?

Ihr Vater, sagte Warmerdam, sei zu beschäftigt gewesen, um Angst zu haben, und er sei überzeugt gewesen, das Flugzeug wohlbehalten zu Boden zu bringen. Er sagte den Jungs, er habe, als er in dem brennenden Cockpit wieder zu Bewusstsein gelangt sei, ihren Vater geschüttelt, aber er sei bewusstlos gewesen. Craig Gannaway nahm das erleichtert als Bestätigung dafür auf, dass sein Vater nicht gelitten hatte.

Warmerdam war bewegt, als er sich über Ed Gannaway äußerte. Mit stockender Stimme erklärte er den Söhnen des Kapitäns: »Ihr solltet sehr stolz auf ihn sein.«

Bringt ein zweiter Anfang die Rettung?

Alan Barrington gab seine Stellung im mittleren Management auf und zog mit seiner Familie zurück in seine Heimatstadt Kansas City, wo er sein eigenes Ministerium gründete. Ed Gray und Barney Gaskill gingen in den vorgezogenen Ruhestand, um mehr Zeit für ihre Familie zu haben. Kevin Bubier verließ die Werft, baute sich in der Nähe seiner Heimatstadt Turner, Maine, ein neues Haus auf einem idyllischen 10-Hektar-Grundstück und träumt jetzt davon, mit einem Traber am Hambletonian teilzunehmen, der Spitzenveranstaltung im Trabrennsport.

Als ASA 529 sich im Sinkflug befand, war David McCorkell wütend auf Gott geworden, weil er ihn einsam sterben ließ. Das Überleben führte zu einem neuen Entschluss. McCorkell gab seine Stelle auf und ging nach Alaska. Er wollte in mächtigen Strömen angeln und prächtige Sonnenuntergänge beobachten. Er wollte zu einem freieren Menschen werden, einem neuen Dave. Drei Monate nach dem Absturz kletterte er in ein dreisitziges Flugzeug, das vom Sohn eines Kunden gelenkt wurde, und flog über Neufundland. Angst vorm Fliegen sei unlogisch, beschloss McCorkell: »Nach einem Autounfall steigt man ja wohl auch wieder in ein Auto.«

Inmitten der großartigen Natur Alaskas wurde McCorkell bewusst, dass er noch immer einsam war. Deshalb verließ er Alaska und fand den Weg zurück nach Chicago und zu seiner Exfrau Lila. Bald sprachen sie davon, es noch einmal mit der Ehe zu versuchen. Es dauerte dann noch fünf Jahre und bedurfte eines Umzugs nach South Carolina, bevor Dave und Lila in eine Kirche marschierten, sich Treue gelobten und die Sache amtlich machten.

David Schneider, den von Anfang an das schlechte Gewissen des Überlebenden quälte, hörte seinen Priester sagen: »Gott hat Verständnis dafür, dass man sich retten möchte.« Trotzdem wollte er wissen, warum er gerettet worden war, während andere neben ihm gestorben waren. Die Antwort, sagte ihm der Priester, könne »morgen kommen oder erst, wenn Sie 78 sind. Vielleicht kommt sie auch gar nicht.«

Während der neun Minuten und zwanzig Sekunden des Sinkflugs der ASA 529 hatte Schneiders Vertrauen und Besonnenheit Fech geholfen, ihre Pflicht zu tun. Doch jetzt war er orientierungslos. Er dachte daran, in das Friedenscorps einzutreten. Vielleicht würde er Tierarzt werden. Er erwog, in eine einsame Hütte in der Wildnis von Montana zu ziehen.

Seine Ehe zerbrach. Später stürzte er sich in eine neue Liebesaffäre, »wie in Romeo und Julia«. Er gab jedoch zu, dass er diese Frau so heftig geliebt hatte, dass sie Reißaus nahm. Er wurde depressiv. Schneider war 32 Jahre alt und fühlte sich wie 50. Er wechselte von Job zu Job und wartete auf ein Wunder, von dem er fürchtete, dass es nie eintreten würde.

Dr. Bobby Mitchell kannte den Tod, wie Ärzte nun einmal den Tod kennen, aber so richtig hatte er ihn bis zu dem Tag, an dem er Michael Hendrix kennen lernte, nicht gekannt.

Daher nahm er im Frühling 2000 eine Einladung an, der Einweihung des Michael D. Hendrix Burn Research Center am

Johns Hopkins Bayview Medical Center in Baltimore beizuwohnen.

Er wünschte, Hendrix' Ehefrau kennen zu lernen und ihr zu sagen, was er Freunden und Kollegen gesagt hatte, nämlich dass er vor fast fünf Jahren in der Notaufnahme von ihrem Mann »eine der wichtigsten Lektionen meines Berufslebens« gelernt habe. Hendrix, sagte Mitchell, sei ein außergewöhnlicher Mensch gewesen. »Es war keine Spur Egoismus an ihm. Er war so gelassen und voller Frieden, als er dem Tod ins Auge sah.«

Dieser Frieden machte dem Doktor zu schaffen. *Woher kam er?*

Linda Agar-Hendrix spendete im Namen ihres Mannes 500 000 Dollar für das regionale Verbrennungszentrum Baltimore, die größte Einzelspende, die das Zentrum je erhalten hatte. Bei der Einweihung flackerte Kerzenlicht vor einem kleinen gerahmten Bild von Mike Hendrix, während seine Witwe in ihrer kurzen Würdigung den ersten Hauptsatz der Thermodynamik folgendermaßen abwandelte: »Nichts und niemand geht je verloren, sondern ändert nur seine Form.«

Anschließend trat Mitchell an sie heran und sagte: »Er war in Frieden mit uns, und er war unter Freunden.«

Mrs. Hendrix erklärte, was es mit dem ungewöhnlichen inneren Frieden ihres Mannes auf sich hatte. Er habe die Möglichkeit des Todes in Rechnung gestellt, sagte sie. Beim Antritt einer neuen Arbeitsstelle habe er gewusst, dass er regelmäßig auf Reisen sein würde, und seine Lebensversicherung erhöht. Er war Ingenieur, pragmatisch, fatalistisch. Sie hätten eine gute Ehe gehabt. Ihr Mann sei nicht religiös, aber mit sich selbst und seinen Überzeugungen im Reinen gewesen.

Bobby Mitchell hatte begriffen, dass es unterschiedliche Grade von Wahrheit im Leben gibt. Jetzt begriff er, dass Hendrix die gewisseste Wahrheit des Lebens, den Tod, akzeptiert hatte. Er hatte sich finanziell und emotional auf den Tod eingestellt. Er hatte begriffen, dass ein Flugzeugabsturz eintreten konnte. Als er eintrat, akzeptierte er es. Hendrix hatte sein Leben nicht in Furcht verbracht, und er wollte auch nicht angstvoll sterben. Er kannte seine Stellung in der Welt.

Eine solche Lebensführung, das begriff der Doktor, verdiente Anerkennung und Hochachtung.

Aufgewühlt vom Tod ihres Vaters, trat Clare Kennedy in eine kleine Praxis unweit des New Yorker Central Park. Die Geistheilerin, zu der sie gegangen war, schloss ihre Augen und hob eine Hand, um die Energie von Jim Kennedy zu fühlen und zu deuten. ›Bewusstes Channeling‹ nannte das die Heilerin, und sie hatte Clare gewarnt, dass oft erschreckende Ergebnisse bei diesem Channeling zu Tage kämen. Eine Freundin von Clare hatte diese Sitzung vereinbart und der Heilerin nur gesagt, Clares Vater sei in den Flammen eines abgestürzten Flugzeugs umgekommen. Jetzt sagte die Heilerin zu Clare, sie sehe und höre Jim Kennedy. Er befinde sich, umgeben von anderen Seelen, in einer krankenhausähnlichen Umgebung. Durch die Heilerin ließ Jim Kennedy seine Tochter wissen, dass alles um ihn herum – Farbe, Zeit und Geschwindigkeit – schön und gesteigert und ohne physische Schranke sei. Die Heilerin fragte Clare: »Hatte Ihr Vater einen Kumpel oder Freund? Einen großen rundlichen Typ?« Clare antwortete: »Das war mein Onkel Bud. Mein Vater liebte seinen Bruder.« Die Heilerin sagte, Onkel Bud habe Jim Kennedy geholfen, »auf die andere Seite hinüberzukommen«, und jetzt seien sie miteinander vereint. Dann beschrieb sie den Jim Kennedy, den sie sah: sehr groß, kurze Haare, breite Schultern, stattlich. Sie sagte, das letzte Bild, das er vor seinem Tod gesehen habe, sei das Gesicht seiner Frau gewesen. Clare Kennedy machte sich Notizen auf einem Block. Schluchzend füllte sie zwei Seiten, dann drei, dann vier. Jim Kennedy ließ die Heilerin wissen, er sei sehr stolz darauf, wie seine Familie seine Beerdigung gestaltet habe. »Und Ihr Vater sagt, wie süß Sie als kleines Mädchen mit Zöpfen waren.« Clare wischte sich die Augen trocken. Jim Kennedy hatte sich immer seiner sieben schönen Töchter gerühmt. Die Stimme der Heilerin wurde trocken und rau, wurde zu Jim Kennedys Stimme, die sagte: »Ich weiß, dass sie nach meinen Papieren suchen« – tatsächlich suchte die Familie nach seinem Testament – »Sag ihnen, dass sich in meinem Büro einige Kästen befinden.« (Die Familie fand später Kisten voller Papiere, aber das Testament war nicht darunter.) Schließlich sagte Jim Kennedy, er sei müde und wolle aufhören. Er trug Clare auf, sich um ihre Mutter zu kümmern. »Ich komme wieder«, sagte Jim Kennedy. »Was bedeutet das?«, fragte Clare. Die Heilerin sagte, es könne bedeuten, dass sie ihn in einem Traum sehen werde, oder vielleicht in einem anderen Reich. Von der Sitzung erregt und erschöpft, fuhr Clare mit dem Taxi heim zur Upper East Side. Sie rief vom Taxi aus per Handy ihre Mutter an und sprach 40 Minuten mit ihr – das Taxi kam in dem Cityverkehr nicht vorwärts. Sie berichtete ihrer Mutter von den Worten der Heilerin und auch von den Worten ihres Vaters. Papa hat Frieden, sagte sie. Mutter und Tochter weinten.

Newtown, ein hübsches Connecticut-Yankee-Dorf, lag im Frühlingsregen. Im Vorgarten von Nancy Kennedy bewegten sich die leuchtend roten Blätter eines Ahornbaums im Wind. Die Lebensgeschichte von Jim Kennedys Witwe war satt von Triumph und Unglück: acht Kinder, 13 Enkelkinder, 31 Ehejahre, dazwischen eine sechsjährige Trennung in der Lebensmitte, dann ein Flugzeugabsturz.

Nach dem Tod ihres Mannes saß Nancy Kennedy gern auf der Veranda ihrer Tochter, rauchte Zigaretten und betrachtete die nahen Berge, um dann unversehens ärgerlich zu werden, ärgerlich über ihren Mann, der sie verlassen hatte. Mit der Zeit übertrug sich ihr Ärger auf ASA (das Flugzeug), auf Delta (die Muttergesellschaft der ASA), sogar auf Atlanta (die Stadt, in der der Flug abgegangen war). Von der Olympiade 1996 wollte sie im Fernsehen nichts sehen, weil die Spiele in Atlanta abgehalten wurden.

Ihr Gottvertrauen »steigt und fällt, nimmt zu und ab«. Dennoch hat sie in dem Unglück eine Bestätigung dafür gefunden, dass es anständige Menschen gibt. Sie wusste inzwischen, dass mehrere Passagiere ihre Flucht verschoben und sich dem Feuer ausgesetzt hatten, um ihrem Mann zu helfen, aus dem Flugzeug herauszukommen. »Das verrät ungeheuer viel über den menschlichen Geist«, sagte sie.

Sie gestand, dass sie sich gefragt habe, wie sie auf eine solche Prüfung reagiert hätte. »Übertriebene Ehrlichkeit ist mir zuwider, aber ich wäre sofort davongeflitzt.«

Sie verkaufte ihre Eigentumswohnung in Maryland, wo sie »die schönste Zeit mit Jim« verbracht hatte, und kehrte zurück nach Newtown, um näher bei den Kindern und Enkelkindern zu sein. In der Gegend um Newtown sah sie in Lebensmittelläden und Geschäften ältere Ehepaare, und sie war neidisch und fühlte sich betrogen. Sie hasste es, Witwe zu sein: »Man ist eine Unperson, eine ganz schreckliche Rolle.«

Sie vermisste die Neckereien ihres Mannes. »Jeden Morgen sagte er irgendwas, und er wusste, dass ich darauf hereinfallen würde.« Bei der Erinnerung an solche Momente lag ein schönes Lächeln auf Nancy Kennedys Gesicht. »Und er hat es extra gemacht, um mein Blut in Wallung zu bringen.« Lachend und weinend und ihn noch immer liebend, sagte sie: »*Er war schon ein Saukerl …*«

»Wenn es überhaupt einen Sinn im Leben gibt, dann muss es einen Sinn im Leiden geben«, schrieb der Psychiater Viktor E.

Frankl, ein Holocaust-Überlebender, in *Man's Search for Meaning* [deutsch: *Der Mensch auf der Suche nach Sinn*]. »Ohne Leid und Tod kann das menschliche Leben nicht vollständig sein.«

Im Sommer 1997 taten Jennifer Grunbeck alle Körperteile weh, am stärksten die Haut. Ihr Facharzt für plastische Chirurgie verlangte, dass sie rund um die Uhr Druckkleidung trug, um die Narbenbildung so gering wie möglich zu halten. Ein Beschäftigungstherapeut (für ihre Hände) und ein Physiotherapeut (für alles Übrige) wollten sie jeweils drei Stunden täglich sehen. Sie hatte einen Koffer voller Schienen unterschiedlicher Form und Größe. Ihr Anwalt, Mich Baumeister, hatte ihr gesagt, dass es fünf Jahre dauern würde, bis sie wieder auf die Beine kommen werde. Das erste Jahr würde sie alles wie hinter einem Schleier erleben; das zweite Jahr würde mit Operationen und Therapien ausgefüllt sein.

Im Sommer 1996 begann dieses zweite Jahr. Sie verfiel in eine tiefe Depression, der sie manchmal sarkastisch Ausdruck gab. »Ich habe Größe 8«, sagte sie ihrem plastischen Chirurgen, »wieso haben Sie mir dann Haut der Größe 6 gegeben?« Sie fühlte sich von ihrer Haut beengt, und sie empfand die Haut als Schmerz.

Jeden Abend schaute sie sich die Fernsehnachrichten an, und sie fragte sich: »Warum kommt die Mutter immer ums Leben, aber dem, der Kinder missbraucht, geht es glänzend? Wozu das alles?«

Bob Grunbeck gab seine Arbeit auf, um sich seiner Frau und seinem Sohn Johnny zu widmen. Er kochte für Jennifer und badete sie. Sie trauerte um den Verlust ihres früheren Lebens und ihres alten Aussehens. Wenn sie sich in die Öffentlichkeit begab, starrten die Leute sie an, und deshalb blieb sie zu Hause. Ihre Welt schrumpfte zusammen, und ihren Ärger ließ sie an Bob aus.

»Lass mich in Ruhe«, sagte sie. »Geh schon, du hast was Besseres verdient als dies.«

Bob wollte nichts davon hören. »Sag du mir nicht, was ich zu tun habe«, sagte er.

Jennifer steckte in diesem Sommer in einem so bodenlosen körperlichen und seelischen Tief, dass sie sterben wollte. Sie hatte vor, eine Überdosis von dem Schmerzmittel Percocet zu nehmen. Als Bob es ihr nicht auszureden vermochte, knallte er die Plastikflasche mit den Tabletten auf ihren Nachttisch und sagte: »Wenn du's machen willst, dann mach's. Ich will damit nichts zu tun haben.«

Er stürmte aus dem Haus, stellte allerdings vorher sicher, dass die Flasche fest verschlossen war. Jennifers Hände waren durch die Verbrennungen so geschädigt, dass sie den Verschluss jedenfalls nicht aufkriegen würde.

Von einem heftigen Regenguss durchnässt, kam er nach einer Stunde zurück, aber Jennifer war verschwunden. Die Flasche mit den Tabletten war noch zu. Er dachte: *Wo ist sie?* Und ihm fiel ein Teich an der Straße ein. *Sie ist in den verdammten Teich gesprungen.*

Als er sich umdrehte, um das Schlafzimmer zu verlassen, kam Jennifer herein.

Sie war triefnass und hatte bloß einen Spaziergang gemacht.

Es ist eine feine Sache, einen Spaziergang zu machen, und es ist schön, wenn man lacht.

Als Matt Warmerdam im Frühling 1996 das Erlanger-Krankenhaus verließ, mieteten er und Amy sich eine Wohnung in Chattanooga. Einmal waren die beiden spät abends in einem Winn-Dixie-Supermarkt; Amy schob mit der einen Hand Matts Rollstuhl, mit der anderen den Einkaufswagen.

Sie kamen an einem Aquarium mit lebenden Hummern

vorbei. »Moment! Halt mal!«, sagte Matt. Zwanzig Minuten lang schauten sie zu, wie die Hummer einander auf die Köpfe stiegen.

»He, schau dir mal den dort an!«

»Dich werde ich gleich kriegen!«

»O nein, steig mir nicht auf den Kopf! Bitte nicht!«

Lachend zogen sie weiter, und man darf wohl fragen, was das für Erwachsene waren, die da im Rollstuhl durch einen Lebensmittelmarkt fuhren und sich vorstellten, sie seien Hummer.

»Wir waren einfach albern«, sagte der Erste Offizier später, und er sei in dem Augenblick ein glücklicher Mensch gewesen.

Glücklich, noch am Leben zu sein, glücklich, mit Amy zusammen zu sein.

Das Mosaik hat dunkle Stellen.

Chuck Pfisterer kehrte nach dem Absturz heim nach Madison, Connecticut, wo ihn seine Freunde als einen echten Überlebenden feierten. Sie schenkten ihm alkoholische Getränke, zu denen er selten Nein sagte. Die grausame Ironie bestand darin, dass sie glaubten, er sei glücklich, noch am Leben zu sein, während er nicht recht wusste, ob er sich darüber freuen sollte.

Pfisterer mied fortan das Fliegen, und einmal war er auf einer Geschäftsreise von Connecticut nach Michigan hin und zurück volle 42 Stunden unterwegs, wobei er sich ständig tadelte: »Mensch, Chuck, auf dieser Autobahn bist du stärker gefährdet als in einem Flugzeug.«

Er flog einige Male, aber immer in Begleitung, und jedes Mal setzte eine Woche vor dem Flug die Panik ein. Er fürchtete, die Kontrolle zu verlieren. Er dachte: »Wenn es nochmal passiert, stehe ich bestimmt nicht wieder auf.« Um ihm das Unbehagen beim Fliegen zu nehmen, schenkte seine Tochter ihm einen Teddybär mit einem Schildchen ›Viel Glück‹; Pfisterer packte ihn neben eine Flasche Jack Daniel's. Er nahm auch seine Beruhigungsmittel mit, und er trug dieselben braunen Slipper, die er bei dem ASA-Flug getragen hatte. Sie waren an den Seiten angesengt. Er nannte sie »meine Glücksschuhe«.

Er trank, weil er »bestimmte Dinge vergessen wollte«, nicht nur den Absturz, sondern das Leben überhaupt betreffend. Im Sommer 1999 erreichte er den Tiefpunkt.

Nachdem Pfisterer auf dem Heimweg von der Arbeit wie gewohnt in einer Bar eingekehrt war, schnitt er, ohne es zu merken, auf der Landstraße einen Lieferwagen. Dann bemerkte er, dass der Lieferwagen ihm folgte und der Fahrer per Autotelefon ein Gespräch führte. Pfisterer bog in Nebenstraßen ab, um den Lieferwagen abzuhängen, aber der Wagen folgte ihm, und der Fahrer telefonierte noch immer.

In Middletown, Connecticut, tauchte ein Streifenwagen mit Blinklicht auf. Pfisterer fuhr an die Seite. Der Polizist ließ ihn ins Röhrchen blasen. Sein Alkoholspiegel lag über dem gesetzlichen Grenzwert. Pfisterer wurde in Handschellen in den Streifenwagen gesetzt und aufs Revier gebracht, von wo aus er seine Frau und seine Tochter anrief. Der Polizist sagte zu Chuck Pfisterer, er sei einer der nettesten Menschen, die er je kennen gelernt habe, doch seine Tochter war alles andere als freundlich.

Auf der Heimfahrt las sie ihm die Leviten: »Wie konntest du das tun, Papa? Warum trinkst du so viel?«

Dass sie Recht hatte, war Pfisterer klar – und das machte es nur noch schlimmer. Aber er besserte sich und gab das Trinken auf.

»Wenn ich nicht meine Familie gehabt hätte, hätte ich es nicht gepackt«, sagte er. Im Rückblick auf das Geschehen auf der Wiese sagte er: »Dort sind unheimliche Dinge passiert, zum Beispiel der Kerl mit den brennenden Turnschuhen, die an seinen Füßen schmolzen. Er bat um Hilfe, und ich konnte nichts tun. Das werde ich meinen Lebtag nicht vergessen. Ich sage ja gar nicht, dass ich etwas hätte tun können, um ihm zu helfen, aber ich hätte so gerne diese Flammen ausgeschlagen, das können Sie mir glauben … So oft sage ich mir: ›Warum hatte ich nicht den Mumm, von einem zum anderen zu laufen und die Leute zu Boden zu werfen?‹ Das ist das schlechte Gewissen des Überlebenden, glauben Sie mir.«

Chuck Pfisterer schüttelte den Kopf. »Hinterher ist man allein. Das setzt sich in der Erinnerung fest, und dann muss man ständig daran denken. Tag für Tag beschäftigt es einen. So ist das nun mal im Leben. Ich muss allein damit fertig werden.«

Chris Bender und seine Frau Amy besuchten 1997 eine kirchliche Theateraufführung. Erst als er sich hingesetzt hatte, erfuhr er, dass es in dem Stück um den Absturz eines kleinen Flugzeugs ging.

Zunächst erfuhren die Zuschauer etwas über das Verhältnis der Passagiere zu Gott. Kurz vor dem Aufprall bereuten einige der Passagiere ihre Sünden, während andere Gott verfluchten – und dann ging plötzlich die Bühnenbeleuchtung aus.

Krachende Geräusche wie bei einem Absturz erfüllten den Raum. Dann drangen gellende Schreie durch die Kirche. Als die Lichter wieder angingen, erfuhren die Zuschauer, welche Passagiere in den Himmel gekommen und welche zur Hölle gefahren waren.

»Ist bei dir alles in Ordnung?«, fragte Amy Bender ihren Mann. Von seiner Rolle bei dem ASA-Absturz hatte er praktisch niemandem außerhalb seiner Familie erzählt. Jetzt sagte er zwar zu seiner Frau, es gehe ihm ausgezeichnet, aber gleichzeitig musste Chris Bender an die Menschen denken, die sich an Bord von ASA 529 befunden hatten. Wie war es für sie, als sie abstürzten? Was haben sie gedacht? Haben sie aufgeschrien? Haben sie sich umarmt? Haben sie Gott verflucht? Ihre Sünden bereut?

Eines, dachte Bender irrtümlich, war mit Sicherheit geschehen. Die Leute hatten geschrien.

An dem Tag, als ASA 529 abstürzte, war die Angst für jeden sichtbar gewesen. Jetzt regte sie sich für Reverend Gus Koch in der Verborgenheit der Erinnerung.

Der ASA-Absturz brachte ihn dorthin zurück, wo er nie wieder hatte hinwollen: nach Vietnam, ins Jahr 1969, als er eines Tages auf der Rückbank eines Army-Jeeps mitfuhr.

Er war Sanitäter. Er sah einen südvietnamesischen Schulbus in Flammen aufgehen. Kinder hatten Feuer gefangen und schrien. Er forderte den Jeepfahrer auf, anzuhalten. Der Fahrer lehnte das ab und sagte, der brennende Bus sei vermutlich eine Falle des Vietkong. Koch erwog, nach der Waffe des Fahrers zu greifen, tat es dann aber doch nicht. Während der Jeep weiterfuhr, drehte er sich zu dem Bus und den Kindern um.

Die schwächer werdenden Schreie der Kinder, die er in einem brennenden Bus zurückgelassen hatte, sollte er nie vergessen. Aber er nahm sich vor, nicht mehr daran zu denken. Er wollte diesen Bus nicht wieder sehen, nicht in dem Jeep sitzen, nicht zulassen, dass man mit ihm davonfuhr.

Dann, eine Generation später, fand er sich eines Nachmittags auf einer Wiese wieder, und es brannte. Er hörte Schreie.

Für Gus Koch war der ASA-Absturz 1995 nur ein Element eines Jahres voller Kummer und Elend. Ein Hurrikan stürzte einen Hickorybaum um, der das Dach des Sanktuariums seiner Kirche durchschlug, bei ihm wurde Diabetes festgestellt, und der Zustand seiner Frau Edie, die an multipler Sklerose litt, verschlechterte sich.

An den folgenden Sonntagen predigte er über den Mut und die Überzeugung der vier Helden seines Lebens: Albert Schweitzer, Reverend Martin Luther King, Dietrich Bonhoeffer (einen lutheranischen Geistlichen, der Widerstand gegen die Nazis leistete und wenige Tage vor seiner möglichen Rettung durch die Alliierten hingerichtet wurde) und Arland Williams, berühmt als ›der Mann im Wasser‹, nachdem eine Düsenmaschine der Air Florida 1982 in Washington D. C., in den Potomac gestürzt war. Im Fernsehen konnte man verfolgen, wie Williams, ein Passagier in diesem Flugzeug, anderen Passagieren half, von einem Rettungshubschrauber in Sicherheit gebracht zu werden, und dann in den dunklen, eisigen Fluten versank.

»Von Arland Williams«, erklärte Koch seinen Gemeindemitgliedern, »lernen wir, dass auch Fremde alles dessen würdig sind, was wir geben können.«

Auf Paul Butlers Wiese hatte Koch mehr gegeben, als ihm bewusst war. Indem er die Vietnam-Erinnerungen ausgesperrt hatte, hatte er zu einer Art Frieden gefunden, einem vielleicht nicht ganz behaglichen Frieden, aber immerhin. Am Tag des Absturzes hatte er diese Erinnerungen wieder hereingelassen, indem er den leidenden Opfern des Unglücks zu Hilfe geeilt war, und dafür büßte er jetzt.

Fast ein Jahr später erreichte ihn ein Anruf. Jennifer Grunbeck, sagte man ihm, sei verzweifelt und drauf und dran aufzugeben. Sie brauche Ermutigung. Gus Koch, der sie auf der Wiese gefunden und sie getröstet und ihr gesagt habe, dass es einen Grund gebe weiterzuleben, könne ihr vielleicht diese Ermutigung geben.

Koch bedauerte, aber er war nicht im Stande, sie anzurufen, leider. Er hatte so viel Kummer wegstecken müssen. An noch mehr wäre er vielleicht zerbrochen. »Ich konnte mich nicht mehr wehren«, sagte Koch, »ich hatte keinerlei Schutz mehr gegen den Kummer anderer.«

Er tat für Jennifer, was er konnte: Er betete für sie. Ihre Widerstandskraft angesichts so großer Leiden flößte ihm Ehrfurcht ein.

Sie wurde für ihn zur fünften Heldin seines Lebens.

Robin Fech versuchte, wieder ein Flugzeug zu besteigen. Aber sie schaffte es nur bis zum Klappsitz der Flugbegleiterin neben der Tür. Sie ließ diese Tür offen, und als die Angst sie überwältigte, ging sie wieder hinaus.

Ihr Psychotherapeut wollte sie langsam gegen Flugzeuge desensibilisieren, damit sie wieder fliegen konnte. Erst parkte sie nur am Flughafen Macon und schaute zu, wie die Flugzeuge starteten und landeten. Dann ging sie in die Abfertigungshalle. Als sie zum ersten Mal das Hallenvorfeld betrat, weinte sie. Sie war nicht mehr die Alte, die frühere Frechheit war verflogen. Jeder Schritt zur Gesundung rief den Horror wieder in ihr wach. Sie brauchte bloß eine Brennschere zu benutzen, und schon wurde sie wieder an den Geruch des Feuers erinnert.

Bis Fech eine mit dem Unglücksflugzeug baugleiche leere Brasilia betreten und sich eine Weile in ihr aufhalten konnte, vergingen ein Jahr und ein Monat. Allein in der Maschine, tat sie etwas Notwendiges. Sie nahm auf jedem der Sitze Platz und versuchte sich mit geschlossenen Augen in die Passagiere hineinzuversetzen, die mit ihr zusammen vom Himmel gefallen waren. Sie wollte wissen, was die Passagiere in den neun Minuten und zwanzig Sekunden empfunden hatten.

Zu Hause hatte sie sich eine Zeichnung von der Sitzanordnung gemacht. Sie wusste, dass Jennifer Grunbeck auf Platz 4-B und Jean Brucato auf 4-C gesessen hatte. Mit schnörkeligen Strichen deutete sie die Stelle an, an der der Rumpf auseinander gebrochen war, in Reihe fünf, wo Jim Kennedy und Bond Rhue gesessen hatten.

Auf Platz 4-A versetzte sie sich in Ed Gray, den Geschäftsmann aus Connecticut. Sie blickte aus dem Fenster auf die Propellerbaugruppe und versuchte sich vorzustellen, was Gray gesehen hatte. Jetzt, allein in Reihe acht, sah sie wieder den jungen David Schneider vor sich, der vor Selbstbewusstsein strotzte. Er hatte versprochen, den Notausgang zu öffnen, sobald das Flugzeug am Boden war.

Als sie in der hintersten Reihe auf Platz 10-B saß, sah sie neben ihrem Sitz eine ältere afroamerikanische Frau stehen, die sich im Kreis drehte. Ludie Burton hatte jegliche Orientierung verloren. Von ihrer Zeichnung her wusste Fech, dass die meisten Passagiere in den hinteren Reihen umgekommen waren.

Sie schloss die Augen und sah sie alle wieder vor sich, lebendig und voller Furcht, wie sie gewesen waren, bevor das Flugzeug die Kiefern streifte und auf der Wiese aufsetzte.

Der Absturz wurde für Robin Fech zum Lebensinhalt.

Da Ed Gannaway tot und Matt Warmerdam noch auf dem Wege der Genesung war, blieb Fech das einzige Besatzungsmitglied, das der Presse Auskunft geben konnte. Sie verkörperte für die Öffentlichkeit das Unfallgeschehen, sie wurde in der *Oprah Winfrey Show* als Heldin gefeiert, und sie ließ sich für das Magazin *People* neben einer Brasilia fotografieren. Sie erschien zusammen mit ihrer Mutter Claudette Underwood vor dem Kongress von Georgia, der ihr stehend eine Ovation bereitete.

Es kamen Briefe, die ihr Loblied sangen. »Sie haben innerhalb von dreißig Minuten mehr Mut bewiesen als die meisten Menschen in ihrem ganzen Leben!«, hieß es da, oder: »Ich verehre Sie, Robin Fech!« Eine Flugbegleiterin dankte ihr dafür, dass sie »gezeigt hatte, dass wir mehr sind als bloß bessere Kellnerinnen«. Alan Barrington sagte über Fechs vorbildliches Verhalten: »Würden Sie Ihre Pflicht tun, wenn Ihnen jemand sagte, sie hätten nicht einmal mehr zehn Minuten zu leben? Ich jedenfalls nicht.«

Fech hielt Kontakt zu einer Hand voll Überlebender, und einige von ihnen dankten ihr für das, was sie an jenem Tag während des Fluges getan hatte. Andere schickten Weihnachtskarten. (»Sie haben dazu beigetragen, etliche Menschenleben zu retten. Frohe Weihnachten! Herzliche Grüße, Tod und Pam Thompson.«) Chuck Lemay nannte sie in seinen E-Mails ›Momma Hen‹ [Mutterglucke]. Als 1997 bei eisigem Wetter ein Comair-Flugzeug in der Nähe von Detroit abstürzte – ebenfalls eine Brasilia, ebenfalls mit 29 Personen an Bord, die allesamt umkamen –, rief Fech einige ASA-Passagiere an, um herauszufinden, ob sie darüber reden wollten.

Ihr Enthusiasmus für die Gemeinschaft der Überlebenden war ehrlich, aber er hatte auch Grenzen, die durch ihre eigenen Schwierigkeiten gezogen wurden.

Chuck Pfisterer besuchte den Unfallort im Jahr 1996 und hinterließ eine telefonische Nachricht bei Fech, auf die sie aber nicht reagierte; Chuck fühlte sich brüskiert. Auch blieb es Clemmie Jordan, Fechs Schwester, überlassen, Jackie Gannaway anzurufen und ihr auszurichten, Robin sei nicht stark genug, um mit ihr zu sprechen. Bob Gannaway, Eds Bruder, wunderte sich, dass Fech zu Zeitungs- und Fernseh-Interviews durchaus im Stande war, aber nicht die Kraft hatte, bei der Witwe des Piloten anzurufen, der ihr das Leben gerettet hatte.

Ihren Freunden wurde der Absturz in allen Einzelheiten so oft aufgetischt, dass sie alle sagten, sie solle damit aufhören. Einer sagte: »Dein Leben geht doch weiter.« Ihr Freund Chris Price sagte: »Ich brauche den fröhlichen, sorglosen, unbeschwerten Menschen, der sie früher war und jetzt nicht mehr ist. Ihr kann ich es nicht anlasten. Niemandem kann ich es anlasten.«

Das kurze Gespräch, das sie drei Tage nach dem Absturz im

Tanner-Krankenhaus mit Dawn Dumm hatte, machte Fech weiterhin zu schaffen. Robin fragte Clemmie: »Warum ist sie so böse auf mich? Was habe ich getan? Was habe ich unterlassen?«

Fechs Verwirrung rührte im Grunde daher, dass sie unbedingt von anderen gelobt werden wollte, obwohl sie wusste, dass sie es eigentlich nicht verdiente. Sie hatte Zweifel, ob mehr Menschenleben hätten gerettet werden können. Sie war überzeugt, dass das, was sie geleistet hatte, insbesondere auf der Wiese, von anderen ausgeschmückt worden war. »Ein Mann vom Rettungsdienst hat gesagt, ich hätte ihnen Anweisungen gegeben«, sagte Fech. »Deswegen hatte ich große Gewissensbisse. Die Passagiere wissen doch, dass ich all die Wunderdinge, die mir nachgesagt wurden, nicht getan habe.«

An den neun Minuten und zwanzig Sekunden im Fluggastraum ist jedoch nichts ausgeschmückt. Das war ihre Zeit. Zum ersten Mal in ihrem Leben hatte Fech das Gefühl, dass es auf sie ankam. Sie hatte ihre Pflicht getan, und sie hatte es gut gemacht. Flugbegleiterinnen haben, was die Sicherheitsvorkehrungen angeht, eine strenge Ausbildung absolviert, und bei jedem Flugzeugunglück stehen sie an vorderster Front. Wer in der Krise versagt, enttäuscht nicht nur sich selbst, sondern lässt auch seine Passagiere im Stich. Einige Jahre nach dem ASA-Absturz fiel eine Verkehrsmaschine ab und schlingerte, wobei mehrere Passagiere verletzt wurden, bis sie sich wieder fing. »Am schlimmsten war wohl die Stewardess«, sagte ein Passagier später. »Sie konnte sich einfach nicht beherrschen. Während sie uns erklärte, es ginge alles in Ordnung, weinte sie.«

Fech wusste, dass sie die strengste Prüfung ihres Lebens bestanden hatte. Nie zuvor war sie so selbstsicher aufgetreten. Hätte sich unter den Passagieren von ASA 529 Panik ausgebreitet, hätte möglicherweise keiner überlebt. Das wusste sie auch.

Hätte doch nur ihr Vater Duane, der ehemalige Marineflieger, der drei Monate vorher an Krebs gestorben war, sehen können, was sie tat! »Wieder einmal habe ich nicht erreichen können, dass er stolz auf mich ist«, dachte sie. »Warum musste er auch sterben!«

Während sie Antidepressiva nahm, begab sie sich in Therapie, und man stellte bei ihr eine posttraumatische Belastungsstörung (PTSD) fest. PTSD, einst als ›Bombenneurose‹ und später als ›Kriegsneurose‹ bezeichnet, tauchte 1980 erstmals im *Diagnostischen und statistischen Manual psychischer Störungen* der American Psychiatric Association auf. Zu den Symptomen gehören Angst vor Wiederholung, Schlafstörungen, Gedächtnisverlust und Konzentrationsschwierigkeiten sowie Schuldgefühle wegen des eigenen Überlebens. Praktisch alle ASA-Überlebenden litten an dem einen oder anderen dieser Symptome, keiner jedoch so sichtbar wie Robin Fech. Im November 1997 nahm sie wieder ihre Arbeit bei der ASA auf, in der Niederlassung Macon, aber nicht als Flugbegleiterin, sondern als eine Art Empfangsdame, die Anrufe beantwortete, und in Teilzeit. In der Woche nach der Arbeitsaufnahme machte sie ihren ersten Flug seit dem Absturz, nach Atlanta und zurück. Einige Tage später machte sie den Flug noch einmal. Die Flugbegleiterinnen waren Freundinnen von ihr, und während des ganzen Fluges schwatzten sie miteinander, und deshalb sah Fech darin keinen echten Test auf ihre Flugtauglichkeit.

In der Niederlassung arbeitete sie nur kurze Zeit; wegen Nervosität musste sie die Stelle aufgeben.

Zwei Jahre lang flog sie nicht wieder.

Nach einer Untersuchung kam ein Psychologe 1997 zu dem Schluss, es sei unwahrscheinlich, dass sie jemals wieder als Flugbegleiterin arbeiten würde.

Sie gingen zusammen in eine Mall, Mutter und Sohn, Jennifer Grunbeck und Johnny, der inzwischen acht war.

Der Junge, der einst seine Mutter in einem Krankenhauszimmer nicht hatte ansehen können, bemerkte, dass zwei Jungs sie anstarrten.

Er sprach sie an. »Das ist meine Mama«, sagte Johnny Grunbeck. »Sie hatte einen Unfall. Habt ihr noch Fragen?«

Die Jungs mucksten sich nicht. Dann schüttelten sie den Kopf und gingen weiter.

Matt Warmerdams Wiederherstellung war langwierig und quälend. Bei einer kosmetischen Operation setzten Ärzte dem Ersten Offizier einen Gewebeexpander unter die Kopfhaut, den sie zweimal wöchentlich mit Salzlösung aufblähten. Monatelang setzten sie dieses Verfahren fort, durch das er, wie er sich ausdrückte, einen »großen Blasenkopf« bekam. Sehr viel später wurde bei einer Operation an seiner verunstalteten linken Hand der Daumen versetzt.

So wie Warmerdam nach und nach Teile seiner selbst wiedererlangte, verlangte er auch Teile seines Flugzeugs zurück. Auf einem Schrottplatz in Georgia beschaffte er sich das von Rußstreifen überzogene Cockpitfenster mit dem seltsam geformten herausgehackten Loch in der Mitte. Er beschaffte sich auch das kleine Notfallbeil. Beides bewahrte er in seiner Garage auf. Er wollte sich auch noch das zerbrochene Propellerblatt aneignen. Das war keine Jagd nach Souvenirs – auf diese Weise gewann der Erste Offizier einen wichtigen Teil von dem zurück, der er war. Warmerdam sagte, er wolle eines Tages wieder eine Brasilia fliegen. Er wird es schaffen und dabei nur eines im Sinn haben: »Jetzt gebe ich ihr einen Arschtritt, statt sie mir.«

Am 21. August 1996, dem ersten Jahrestag des ASA-Absturzes, schob Amy Warmerdam den Rollstuhl ihres Mannes auf das Hallenvorfeld eines kleinen Flughafens in New Mexico.

Sie bestiegen eine Cessna, Amy nahm auf einem Rücksitz Platz, Matt auf dem rechten Vordersitz, neben einem kurzfristig engagierten Fluglehrer.

Warmerdam trug am linken Arm einen Kompressionsverband; er hatte gerade die erste einer Reihe von Operationen am Ellenbogen hinter sich. Für ihn war der erste Flug seit dem Absturz eine feierliche Angelegenheit. Irgendwann, irgendwo würde er wieder fliegen – das stand von Anfang an für ihn fest; warum sollte es dann nicht anlässlich eines Verwandtenbesuchs in New Mexico sein?

Und so sagte er: »O.K., bringen wir's hinter uns. Es wird bestimmt lustig.«

Der Flug dauerte 15 Minuten. Eine Zeit lang steuerte der Mann auf dem rechten Sitz die Maschine. Beim letzten Mal, als er den Steuerknüppel eines Flugzeugs in der Hand hatte, war die Maschine durch die Bäume runtergerauscht. Jetzt legte er seine vernarbte und geschiente Hand dort an, wo er sie immer hatte haben wollen. Er empfand es als eine reine Sensation.

Mit Stoppelhaarschnitt und einem 30 Kilo schweren Rucksack auf dem Rücken stand Chris Bender im Sommer 2000 im Morgennebel auf dem Springer Mountain im Norden Georgias. Er war der Anführer von acht ›Jüngern‹ im Studentenalter, mit denen er 230 Meilen des Appalachen-Wanderweges in 23 Tagen abwandern wollte.

Bender begann mit einem Gebet: »Vater, wir erhoffen, dass wir, wenn wir mit dir wandern, unser Verhältnis zu dir stärken werden. Wir erwarten, dass du, Vater, uns Disziplin lehren wirst und dass wir, wenn wir einander näher kommen, auch dir näher kommen werden.«

Dann sagte er, zu den Mitgliedern seiner *Youth-With-A-Mission*-Gruppe gewandt: »Es wird bestimmt eine tolle Sache.«

Toll? Na ja: Ein Jünger stieß mit dem Kopf gegen eine Brücke. Ein anderer fiel von einem Baumstamm in einen Fluss. Plötzlich gingen heftige Regenfälle nieder, und die Temperatur sank unter den Gefrierpunkt. Die Muskeln rebellierten, und manche sehnten sich nach der gewohnten Kost: Steak, Eis, Cajun-Gerichte.

Aber Chris Bender gefiel es. Er leitete Diskussionen über die notwendige Wiederherstellung der Moral in Amerika. Er betete für die Zukunft des Landes. Er traf unterwegs auf andere Wanderer und betrieb bei ihnen eine ›Freundschafts-Evangelisation‹.

Endlich hatte er seinen Platz im Leben gefunden. Mit seiner Frau war er im Vorjahr in Israel gewesen, an der Spitze einer einmonatigen Kontaktveranstaltung der YWAM. Sie hatten an einem ›Versöhnungsmarsch‹ auf den Spuren der Kreuzfahrer teilgenommen und Juden und Muslime um Vergebung für die Gräuel gebeten, die im Namen Christi an ihnen verübt worden waren.

Auf den Straßen Jerusalems und Tel Avivs hatte er Flugblätter auf Hebräisch und Arabisch verteilt. Er hatte am Jordan gestanden, wo Christus getauft worden war, und am Galiläischen Meer, wo Christus über das Wasser gewandelt war.

Dort hatte er begriffen, warum er vom Techniker zum Evangelisten geworden war. Es war Gottes Wunsch, und er hatte einfach gehorcht.

Drei Jahre nach dem Absturz wurde Bender von Hamilton Standard in einer schriftlichen Erklärung bescheinigt, dass er nicht zu tadeln sei: »Alle Mitarbeiter, die an der Herstellung und der späteren Inspektion und Reparatur des Blattes beteiligt waren, das während des Unfalls zerbrach, befolgten schriftliche Verfahrensanweisungen des Unternehmens. Unsere Untersuchung nach dem Unfall ergab, dass einige dieser Verfahrensanweisungen unangemessen waren ... Hamilton Standard übernimmt die volle Verantwortung für den Bruch des Blattes, der den Absturz verursachte.«

Dennoch hatte Bender den ASA-Absturz nicht restlos bewältigt. Er dachte oft daran, zu Überlebenden und Hinterbliebenen Kontakt aufzunehmen.

»Aber was sollte ich ihnen sagen?«, fragte sich Bender, und er gab sich die folgende Antwort: »Sie wissen lassen, dass sie mir nicht gleichgültig sind und ich sie nicht vergessen habe. Ich bete noch immer für sie. Ich bete noch immer dafür, dass aus etwas so Schrecklichem etwas Gutes erwachsen möge. Und, äh«, fügte er mit zitternder Stimme hinzu, »falls ich etwas tun könnte – ich weiß nicht einmal, was.«

Er entschied sich, es bleiben zu lassen. »Ich weiß nicht, wie sie es aufnehmen würden. Bei manchen könnte ich mir vorstellen, dass sie deswegen verbittert sind und mir mit Hass begegnen würden. Das könnte ich vollkommen verstehen.«

Auf der Wanderung durch die Appalachen berichtete er seinen YWAM-Mitgliedern von seiner Beteiligung am ASA-Absturz, und er sagte, er sei an dieser Erfahrung gewachsen. Gleichgültig, ob es um die Reparatur eines Propellers oder um die Lektüre der Bibel geht: »Du musst immer verstehen, warum du das tust, was du tust.«

Man wollte von ihm wissen: Wo ereignete sich der Absturz? Wie viele sind umgekommen? Gab es Prozesse? Er beantwortete alle Fragen.

Danach sprach ein Mitglied der Gruppe ein Gebet. Er dankte Gott dafür, dass er Chris Bender an einen besseren Platz versetzt hatte.

Atlantic Southeast Airlines wurde vollständig von Delta Air Lines erworben.

Durch Fusion mit Sundstrand Corporation wurde aus Hamilton Standard die neue Firma Hamilton Sundstrand. Sie erklärte sich mit einem Jahresumsatz von drei Milliarden Dollar und rund 18 000 Mitarbeitern rund um den Globus sogleich zum drittgrößten Lieferanten von Systemen und Komponenten der Luftfahrtindustrie, darunter Propellerblättern. Das Verfahren der Inspektion und Reparatur von Propellern ist längst überholt worden, und die neuen Verfahrensweisen erfüllen nicht nur die Forderungen der Luftfahrtbehörde, sondern gehen noch über sie hinaus. Inzwischen benutzt man ein Endoskop, das mechanisch geführt wird und stark vergrößerte Bilder ermöglicht, die auf einen Großbild-Farbmonitor übertragen werden. Chris Benders Glättungsreparatur ist nicht mehr zulässig. Sichtbare Schäden an der Bohrung werden mit Präzisionsmaschinen behoben, und zur Nachuntersuchung wird ein hoch empfindliches Wirbelstrom-Verfahren benutzt.

Präsident Clinton unterzeichnete im Herbst 1996 ein Gesetz zur Unterstützung der Angehörigen von Flugzeugunfallopfern, das eine Wartezeit von 30 Tagen vorsieht, in der Anwälte, gleich ob als Vertreter des Klägers oder der Beklagten, nicht unaufgefordert an Unfallopfer und deren Angehörige herantreten dürfen. Diese Wartezeit wurde später auf 45 Tage verlängert.

Die Überlebenden von ASA 529 kehrten heim und nahmen ihr Leben wieder auf: Renee Chapman ging zurück nach Mississippi, John Tweedy nach Maryland, Chuck Lemay nach Nebraska, Alfred Arenas und Jean Brucato nach Georgia. Jason Aleshire von der Air Force heiratete, bekam einen Sohn und nahm seinen Dienst auf der Keesler Air Force Base in Biloxi wieder auf.

Mich Baumeister, der Anwalt von Jennifer Grunbeck, vertrat in der Folgezeit die Interessen von über vierzig Familien von Opfern des TWA-Fluges 800 und des Swissair-Fluges 111.

Bob MacIntosh, der Leiter der NSTB-Ermittlungen in Carrollton, bezeichnete die Unfalluntersuchung im Fall ASA 529 als »sehr erfolgreich«. Er sagte: »Auf Grund der von unserem Labor entwickelten Metallurgie musste der Hersteller 15 000 Propellerblätter modifizieren. Kurz, unsere Aufgabe ist es, zu verhindern, dass sich ähnliche Unfälle wiederholen.«

Über fünf Jahre später sagte er: »Von den veränderten Propellern hat noch keiner versagt.«

Im Sommer 2000 parkten Matt und Amy Warmerdam ihren Wohnwagen vor dem Haus von Steve Chadwick.

Es war fünf Jahre her, dass der Erste Offizier den Mann vom Feuerrettungsdienst des Carroll County gesehen hatte. Er war nach Carrollton gekommen, um Chadwick dafür zu danken, dass er ihn aus dem brennenden Cockpit gezogen hatte. Er forderte ihn auf, jede Frage zu stellen: »Haben Sie keine Bedenken, meine Gefühle zu verletzen. Fragen Sie nur!«

Chadwick fragte mit dem Blick auf die vielen Narben Warmerdams: »Haben wir Ihnen einen Gefallen getan?«

»Ja, klar«, antwortete Warmerdam. Er gedenke noch mindestens 75 Jahre zu leben, weil er so vieles habe, wofür er leben wolle, eine Frau und eines Tages vielleicht Kinder. »Und seien wir ehrlich«, sagte Warmerdam lächelnd, »mit mir ist die Welt doch ein fantastischer Ort.«

Nach dem Unfall hatte Chadwick von der Feuerwehr Abschied genommen. »Zu viel traurige Dinge«, sagte er, und zu denen zählte auch der ASA-Absturz. Jetzt sah er die Warmerdams aus einem Wohnwagen steigen, und ein strammer Retriever namens Runway eilte ihnen voraus.

Warmerdam erzählte Chadwick, er habe in Kalifornien wieder kleine Flugzeuge geflogen, und er habe vor, eines Tages zur ASA zurückzukehren, vielleicht, um Düsenmaschinen im Regionalverkehr zu fliegen.

Chadwick bewunderte ihn dafür.

Ich besuchte Warmerdam in seinem neuen Zuhause auf einem Hügel über der Bucht von San Francisco. Er sagte: »Für mich ist noch eine Menge Leben übrig geblieben, und das bisherige hat mich nicht kleingekriegt.« Seine Wertvorstellungen und Ideale hätten sich weder durch den Absturz noch durch die Abfindung von Hamilton Standard geändert: »Ich möchte nicht ›Matt der Millionär‹ sein.«

Er wollte Matt der Pilot sein. »Jetzt, wo ich nicht [fliegen] muss, möchte ich. Und das werde ich auch tun. Es ist ein unerledigter Punkt. Wenn ich einmal aufhöre, dann möchte ich selber den Zeitpunkt bestimmen.«

Wir saßen in seiner Küche, und Matt blickte über den Tisch hinweg zu Amy. »Und natürlich möchte ich der wunderbaren Liebe meines Lebens danken, die dort drüben sitzt; sie ist der Grund, warum ich nach wie vor da sein möchte, und der Grund, warum dieses Leben nach wie vor okay ist.«

In der ›Götzen-Dämmerung‹ schrieb Friedrich Nietzsche, der deutsche Philosoph aus dem 19. Jahrhundert: »Hat man sein Warum des Lebens, so verträgt man sich fast mit jedem, wie?«

Jennifer Grunbeck kannte ihr Warum. Sie war Johnnys Mutter.

Amy Warmerdam rief einmal bei ihr an und sagte, Matt sei manchmal zu mutlos, um die Therapie fortzusetzen. Sie fragte Jennifer: »Was hält Sie aufrecht?«

»Johnny«, sagte sie. »Nur er. Ich hatte ihm versprochen, ich würde am Freitag zurück sein, und dann habe ich mich um drei Monate verspätet.«

Grunbecks Zorn über Hamilton Standard und über Gott wurde durch ihre Entschlossenheit gedämpft: »Wenn ich meine ganze Kraft darauf vergeude, zornig zu sein, werde ich nicht wieder gesund.«

Ihr Ziel bleibt der 20. August 1995, der Tag vor dem Absturz. Sie hofft, dem Leben und dem Aussehen, das sie an diesem Tag hatte, wieder so nah wie möglich zu kommen.

In den ersten Jahren nach dem Absturz versuchten Jennifer und ihr Mann Bob, ihre Auseinandersetzungen und ihren Kummer von Johnny fern zu halten. Doch zumindest einmal bekam Johnny alles mit, im Sommer 1997.

Bobs Vater stand eine größere Operation bevor, und seine Familie plante ein Zusammentreffen im Haus seines Bruders David. Jennifer war deprimiert und wollte nicht mit. Es kam zu einem lautstarken Wortwechsel in Johnnys Gegenwart.

»Los, Jen, komm schon mit«, probierte Bob es ein letztes Mal. Sie ließ sich nicht umstimmen. Also gingen Bob und Johnny ohne sie.

Jennifer wusste sofort, dass sie einen Fehler gemacht hatte. *Wie kann ich ihnen das antun*, dachte sie, *nach allem, was diese Familie für mich getan hat?* Sie duschte, trocknete sich ab und zog sich an – drei Dinge, die sie seit dem Absturz nicht allein bewerkstelligt hatte.

Da sie keine Socken anziehen konnte, schlüpfte sie in die Slipper. Sie schaffte es die Treppe hinunter und nahm sich ihre Autoschlüssel. Sie war nach dem Absturz nur einmal gefahren, vor einem Jahr auf einem Parkplatz. Seitdem stand ihr roter Dodge Intrepid vor dem Haus, wie ein Stück Street Art.

Als sie jetzt zu ihrem Auto schlurfte, sagte Justin, ein sechsjähriger Nachbarsjunge: »Dürfen Sie das denn?«

»Bleib du nur in eurer Einfahrt, Justin«, sagte sie. *Wenn ich es bis zum Ende der Parzelle schaffe, dann schaffe ich es auch bis zur Hauptstraße,* dachte Jennifer. *Und wenn ich es bis zur Hauptstraße schaffe, ...*

Sie fuhr bis zur Hauptstraße und weiter und fuhr eine Stunde lang, und als sie vor dem Haus anhielt, bemerkte einer von

Bobs Brüdern das rote Auto und dachte: »Woher kenne ich dieses Auto?«

Als Jennifer ausstieg, sagte er ungläubig: »Das gibt's nicht!«

Bob war besorgt, seit er das Haus verlassen hatte. Er hatte Jennifer mehrmals angerufen, aber sie hatte nicht abgehoben. Er hatte schon daran gedacht, nach Hause zu fahren. Jetzt sah er sie auf den Platz hinter dem Haus zukommen, wo die Familie sich versammelt hatte. Bob rief ihr zu: »Was tust du?«

Dann fragte er: »Wie bist du hergekommen?«

Jennifer hielt die Autoschlüssel in die Höhe.

»Das ist nicht wahr!«, rief Bob. »Sei ehrlich!«

Jennifer nickte.

Völlig außer sich, sagte Bob unter Freudentränen: »Ich fass es nicht!«

Am Abend fuhr Jennifer wieder zurück. Johnny fuhr mit ihr.

Als Robin Fech fast fünf Jahre nach dem Absturz noch immer kränkelte, beschloss sie: »Jetzt reicht's.« Sie hatte »das Therapie-Ding und das Medikamenten-Ding« ausprobiert. Jetzt wollte sie ihr eigenes Ding ausprobieren.

Sie verkaufte ihr neues Haus in Macon und zog nach Atlanta, um näher bei ihrer Mutter, ihrer Schwester und der Familie zu sein. Sie gab die Therapie auf. Sie kam nicht mehr von sich aus auf den Absturz zu sprechen. Sie trat nicht mehr in der Öffentlichkeit auf und hielt keine Reden mehr.

Sie wollte nicht länger über Leben und Tod nachdenken. Sie wollte in der Gegenwart leben, spontan und offen für Späße, wie es die alte Robin gewesen war.

Sie kaufte sich einen Wasserscooter und flitzte über die Seen im Norden Georgias. In den Florida Keys mietete sie sich ein Schnellboot fürs Parasailing, und zum Fahrer sagte sie, er solle tüchtig Gas geben: »Ich bin aus 18 000 Fuß Höhe gefallen, deshalb macht es mir nichts aus, wenn ich aus 150 Meter Höhe herunterfalle.«

Sie und Chris Price erlebten sich endlich wieder als diejenigen, die sie von Anfang an gemocht hatten.

Dann ging sie – und es war vielleicht ihre größte Prüfung – durch die Abfertigungshalle des Hartsfield Atlanta International Airport, wie sie es am Morgen des 21. August 1995 getan hatte.

Für alle Fälle hatte sie Tabletten bei sich. Ihr Psychotherapeut hatte sie ermahnt, an die Atemübungen zu denken. »Wenn Sie angekommen sind«, hatte er gesagt, »rufen Sie mich an.«

Fech trat, wie sie es an jenem Tag getan hatte, der eine Ewigkeit zurücklag, aus der Halle und kletterte eine schmale Treppe hinauf zu einer ASA-Brasilia, und oben senkte sie ein wenig den Kopf, um durch die niedrige Tür in die Maschine zu treten.

Ziel der Brasilia: Gulfport, Mississippi.

Fech begab sich zum letzten freien Platz im Heck des kleinen Flugzeugs und setzte sich auf Platz 10-C. Ihr war bewusst, dass 10-C der Platz von Lonnie Burton war. Sie hörte sich die Rede der Flugbegleiterin vor dem Abflug an, und ihr fielen einige kleine Abweichungen von der Rede auf, die sie vor Jahren auswendig gelernt hatte.

Der Flug war ein Kinderspiel: 90 Minuten, ruhig, ohne Zwischenfälle, einer von Tausenden solcher Flüge, die täglich stattfanden. Fech hätte sich in ihrem Wohnzimmer befinden können, so gelassen wirkte sie.

Als die Brasilia auf der Landebahn in Gulfport aufsetzte, warf sie ihre Arme in die Höhe, so wie es ein Football-Manager macht, um einen Punkt anzuzeigen.

Ganz wieder der Schelm, der sie einmal gewesen war, sagte sie: »Touchdown!«

Dann drehte sie sich um zu einem Mann, der den neuesten

Roman von Tom Clancy gelesen hatte und fragte: »Isses 'n gutes Buch?«

Von der Abfertigungshalle aus rief Fech ihren Therapeuten an und hinterließ eine frohe Nachricht.

Sie sagte: »Die Robin ist gelandet.«

Paul Butlers Frage – »Was suchen sie dort nur?« – ist nicht zu beantworten. ASA 529 war ein Kurzstrecken-Turboprop-Flug, dem der Nimbus der transkontinentalen Flüge mit Großraumjets ganz fehlte, der die Aufmerksamkeit der Medien auf sich zieht. Als TWA 800, Swissair 111 und die Concorde auf dem Weg von Paris nach New York abstürzten, kamen Hunderte von Menschen um. In diesen Flugzeugen überlebte keiner.

Flugzeugabstürze haben ihre eigene, unwandelbare Mythologie. Vielleicht kommen Fremde einfach deshalb zu Butlers Wiese, weil sich dort etwas Ungewöhnliches ereignete. Sie möchten die Stelle sehen, wo ein Flugzeug aufschlug und brannte.

Vielleicht halten Menschen mit krankhafter Neugier an jener Straße im Westen Georgias, weil sie dort sein möchten, wo andere starben.

Man kann nie wissen.

Alles, was ich im Grunde wissen kann, ist, warum ich dort sein wollte. Ich fühlte mich den Menschen verbunden, die diesen Ort in Leben und Tod geweiht haben.

Zum ersten Mal war ich auf dieser Wiese, um mir einen genauen Überblick über die Lage zu verschaffen. Ich brauchte dieses Wissen für den journalistischen Bericht, den ich verfassen wollte.

Zum letzten Mal bin ich mit Robin Fech und Alan Barrington dort gewesen, weil ich glaube, dass die Geschichte der Überlebenden eine Geschichte der Unverwüstlichkeit, der Gnade und der Hoffnung ist. Mein Interesse an diesem Absturz war anfangs zum Teil ein egoistisches Interesse. Ich wollte wissen und beschreiben, wie es ist, in einem Flugzeug abzustürzen, und vor allem, wie ich möglicherweise selbst reagieren würde. Woran würde ich mich festklammern? Wie würde ich mich fühlen? Wen würde ich um Hilfe rufen? Ich fliege oft und ertappe mich jetzt dabei, dass ich die Passagiere studiere, dass ich mich frage, wer sie sind; ich frage mich aber auch, falls es passiert und unser Flugzeug vom Himmel fällt, ob sie mir helfen, und umgekehrt, ob ich ihnen helfen werde. Man kann es nicht wissen, solange die Vorstellung nicht real wird, aber ASA 529 bietet Hoffnung, denn dieser Absturz offenbarte, dass in gewöhnlichen Menschen bemerkenswerte Möglichkeiten stecken.

Am Muttertag schickt Dawn Dumm Julia Eason eine Karte, jener Frau, die mit ihrem Mann aus ihrem Haus auf die Wiese kam, um Dumm beizustehen. »Zwischen uns ist wirklich eine Bindung entstanden«, sagte Julia Eason. »Sie ist fast zu meiner Tochter geworden.«

Zum Gedenken wurde am fünften Jahrestag des Absturzes an einem hübschen Spazierweg hinter der Shiloh United Methodist Church ein kleines Denkmal errichtet.

Die Inschrift auf der Gedenktafel stammt von Reverend Gus Koch:

»Sie fielen zur Erde und fanden Freunde.«

Epilog

»Schau dir das an«, sagte Matt Warmerdam zu Robin Fech. Sie war bei dem Ersten Offizier zu Besuch, und er wollte ihr das Kunststück zeigen, das er mit seinem Hund seit Monaten geübt hatte.

»Runway«, rief er seinen Golden Retriever.

Der Hund schaute ihn schwanzwedelnd an. Knurrend gab Warmerdam ihm den Befehl: *»Hamilton Stan-DAAARD!«*

Auf dieses Stichwort hin sprang Runway auf ein Regal neben dem Fernseher zu und stieß ein kleines Blechflugzeug zu Boden. Er nahm es ins Maul wie einen Suppenknochen und schüttelte es wütend. Er hatte es so oft gemacht, dass das Ding kaum noch Ähnlichkeit mit einem Flugzeug hatte.

»Braver Hund«, sagte Warmerdam lobend. Fech bog sich vor Lachen.

Warmerdam hatte seinen Humor nicht verloren. (»Immer noch ein großer alter Teddybär«, meinte Fech.) Und auch den Wunsch, wieder zu fliegen, hatte er nicht verloren. Seit er das Erlanger-Krankenhaus verlassen hatte, war es sein Ziel, seine Absicht gewesen, wieder zur ASA zu gehen und die Regionaljets zu fliegen. Um das Geld ging es ihm nicht. Geld hatte er mehr als genug. Er konnte mit dem Rest seines Lebens alles machen – oder auch nichts. In einer stillen Stunde hatte er daran gedacht, in Nordkalifornien Grundbesitz zu erwerben und einen Weinberg anzulegen (»Dabei würde ich 'ne Menge Geld verlieren«), aber seine Gedanken kehrten zum Fliegen zurück. Er konnte sich im Grunde nicht vorstellen, etwas anderes zu machen.

Amy Warmerdam hatte das begriffen, noch ehe er es begriff. Die Ärzte am Erlanger-Krankenhaus hatten anfangs befürchtet, dass sie seine rechte Hand nicht würden retten können; eine Amputation wurde in Erwägung gezogen. Amy Warmerdam hatte ihnen gesagt, seine Hand müsse unbedingt gerettet werden, denn er wolle wieder fliegen. »Matt will bestimmt wieder zurück.« Das hatte sie schon gesagt, als noch fraglich war, ob er überhaupt am Leben bleiben würde.

Das Feuer hatte Warmerdam einen Zeigefinger und die Endglieder von fünf weiteren Fingern gekostet, darunter beide Daumen. Aus ganz gewöhnlichen Aufgaben wurden kleine Dramen. Er stand mit seinen eigenen Händen auf Kriegsfuß. Er konnte sich nicht ein Glas Saft einschenken. Er brauchte mindestens zehn Minuten, um sich die Schuhe zuzubinden. Bald nach der Entlassung aus dem Erlanger-Krankenhaus hatte er sich mit noch verbundenen Händen abgemüht, ein ferngesteuertes Modellflugzeug zu bauen – ein Vorhaben, das wie ein Sinnbild seines Lebens erschien und an dem er zugleich seine Fingerfertigkeit beweisen konnte. Er hatte über die vielen winzigen Schrauben geflucht, mit denen er nicht zurechtkam. In der beigefügten Bauanleitung stand, dass man für das Flugzeug mit seiner Spannweite von 1,80 Meter etwa eine Woche benötigen würde. Warmerdam brauchte bei acht Stunden pro Tag fast vier Monate.

Dann fuhr er mit einem Gefühl des Triumphes seinen Rollstuhl ins Freie, die Fernsteuerung auf dem Schoß, und ließ das Modell fliegen …, aber es flog nur etwa 25 Sekunden, bis er versuchte, es einen Linksschwenk ausführen zu lassen. Stattdessen schwenkte es nach rechts und machte unerwartet eine

Kehrtwendung, direkt auf ihn zu. Hektisch fummelte er an den Joysticks der Steuerung herum. Plötzlich stellte sich das Modell auf den Kopf und trudelte zu Boden. Rund acht Meter von seinem Rollstuhl entfernt schlug es laut krachend auf und zerbarst in Splitter aus Balsaholz, Kunststoff und winzigen Schrauben.

Niemand hatte gesagt, dass die Rückkehr zur Fliegerei für Matt Warmerdam ein Kinderspiel sein würde.

Es war ihm bewusst, dass die Bundesluftfahrtbehörde (FAA) ihm nicht gleich erlauben würde, wieder bei der ASA anzufangen. Vorher musste eine ganze Reihe medizinischer Fragen geklärt werden. Im Frühjahr 2000 hatte er sich einem ausgiebigen Herztest zu unterziehen. Außerdem wollte die FAA die Berichte der Ärzte sehen, die ihn behandelt hatten. Obendrein war das Medikament, das er wegen des nervös bedingten Schmerzes im Fuß nahm, noch nicht von der FAA genehmigt worden – auch das war ein Problem. Hatte der Erste Offizier diese medizinischen Hürden genommen, würde er seine Fähigkeiten in der Luft beweisen müssen; er würde die vorgeschriebenen Flugmanöver und Notfallprozeduren ausführen und beweisen müssen, dass er körperlich im Stande war, sie zu bewältigen.

Das alles sollte Warmerdam fast anderthalb Jahre kosten. Er bestand die Herztests, und bei der physikalischen Therapie arbeitete er stramm mit. Seine Wiederherstellung war inzwischen so weit gediehen, dass er seine körperliche Odyssee in dem Bild beschrieb, »ein zweites Mal geboren und wieder ein Baby zu sein … Ich verhalte mich nicht wie ein Unfallopfer, sondern fasse es eher wie ein Spiel auf«, mit vielen kleinen Siegen, »und es werden immer mehr«. Er setzte das fragliche Medikament ab, ohne nachteilige Folgen für ihn. Nach Operationen an seiner linken Hand konnte er wieder Dinge in die Finger nehmen und festhalten, eine Erfahrung, die, wie er sagte, »mir eine ganz neue Welt erschloss«. In der Handtherapie bemühte er sich um Kräftigung, Mobilisierung und Verbesserung der Geschicklichkeit. Inzwischen würde er in der Lage sein, vom Kopilotensitz aus die Knöpfe, Schalter und Anzeigegeräte im Cockpit zu bedienen. Ihm ging es darum, sich wieder im Cockpit wohlzufühlen, »so wie wenn man nach dem Abwurf wieder aufs Pferd steigt«. Er und Amy waren sich darin einig, dass er das am besten bei Flight Safety International in Florida einüben konnte, wo er vor der Anstellung bei der ASA als Fluglehrer gearbeitet hatte. Sie fuhren zusammen nach Florida, wo er drei Monate lang Flugübungen absolvierte.

Im August 2001 wieder zurück in Kalifornien zu dem vorgeschriebenen Probeflug, bewies er der FAA seine Flugtüchtigkeit in einer einmotorigen Maschine. Als er anschließend aus dem Cockpit stieg, bekam er seine ärztliche Unbedenklichkeitsbescheinigung und einen Händedruck.

Sechs Jahre nach der Bruchlandung auf Paul Butlers Wiese hatte Matt Warmerdam den Wiedereinstieg in die Fliegerei geschafft. Auf seinem zweiten Jungfernflug bei der ASA wollten so viele Freunde und Verwandte als Passagiere mitfliegen, dass Warmerdam eine 747 benötigt hätte, um sie alle mitzunehmen. Per E-Mail lud er Jennifer Grunbeck ein. Sie gratulierte ihm, sagte aber ab: »Nein danke. Kenn ich schon, ist für mich abgehakt.« Er bewunderte ihre Haltung und identifizierte sich mit ihrem beißenden Humor. (David McCorkell, der später schrieb und um einen Platz bei seinem ersten Flug bat, bekam zur Antwort: »Nur wenn Sie eine gute Axt mitbringen …« Dann fügte der Erste Offizier in aufrichtigem Ton hinzu: »Danke für die Anfrage; es würde mir eine Ehre sein, wenn Sie dabei wären.«)

Warmerdam war so mit seiner Zukunft als Pilot beschäftigt, dass er den Absturz von ASA 529 bei Fechs Besuch kaum erwähnte. Fech hatte erwartet, dass ihr Gespräch sich schließlich doch noch um das drehen würde, »worüber zu sprechen wir sechs Jahre lang vermieden haben«. Zu diesem Gespräch kam es nicht. »Vielleicht sind Matt und Amy einfach darüber hinweggekommen«, sagte sie. »Das bedrückt mich ein wenig, denn ich bin nicht darüber hinweg, und Matt ist viel stärker verletzt als ich.«

Nichts, so schien es, würde Matt Warmerdam davon abhalten, wieder bei der ASA anzufangen.

Ausgenommen die Terroristenanschläge vom 11. September: vier entführte Flugzeuge, die an einem einzigen Morgen herunterkamen, zwei, die in die Türme des World Trade Center in New York City geflogen wurden. Warmerdam starrte ungläubig auf die Bilder, die im Fernsehen liefen. Er dachte an die Piloten in den runtergeholten Maschinen und wie es für sie gewesen sein musste. In den ersten Stunden der Tragödie dachte er: *Diese Piloten waren am Schluss bestimmt nicht im Cockpit. Die Entführer haben sie wahrscheinlich eingesperrt oder getötet oder andere in der Maschine getötet, um sie aus dem Cockpit zu holen. Sie waren zu diesem Zeitpunkt bloß Passagiere.* Er dachte an die Tausende von Opfern und ihre Angehörigen. Seine Freunde riefen besorgt an: »Bist du okay, Matt? Wir denken an dich.« Matt Warmerdam wurde schwermütig, wie immer, wenn irgendwo ein Flugzeug abstürzte.

Der 11. September traf die Überlebenden des ASA-Flugs 529 wie ein Schlag. In Connecticut dachte Ed Gray an die Passagiere des United-Airlines-Flugs 93, die über Pennsylvania mit den Entführern kämpften in dem Bewusstsein, dass sie in Kürze sterben würden, ein Gefühl, das Gray genau kannte, »und da überkam es mich wieder, dieses schreckliche Gefühl der Panik«.

Alan Barrington, der sonst in seinem Wohnzimmer eine

Baseballmütze trug, um sie sich über die Augen zu ziehen, falls auf seinem Fernseher Bilder von einem Brand erscheinen sollten, wurde am 11. September nicht von solchen Gefühlen geplagt. Als er in seinem Haus in der Nähe von Kansas City die brennenden Türme sah, entschied er für sich, dass er nicht wie der Überlebende eines Flugzeugabsturzes empfinden wollte, sondern wie ein Amerikaner, dessen Land angegriffen worden war. Das war für ihn ein Zeichen, dass er möglicherweise über den ASA-Absturz hinweggekommen war.

Chuck Pfisterer erlebte nach den terroristischen Anschlägen im Traum grauenhafte Flugzeugszenen. Er saß als Passagier in einem abstürzenden Flugzeug, das auf unerklärliche Weise kurz vor dem Aufprall zum Stillstand kam und über dem Boden schwebte. Pfisterer wollte herausspringen, aber der Pilot forderte alle Passagiere auf, an Bord zu bleiben. Plötzlich machte die Maschine einen Satz nach vorn und flog auf einen Baum zu, als Pfisterer erwachte. Er deutete sich den Traum so, dass das Schuldgefühl des Überlebenden in ihm hochkam. Wieder stellte er sich bezüglich ASA 529 die Frage: »Hätte ich mehr tun können, um anderen zu helfen?«

In dem Wunsch, den Opfern des Anschlags zu helfen, erwog McCorkell, von South Carolina, wo er wohnte, nach New York City zu fahren. Er setzte sich dann aber mit einem gemeinnützigen Verein in Verbindung, die sich für Opfer von Flugzeugabstürzen einsetzte; er bot seine Dienste als Krisenberater an und wurde in dieser Eigenschaft akzeptiert. Er stellte sich die Überlebenden in New York vor, »diejenigen, die in den Türmen die Treppen runtergerannt sind und gerade noch rechtzeitig rauskamen. Freunde haben diesen Überlebenden vielleicht gesagt: ›Ihr habt Glück gehabt‹, aber ich weiß, dass sie sich nicht glücklich gefühlt haben. Wahrscheinlich kamen sie sich hilflos vor und haben sich gefragt: *Warum gerade ich?* Ich wollte ihnen sagen, dass dieses quälende Gefühl mit der

Zeit nachlässt.« Nur anderthalb Stunden nach dem Einschlag des zweiten Flugzeugs in das World Trade Center hatte McCorkell, von wachsender Verzweiflung geplagt, eine E-Mail mit höchster Priorität an Robin Fech geschickt: »Robin, ich baue erneut auf Sie. Bitte helfen Sie mir, anderen zu helfen. Sie müssen mir sagen, wo die Not am größten ist; die Leute brauchen sicher Hilfe und Verständnis in ihrem Kummer. Rufen Sie mich so schnell wie möglich an. Ich kann hier nicht einfach herumsitzen und nichts tun. Dave.«

Fech hat McCorkells E-Mail nicht gelesen. Als sie in Atlanta die Bilder von den Anschlägen sah, wurde sie hysterisch. In der Nacht träumte sie, sie sei wieder Flugbegleiterin, nur lagen diesmal Leichen vor ihren Füßen, ermordete Piloten und Passagiere. Tagelang ging sie nicht aus dem Haus. In den folgenden Monaten hatte sie das Gefühl, wieder in die Fänge der posttraumatischen Belastungsstörung zurückzugleiten. Der Seelenfrieden, die Spontaneität und das Leben in der Gegenwart – es war nur eine Selbsttäuschung gewesen. Als der Bodenkrieg in Afghanistan losging – ein Krieg, der, wie sie sich ins Gedächtnis rief, mit Flugzeugabstürzen begann –, identifizierte Fech sich mit den amerikanischen GIs: »Ich glaube, ich sehe mich selbst als Soldat auf dem Schlachtfeld.« Sie fragte sich, ob ihr eigener Krieg jemals enden würde.

Reverend Gus Koch war von den Fernsehbildern vom Einschlag des zweiten Flugzeugs in das World Trade Center wie hypnotisiert; sie hinterließen bei ihm »ein Gefühl verstehenden Unglaubens«. Er hatte schon Bilder menschlichen Grauens gesehen, in Vietnam und auf Paul Butlers Wiese. Erst nach ein, zwei Tagen, in denen immer wieder, allzu oft, derselbe glühende Aufprall auf das World Trade Center abgespielt wurde, merkte Koch, dass etwas fehlte: der Ton. Die Fernsehbilder des Aufpralls vom 11. September waren tonlos. Er erinnerte sich allzu gut, wie der Aufprall von ASA 529 auf der Wiese geklungen hatte: wie wenn Tausende von Mülltonnen und Steinen zusammenrasseln, ein Getöse, das kein Ende nehmen wollte.

Am Sonntagmorgen nach den terroristischen Anschlägen predigte Koch in seiner kleinen Dorfkirche im Nordosten Georgias aus den Korintherbriefen: »Deshalb ermatten wir nicht ... denn das, was man sieht, ist zeitlich, das aber, was man nicht sieht, ewig.« Er forderte dazu auf, »in dem Schutt nach dem Kreuz zu suchen«. Von der Kanzel herab sagte Reverend Koch: »Die Welt braucht uns. Sie braucht nicht unsere schönen Häuser oder unsere Anzüge und Kleider. Sie braucht unsere Herzen und unseren Glauben.« Er taufte an jenem Morgen vier Kinder. (Er hatte den Eltern angeboten, die Taufe der Umstände wegen zu verschieben, aber auch darauf hingewiesen, dass die Tauffeiern eine eindrucksvolle Möglichkeit seien, Ja zum Leben zu sagen, und alle vier Familien waren darauf eingegangen.) Zum Gedenken an den besonderen Augenblick beschaffte Koch rote, weiße und blaue Bänder und band sie an kleine goldene Kreuze, die er an den Taufurkunden anbrachte. Er schrieb jedem Kind einen persönlichen Brief, der erst nach Jahren geöffnet werden sollte; darin erklärte er, warum die Eltern sich dafür entschieden hatten, es gerade an diesem Sonntag taufen zu lassen. Seiner ersten Predigt nach dem 11. September gab er den Titel: »Verschlungen von dem Leben«. In Johnny Grunbecks Schule in Maine entschied die Leitung, den Kindern nichts von den Anschlägen zu sagen. Bob Grunbeck holte seinen zehnjährigen Sohn von der Schule ab und fuhr direkt zur Kirche. Dort erzählte er Johnny, was an jenem Morgen geschehen war, und sie beteten gemeinsam. Was die Anschläge für den Jungen zu einer persönlicheren und unbegreiflicheren Sache machte, war die Tatsache, dass seine Eltern ihn vor nur vier Monaten zu einem Besuch des World Trade Center mitgenommen hatten. Sie hatten dort im Windows-on-the-

World-Restaurant gegessen, und Johnny war von der Größe und Robustheit der Türme beeindruckt gewesen. Am 11. September hatte er zwei Fragen an seine Eltern: 1. Wie konnten die Terroristen so gemein sein? (»Sie sind die Verkörperung des Bösen«, erwiderte Jennifer), und 2. Wie konnten die Türme kaputtgehen? (»Schatz, mach dir mal klar, was für eine Wucht und was für eine Hitze da im Spiel waren. Der Stahl ist einfach geschmolzen«, sagte Jennifer.) Sie betrachtete sogar mit Johnny zusammen eine Internetseite, auf der durch eine Illustration erläutert wurde, wie die Türme implodiert waren. Jennifer Grunbeck zitterte und fühlte sich wochenlang wie betäubt. Zu Weihnachten wünschte Johnny sich zwei Bücher über den 11. September und bekam sie auch. Er wünschte sich auch ein Buch über Osama bin Ladens al-Quaeda-Netzwerk, aber so weit wollte Jennifer denn doch nicht gehen. »Die wird es sowieso nicht mehr lange geben«, sagte sie ihm.

Sie machte Johnny außerdem klar, dass es nicht die entführten Flugzeuge waren, die am 11. September versagt hatten, sondern »die Menschen, die sie flogen«. Ihr standen weitere Hauttransplantationen bevor – »in der nächsten Zeit ungefähr zwei pro Jahr«, schätzte sie –, aber das hinderte sie nicht, aus der Enge ihres Lebens auszubrechen. Sie ging öfter unter die Leute, und mehrmals flog sie mit gewöhnlichen Passagierflugzeugen. Sie und Bob nahmen Johnny mit nach Disney World in Orlando, und danach waren sie zusammen in Salt Lake City bei der Eröffnungsfeier der Olympischen Winterspiele des Jahres 2002. Als sie Präsident George W. Bush sprechen hörten, versicherte Jennifer ihrem Sohn: »Dieses Stadion ist der bestgesicherte Ort der ganzen Welt.« Sie sagte ihm, dass sich vermutlich mehr Soldaten im Stadion befänden als in ganz Afghanistan. Johnny sollte begreifen, dass es möglich ist, dass Menschen aus der ganzen Welt als Freunde zusammenkommen.

Matt Warmerdam gab der 11. September ernsthaft zu denken: Muss es *wirklich* sein, dass ich jetzt wieder mit dem Fliegen anfange? Ebenso wie seine Landsleute betrachtete er das Leben in einem Flugzeug jetzt mit ganz anderen Augen. Es hatte, vielleicht für immer, einen anderen Stellenwert bekommen. Warmerdam hörte davon, dass Verkehrspiloten im Cockpit Waffen tragen wollten, um sich gegen mutmaßliche Entführer zu wehren, eine Aussicht, die ihm nicht gefiel. (Er sagte: »Wie groß ist die Wahrscheinlichkeit, dass ich meine Waffe rauskriege und einen sauberen Schuss abfeure? ... Am Ende würde ich mir noch selber in den Fuß schießen.«)

Er sagte Amy, dass er die Rückkehr zur ASA möglicherweise verschieben würde.

Amy bekundete Verständnis: »Ich stehe zu deiner Entscheidung, egal, wie sie ausfällt.«

Wenn er es vorziehen sollte, jetzt nicht zu fliegen, würde niemand darin eine Niederlage sehen, sagte sie. Jeder würde das verstehen.

Matt und Amy Warmerdam waren in den sechs Jahren seit dem ASA-Absturz unzertrennlich gewesen. »Die ganze Zeit ist sie nicht von meiner Seite gewichen, und immer hatte sie eine so positive Haltung«, sagte Warmerdam. »Sie ist eine wunderbare Frau.« Zusammen waren sie Tausende von Meilen kreuz und quer durch Amerika gefahren, auf abgelegenen Straßen, gemächlich, mit 60 Stundenkilometern, und hatten sich das Land angesehen. Am Grand Canyon waren sie gewesen, am Bryce Canyon, in Four Corners, Sedona, Arizona. Diese Zeit gehörte ganz ihnen.

Jetzt sprach er mit Amy freimütig über den 11. September und über seine Rückkehr zur Fliegerei. Er gab zu, dass ihm bange war. Am meisten fürchtete er sich vor dem Versagen. Wenn er nun bei dem Versuch, wieder zu fliegen, versagte – was dann?

Je länger er darüber nachdachte und je öfter er mit Amy darüber sprach, desto klarer wurde ihm, dass es eigentlich nicht der 11. September war, der ihn zögern ließ. »Ich glaube, dass sich dahinter [dem 11. September] nur meine Angst verbarg, zur Arbeit zurückzukehren«, sagte er. »Es wurde für mich fast zu einer eigenen Ausrede, die Sache ein bisschen hinauszuziehen.«

Die Rückkehr zur Fliegerei war für Warmerdam eine unausweichliche, entscheidende Herausforderung. »Ich mag das Wort ›nein‹ nicht«, sagte er, »und ich mag es nicht, wenn das Leben Nein zu mir sagt. Der Zweijährige in mir ist zum Vorschein gekommen, und deshalb stampfe ich mit den Füßen auf und sage: ›Ich will wieder zurück, und das tue ich auch‹ ... Und ich gebe gern zu, dass es für mich ein ganz großer Schritt ist und dass ich nicht ein John Wayne bin, der sich großspurig wieder in den Sattel schwingt. Ich habe lange überlegen müssen, und wenn ich wirklich hingehe und es mache, dann lasse ich mein behagliches Dasein zurück. Ich weiß aber: Wenn ich's nicht mache, wird es mich ständig quälen: *Hätte ich es schaffen können? Hätte ich es tun sollen?*«

Er dachte daran, wie sein Leben sein würde, wenn er diese Herausforderung nicht bestand, und kam zu einem Entschluss: »Versagen kommt nicht in Frage. Der Fall ist entschieden.«

Er würde wieder fliegen, mit Amys Unterstützung.

Matt Warmerdam funkte den Tower von Buchanan Field an und identifizierte sich als »Trinidad 5547-Juliet«. Als die Startgenehmigung kam, zog er den Steuerknüppel mit drei Fingern seiner rechten Hand zu sich heran. Als die einmotorige Maschine mit dem roten Streifen und der blauen Heckflosse abhob, sagte Warmerdam seine Checkliste herunter: »Volle Drehzahl, Anzeigen im grünen Bereich, volle Fluggeschwindigkeit.«

Als er in den azurblauen Himmel über Concord, Kalifornien, aufstieg, war Matt Warmerdam wieder Pilot. Zuhause in der Bay Area, wo seine Liebe zur Fliegerei entstanden war, flog er über die aus dem Zweiten Weltkrieg stammenden, eingemotteten Frachter in der Suisun Bay hinweg. Als die Brücke von Richmond nach San Rafael in Sicht kam, schwenkte er ab in Richtung Sausalito und dann der Küste entlang nach Süden. »Wenn ich fliege, ist es fast so, als würde ich etwas schaffen«, sagte er. »Es ist vielleicht keine sichtbare, greifbare Schöpfung, aber wenn du eine gute Landung oder einen tollen Instrumentenanflug hinlegst, hast du das Gefühl, etwas vollbracht zu haben, wie ein Künstler.« Er verzog das Gesicht. »Außerdem ist es eine großartige Aussicht.«

Die atemberaubende Landschaft von San Francisco, die Berge und das Meer, boten sich seinem Blick dar. Warmerdam trug ein T-Shirt, eine Sonnenbrille und Shorts, die die Brandverletzungen an der Rückseite seiner Beine enthüllten. Die Narben an den Beinen, den Händen und dem linken Ohr waren ihm kaum noch bewusst. Ein hoch gewachsener Mann, machte er mit seiner aufrechten Haltung voller Selbstvertrauen eine beeindruckende Figur. Falls vom August 1995 etwas zurückgeblieben war, wurde es von diesem Selbstvertrauen mit Bravour überdeckt, wie bei Präsident Franklin Roosevelt, nachdem er sich entschlossen hatte, seinen Rollstuhl zu verlassen.

In einer Höhe von 2500 Fuß in ein Luftloch geraten, zitterte und rüttelte die Trinidad. Das enge Cockpit wirkte wie eine Telefonzelle mit zwei Sitzen; im Vergleich dazu kam einem das Cockpit der Brasilia wie das Tadsch Mahal vor. Warmerdam wirkte völlig entspannt. Wenn es erst in der Luft war, flog sich das Flugzeug praktisch selbst. Des Öfteren meldete eine weibliche Computerstimme »Traffic« und zeigte damit an, dass im weiteren Umkreis ein anderes Flugzeug aufgetaucht war. »Da drüben«, sagte Warmerdam und zeigte nach Süden, wo von San Francisco International gerade ein Jet abgehoben hatte.

Die ASA-529-Gemeinde nahm die Nachricht, dass Warmerdam wieder flog, mit Erstaunen und Freude auf. Nancy Kennedy sagte, dass »Matts Tapferkeit ihren Mann vom Stuhl gehauen hätte«.

Ed Gray meinte: »Damit hat Matt den Everest bezwungen.« Er war gerührt: »Schon beim bloßen Gedanken daran kommen mir die Tränen.«

Reverend Gus Koch rang um die rechten Worte. »Es ist unglaublich, heldenhaft«, sagte er. »Mensch, das ist Ehrfurcht gebietend!«

»Ich traue ihm mehr zu«, sagte Jennifer Grunbeck. »Matt traue ich alles zu, er kommt bestimmt wieder auf die Beine, und ich glaube auch, dass es klappt. Ich steige jetzt in die Maschine und sage: ›Bitte tu deine Arbeit.‹«

Jackie Gannaway erfuhr von Warmerdams Neubeginn durch eine E-Mail, die er ihr schickte. »Ich konnte es nicht fassen«, sagte sie. Sie dachte an die Schwere seiner Verletzungen, als er sie im Frühling nach dem Absturz besucht hatte. »Was Matt jetzt macht, ist unglaublich«, sagte sie.

Der Erste Offizier flog über Half Moon Bay hinweg, wo der Pazifik gegen die Felsküste krachte und weißen Schaum versprühte. »Das kommt mir so vertraut vor«, sagte er. »Wie mein Zuhause. Es ist genau das Richtige für mich.« Auf dem Weg zum Ostufer der Bucht machte er hoch über der Golden Gate Bridge mit seiner Maschine einen Schwenk. Der Himmel stand ihm, dem Flieger, offen.

Dank

Dieses Buch verdankt seine Existenz allein der wunderbaren Zusammenarbeit derer, die den ASA-Absturz direkt erlebt haben. Ich habe innerhalb von drei Jahren mit den Angehörigen der erweiterten Gemeinschaft der ASA-Absturzopfer an die fünfhundert Gespräche geführt und mich dafür in neun US-Bundesstaaten begeben, darunter Alaska, Kalifornien, Maine, Texas und Louisiana. Einige haben sich mir freundlicherweise mehrmals zur Verfügung gestellt. Oft habe ich telefonisch nachgehakt, in den meisten Fällen, um Tatsachen und Einzelheiten, die mir nachträglich bekannt wurden, zu erörtern und/oder zu erhärten.

Diese Gespräche bilden zusammengenommen das Rückgrat dieser Erzählung. Die Rekonstruktion der Handlungen und Äußerungen derer, die selbst nicht mehr davon berichten konnten, stützt sich auf Gespräche mit mehreren Zeugen. In den wenigen Fällen, in denen die Erinnerungen sich nicht auf einen Nenner bringen lassen, habe ich die abweichenden Versionen dokumentiert.

Im Rahmen meiner Recherchen habe ich die 1200 Seiten starke Ermittlungsakte der Nationalen Verkehrssicherheitsbehörde (NSTB) und Zeugenaussagen in gerichtlichen Auseinandersetzungen ausgewertet. Besonders danke ich den NSTB-Ermittlern Bob MacIntosh, Hank Hughes und Gorden »Jim« Hookey.

In seinem Buch *Young Men and Fire* (The University of Chicago Press 1992), in dem er den Mann-Gulch-Waldbrand von 1949 schildert, der dreizehn »Rauchspringer« von der US-Forstbehörde das Leben kostete, schreibt Norman Maclean: »Wenn ein Erzähler so viel von seiner Kunst hält, dass er sie als eine Berufung betrachtet, kann er sich, anders als der Historiker, nicht von den Leiden seiner Helden abwenden. Der Erzähler muss sich, anders als der Historiker, von seinem Mitgefühl leiten lassen. Er muss im Stande sein, seine Helden auch in Rauch und Feuer zu begleiten, und bezeugen, was sie dachten und fühlten, auch wenn sie selbst davon nichts mehr wussten.«

Zwei Männer sind auf Paul Butlers Wiese dem Feuer erlegen, Kapitän Ed Gannaway und Jim Kennedy. Als ich sie durch Recherchen und Gespräche in Rauch und Feuer begleitete, lernte ich ihre Ehefrauen kennen, Jackie Gannaway und Nancy Kennedy. Ich suchte sie in Georgia und Connecticut zu Hause auf. Beide waren überaus entgegenkommend. Dadurch, dass sie mich an ihrer Welt teilhaben ließen, lernte ich Ed Gannaway und Jim Kennedy kennen – ihre persönliche Wesensart, die mitbestimmt wurde von ihren trauernden Hinterbliebenen. Jackie Gannaway und Nancy Kennedy sind einander nie begegnet, ich hoffe aber, dass es eines Tages dazu kommen wird; beide zeichnen sich durch Würde und Anstand aus.

Meine Arbeit über den Absturz von ASA 529 begann mit einer siebenteiligen Serie, die im November 1998 im *Atlanta Journal-Constitution* erschien. Die für die Serie verantwortlichen Redakteure waren Thomas Oliver und Jim Walls. Ich danke ihnen, meinem Kollegen Rich Addicks (der mich fast überallhin mit seiner Kamera begleitete) sowie den *AJC-Redakteuren* Ron Martin, John Walter und Hyde Post für ihre Unterstützung, die mir sehr geholfen hat und noch immer hilft. Bill Rankin und Henry Unger, meine Kollegen von der Nachrichtenredaktion, gaben mir wertvolle Anregungen, als die Serie sich zu diesem Buch entwickelte.

Die Geschichte von ASA 529 berührt zahlreiche wissenschaftliche Disziplinen und Technikbereiche: von der Psychologie bis zur Physiologie, von der Flugmechanik bis zur Mechanik der Metallermüdung. Ich habe fachkundige Leser gebeten, sich mit meinen ersten Entwürfen zu befassen, um unzutreffende Tatsachenbehauptungen und/oder falsche Annahmen zu ermitteln.

Mein Dank gilt daher Dr. Charles Figley, Psychologe und Direktor des Traumatology Institute an der Florida State University; Dr. Andrew Munster, Direktor des Baltimore Regional Burn Center im Ruhestand und Professor der Chirurgie und plastischen Chirurgie an der Johns Hopkins University; Kapitän Scott Miller, Jetpilot bei Canadair Regional und Fluglehrer einer Regionalfluggesellschaft mit Sitz in Memphis; William Langewiesche, Korrespondent von *The Atlantic*, Flugscheinbesitzer und Autor von *Inside the Sky: A Meditation on Flight* (Pantheon 1998); und Dr. David Dowell, Regents' Professor und Carter N. Paden, Jr., Distinguished Chair in Metals Proceeding an der Maschinenbau-Fakultät des Georgia Institute of Technology.

Kritische Anmerkungen erhielt ich ferner von ehemaligen Emory-Kollegen: David J. Garrow, mit dem Pulitzer-Preis ausgezeichneter Historiker und Presidential Distinguished Professor an der juristischen Fakultät der Emory University; Dr. Robyn Fivush vom Psychologie-Department; und Pat Wehner, Forschungsstipendiat am MARIAL Center von Emory. Hilfreiche Anregungen kamen außerdem von meinen Freunden Joyce Justicz und Ben Lefkowitz.

Etliche Bücher haben mir Verständnis und Hintergrundwissen vermittelt. Sie werden nicht alle im Buch mit ihrem Titel erwähnt, aber besonders hilfreich waren die folgenden: *Aviation, An Historical Survey from Its Origins to the End of World War II* von Charles Harvard Gibbs-Smith; J. E. Gordons *Structures, Or Why Things Don't Fall Down*; Viktor E. Frankls *Man's Search for Meaning und Severe Burns: A Family Guide to Medical and Emotional Recovery* von Dr. Andrew Munster. Als allgemeine Vorbilder dienten mir drei Bücher: Macleans *Young Men and Fire*, John Herseys *Hiroshima* und Thornton Wilders *Die Brücke von San Luis Rey.*

Bei einem Projekt wie diesem ist der Autor auf die Hilfe, Freundlichkeit und Geduld anderer angewiesen, und sie wurden mir überreichlich zuteil. Dr. Lawrence Jacobs, Professor am Department für Tiefbau und Umweltplanung von Georgia Tech, zeigte mir in seinem Labor Ultraschallverfahren (mit einem Wandler und einem Oszilloskop). Jackie Bullard von Emorys Journalismus-Department erledigte anfallende administrative Aufgaben mit einem Lächeln. Leon Litwack, mein ehemaliger Professor in Berkeley, der als Historiker mit dem Pulitzer-Preis ausgezeichnet wurde und mir seit Jahren in einem Maße behilflich ist, von dem er nichts ahnt, stellte mir einen Sommer lang sein Arbeitszimmer auf dem Campus zur Verfügung und wollte sich von mir dafür noch nicht einmal zu einem Lunch einladen lassen. Randy Gue und Andrew Larrick recherchierten für mich. Elizabeth Wilson tippte die auf Band aufzeichneten Gespräche ab.

David Black, mein literarischer Agent, gehört zu den besten der Branche. Er ist absolute Spitze. David setzt sich bis zum Äußersten für seine Autoren ein. Auch Susan Raihofer, Gary Morris, Joy Tutela und Leigh Ann Eliseo von der literarischen Agentur David Black bin ich für ihren Rat und ihre Freundschaft zu Dank verpflichtet.

Steve Ross, Cheflektor bei Crown, war von meinem Buchprojekt auf Anhieb begeistert. Er sah diese Geschichte genau wie ich, als ein Buch, das nicht vom Absturz eines Flugzeugs handelt, sondern von einem Höhepunkt menschlicher Gesinnung. Steve ist mein Lektor seit zwei Jahren, und noch immer spüre ich seine Begeisterung. Er war mein Verbündeter, mein Fürsprecher und Freund, alles, wonach sich ein Autor bei seinem Lektor sehnt. Seine Assistentin Kate Donovan war ungemein freundlich und tüchtig.

Was Freundschaft bedeutet, hat Dave Kindred mir fast täglich aufs Neue und Schönste bewiesen. Ich habe im Laufe dieses Projekts höchstens zehntausendmal mit ihm gesprochen. Dave, einer der besten, einfühlsamsten Journalisten, die ich kenne, ist alt genug, um mein Vater zu sein, und jung genug, um mein bester Freund zu sein. Er wirkt sich beruhigend auf meine Nerven und meine Prosa aus.

Hin und wieder muss ich mitten in der Nacht an die Menschen denken, die an Bord von ASA 529 waren. Dann stehe ich auf und setze mich in einen Schaukelstuhl. Der Ablauf des Absturzes und das Feuer auf der Wiese erscheinen noch einmal vor meinem geistigen Auge. Danach ertappe ich mich jedes Mal auf dem Weg zu den Zimmern meiner Kinder. Ich schaue bei meinen Söhnen Ross und Win und bei meiner Tochter Leigh vorbei. Dann gehe ich zurück zu meiner Frau Carrie. Es ist nichts Besonderes, aber es ist ungeheuer beruhigend für mich. Carrie und meine Kinder bedeuten mir alles. Zu wissen, dass sie bei mir sind und ich bei ihnen, schenkt mir Frieden. Was morgen sein wird, ist nicht sicher, wohl aber meine Treue zu ihnen.